东北师范大学文库
DONGBEI SHIFAN DAXUE WENK

科学课程发展的
文化学研究

于海波 著

东北师范大学出版社
长　春

图书在版编目(CIP)数据

科学课程发展的文化学研究/于海波著. —2 版. —长
春:东北师范大学出版社,2015.3(2024.8重印)
ISBN 978 - 7 - 5681 - 0311 - 4

Ⅰ.①科… Ⅱ.①于… Ⅲ.①科学教育学—教学
研究—中小学 Ⅳ.①G633.72

中国版本图书馆 CIP 数据核字(2015)第 267682 号

□责任编辑:吴东范 □封面设计:李冰彬
□责任校对:王 杰 □责任印制:张允豪

东北师范大学出版社出版发行
长春净月经济开发区金宝街 118 号(邮政编码:130117)
网址:http://www.nenup.com
东北师范大学出版社激光照排中心制版
河北省廊坊市永清县晔盛亚胶印有限公司
河北省廊坊市永清县燃气工业园榕花路 3 号(065600)
2015 年 3 月第 2 版 2024 年 8 月第 3 次印刷
幅面尺寸:148 mm×210 mm 印张:7.75 字数:218 千

定价:45.00 元

中 文 摘 要

　　社会流行的片面、狭隘、僵化的科学观念遮蔽了科学的丰富内涵，扭曲了科学的真正形象，误导了人们对科学的认识，终使科学的文化资源被大量浪费，科学的价值被错误估计。这些观念渗透到科学教育和科学课程中，导致了科学课程中科学观、知识观、目的观、形态观、学习观的迷失与错位，最终成为科学课程难尽人意的一个重要原因。因此，从根本上认识科学，对科学进行文化阐释，揭示科学文化的丰富内涵，挖掘科学文化的课程资源，重估科学文化的课程价值，并据此反思科学课程的理论与实践，从多方面、多视角展望科学课程的发展趋势，为新世纪科学课程的规划、建设、实施进言献策，不仅是建构科学合理的科学课程理论的必然要求，也是目前正在轰轰烈烈地进行着的科学课程改革与实践的客观需要。

　　中学教师、学生的科学课程观问卷调查显示：目前，在中学教师与学生中实证主义、客观主义科学观占主导地位；大部分教师和学生认为科学就是静态的知识体系、高深的理论或真理，对科学的发展持归纳主义见解；多数学生不很了解科学课程的内容究竟在社会生活中有什么价值，认为科学没有负面效应或对此不置可否，多数教师认为目前的科学课程不能使学生了解科学价值的有限性及其负面效应；半数学生认为目前科学课程的价值在于应付考试，众多教师也是围绕着升学考试这个"指挥棒"转；对于科学教育目标的印象，多数学生与教师认为，科学教育的目的在于培养社会建设者，也有部分师生认为是培养社会合格公民；对于课程在教学中的作用，多数学生和教师认为它规定了教学内容；多数学生和教师认为科学课程主要的学习方式是理解记忆，与此相应，多数教师认为在教学中不能增加学生探究活动的原因在于"考试不考"；绝大多数学生和教师都认为科学课程的内容脱离学生生活，不能联系社会现实，希望将来的科学课程内容要联系生活实际。

科学课程的发展历程。通过对科学课程历史考察，笔者将科学课程的发展历程概括为科学课程的"合法化"、"活动化"、"结构化"、"综合化"等四个阶段。通过对不同时期科学课程及其主导理论的分析，我们发现，不同发展阶段的科学课程中所隐含的科学观、课程观、学生观有很大差别，这导致对科学课程的目标、形态、学习方式的理解各不相同。但从中也可以发现，科学课程及其理论的历史演进具有一定的历史继承性，虽然很多时候是以批判为主的继承。对科学课程的历史考察使我们明确了，影响科学课程发展的重要变量是对科学文化的理解，以及由此演绎出的对科学文化的课程资源的认识。

科学文化的"间际"与"本体"分析。科学文化是人类最重要的文化之一，具有悠久的历史和丰富的内涵，对其进行必要的分析，是本研究重点之一，因此，本研究根据需要对科学文化进行了文化"间际"和"本体"两个层面的考察。在"文化际"的分析中，我们发现科学文化与人文、技术、社会之间具有密切的关系和历史渊源。在科学文化的"本体"分析中，笔者从科学内部认真地分析了科学知识、科学方法、科学活动、科学观念和科学精神等重要因素，并主要侧重从以往科学课程经常忽视的视角探讨问题。通过对科学文化的多方面理解，我们比较全面地展示了科学文化的课程资源。

科学文化的课程价值解读。科学的文化阐释促使我们从人文、技术、社会等视角重新审视科学课程，也要求科学课程工作者重视科学文化的知识、方法、活动、观念、精神等核心成分的教育价值，并据此评估科学课程目标、内容、形态、学习方式的合理性。对科学的文化分析还可以提示我们，科学文化的课程价值主要包括智力、能力、技能、观念、精神，道德规范，审美等四个层面。由此可见，科学文化课程价值分析可以给我们以多视角、多层面的启示，本研究主要从科学观与科学课程发展、科学课程目标、科学课程形态和科学课程学习方式等四个方面对科学课程的发展进行展望和构建。

科学观与科学课程发展。科学观对科学课程的作用体现在两个方面，一是对科学本质的认识将直接影响人们对科学文化课程价值的理解和科学课程的定位，进而影响人们对科学课程目标、内容、形态和学习方式等的确定；二是学生科学观的培养应该是科学课程的一个重要内容。本研究将科学观分为两个层面，第一层面包括科学本质观、科学发展观、科学价值观、科学获得观，第二层面包括科学知识观、科学方法观、科学活动观等，同时本研究也深入分析了科学观对科学课程发展的制约机制。后现代科学观是目前学术界讨论的一个热点，借用后现代的话语和思维方式探讨科学课程问题也会得到一些有益的启示。

科学素养与科学课程目标革新。基础教育中科学课程的目标应该主要是学生科学素养的培养。科学素养概念建立在三个前提性假设的基础上，即科学课程应该面向全体学生，以培养全面发展的人和未来社会的合格公民为目标。因此，科学素养具有基础性、丰富性、公平性、开放性、可操作性等特征。据此，本研究认为，确定科学课程目标要处理好长期与短期、社会与个人、资源与利用三个问题，并进一步构建了包括文化资源、素养层面、社会需求和年龄四个维度在内的科学素养模型。

科学课程的理想形态：多元复合与有机生成。科学课程是对科学文化课程资源取舍、变通、整合的结果。因此，科学对科学文化课程资源的选择与组织形式就决定了科学课程的形态。对科学课程形态的分析可以从静态和动态两个角度考虑，静态的科学课程形态包括以科学知识为主要资源的课程，以科学方法为主要资源的课程，以科学活动为主要资源的课程，以科学观、科学精神为主要资源的课程和以科学的社会理解为主要资源的课程五种，应该强调的是，静态的课程形态与课程类型不具有一一对应的关系；动态的课程形态包括宏观、中观和微观三个层面，不同层面的课程形态其制约因素、构成要素和运行机制各不相同。此外，从微观、动态的角度看，科学课程与教学活动具有内在的一致性，教学系统的非线性特征进一步支持了我们关于科学课程微观形态的认识。概括来看，科学课程的理想形态就是"多元复合与有机生成"。

建构主义与科学课程学习方式变革。人们对科学课程学习方式的选择不仅受学习心理理论的影响，也受制于对科学文化的理解，是学习观和科学观在学习活动中的集中体现。对于科学观，无论从认识论的视角，还是从社会学的视角，人们已经在不同程度上确认了其建构属性的存在；至于学习观，建构主义倾向的学习思想已经有相当长的历史，目前建构主义学习论已经成为学界研究的热点，并且，在国外以建构主义为指导的科学教学实践已经取得了重要的成果。因此，提倡建构主义的科学课程学习方式，自有其理论与实践上的合理性与必然性。建构主义学习论在知识观、学生观、活动观、课程观等方面的主张也验证了本研究诸多主张的合理性。据此，笔者进一步强调了"以学生为中心"、"关注学生的个体文化"、"为学生提供自由探究的机会"、"促进学生之间的交往与合作"等四个议题。

科学课程发展的跨文化思考。科学课程的改革要重视对传统文化特质的分析和把握，要处理好本土文化与外来的文化、文化继承与文化引进、文化传承与文化创新、文化形态与文化价值的关系。科学课程的跨文化理解有助于我们客观地认识我国科学课程的优点和不足，进而推进科学课程的发展。

关键词：科学文化；科学课程；反思；建构

Abstract

Unilateral, narrow and stiff sense of science, which is popular in our society, shelters the colourful content of science, twisting the true image of science, misleading people's understanding of science. All of those are a great waste of cultural source of science, and estimate a false value of science. These penetrate science education and curriculum and lead to the perplexity and mal—position of the ideas of science, knowledge, destination, form and study in science curriculum, which consists of one reason that science curriculum can't meet people's requirements. To understand the nature of science, to state science in culture, to disclose the colourful contents of science culture, to excavate curriculum source of science culture, to reevaluate curriculum value of science culture in order to turn over to think the theories and practices of science curriculum, to expect the developing tendency of science curriculum from mal—aspect and mal—angle in order to do some contributions to the regulation, construction and implement of science curriculum in the new century. It's not only the necessary requirements to construct scientific and reasonable science curriculum, but also the objective requirements of the reformation and practice of science curriculum, which are developing vigorously at present.

The questionnaire of science curriculum for the middle school teachers and students indicates: at present, positivism and objectivism science idea is the main stream; most teachers and students believe that science is static system of knowledge, sophisticate theory on teach, and understand the development of science from inductive perspective, most students do not have a complete understanding on what value of the content of science curriculum is in social life. They believe that science has no negative effect or are noncommittal. Most teachers believe that the current science curriculum can't make students understand the limitation and negative effect of science value. Half of the students believe that the current value of science curriculum is to pass examinations, which is the requirement of examination. A lot of teachers surround the commanding stick of the higher school entrance examinations. For the aim of science education, most teachers and students think that the aim of science education is to prepare social builders, and some believe that it is to train qualified citizens. For the role of curriculum in teaching, most teachers and students believe that it regulates the teaching content. Most teachers and students believe that the studying method of science curriculum is understanding — memory; correspondingly, most teachers believe that students' exploiting activities can't be improved because those will not included in examinations. Most teachers and students believe that the content of science curriculum is divorced from student — life, is not related to social realization and hope that it will connect life — practice.

By examination on history of science curriculum, the author outlines the developing history of science curriculum into 4 stages: legalization, activization, structivization and syntheticalization. By analyzing the analyzing the theory of science curriculum at different stages, it is found that the idea of science, curriculum and student hidden in science curriculum is different depending on the stages, which leads to the various understanding of aim, form and studying style of science curriculum. But it is found that the developing process of science curriculum and its theories are of historical inheritance, even though most of the time the inheritance is critical. Based on the observation of history of science curriculum, it is understand that an important variable influencing the development of science curriculum is the understanding of science culture and its deductive cognition of the source of science curriculum.

Science culture is one of the most important cultures of human beings, which is of long history and rich connotation. The necessary analysis of it is one of the paint in this research. This research does an analysis of science culture on two stages: intercultural and ontological. In the intercultural analysis, it's found that science culture is closely related to the humanities, technology and society and is historical source. In the ontological analysis, the author carefully analyzes scientific knowledge, scientific method, scientific activity, scientific idea and scientific spirit within the internality of science, and emphasizes some questions of science curriculum that are neglected before. By multiple—analysis of science culture, the curriculum source of science culture is displayed completely.

The cultural explanation of science makes us reconsider science curriculum from stages of humanity, technology and society, which requires its workers to pay attention to the educational value of science curriculum in the aspect of its care — elements, such as knowledge, method, content, form, idea and spirit and evaluates the rationality of science curriculum in its aim, content, form and studying method. The cultural analysis of science indicates that the curriculum value of science culture mainly includes four sides: intelligence, capability, skill, idea, spirit, moral regulation and aesthetics. Thus it can be seen that the analysis of the value of science culture curriculum may enlighten us from multi—perspectives and multi—stages. From the aspect of science idea and science curriculum's development, aim, form and studying method, this research provides a prospect and construction for science curriculum.

Science idea and the development of science curriculum. The role of science idea on science curriculum includes tow aspects: first, to realize the nature of science will directly influence the understanding of curriculum value of science culture and orientation of science curriculum, which will influence the choices of science curriculum's aim, content, form and studying method; second, the training of science idea itself is important content of science curriculum. In this research science idea is divided into tow stages: the first includes the idea of science nature the idea of science development, the idea and science value and the idea of science acquirement; the second includes the idea of science knowledge, the idea of science method and the idea of science activity. At the same time this research provides a deep analysis of the conditioning mechanism of science idea on the development of science curriculum. The science idea of post—modernism is a heated question that is discussed at current field of science. By the terms and thinking mode of post—modernism to research the problem of science curriculum we may acquire some beneficial enlightenment.

Science literacy and reformation of the aim of science curriculum. In the fundamental education the aim of science curriculum is mainly to train science literacy of students. The concept of science literacy is based on three presupposing hypatheses: science curriculum is for all students; the aim is to prepare all—round development students and qualified citizens in the future society. So the characteristic of science literacy is fundamental, rice, equal, open and operating. It is concluded in this research that the aim of science curriculum is to handle the problem: long and short period, society and personal, resources and application. And also the author constructs a model of science literacy including four dimensions: cultural resources, literacy sides, society demands and ages.

The ideal form of science curriculum: multiple synthesis and organic generation. Science curriculum is the result of acceptance on rejection, adaptation and adjustment on the resources science culture curriculum. So, the choices and organizational form of science to the resource of science culture curriculum decides its form. There are two aspects to analyze the form of science curriculum: static and dynamic. The static form of science curriculum includes the science — knowledge resources centered curriculum, science — method resources centered curriculum, science — activity resources centered curriculum, science — idea and science — spirit resources centered curriculum and social understanding of science — resources centered curriculum. It should be emphasized that static curriculum form and curriculum type. The dynamic curriculum form includes macro, middle and micro stages. The conditioning elements, constructing elements and operating mechanism at different stages of curriculum form are different. Additionally, form the micro and dynamic perspective there is an internal consistency between science curriculum and teaching activity. The non — linearity characteristic of teaching system demonstrates our understanding on the micro form of science curriculum. In short, the ideal form of science curriculum is multiple synthesis and organic generation.

Constructivism and the reformation of studying method of science curriculum. The choice of people on the studying method of science curriculum is not only influenced by study — psychology theories but also by the understanding of science culture, which is the intensive realization of study and science idea in studying activity. As to the science idea, its existence of constructive property has been demonstrated to contain degree from the stages of theory knowledge and sociology. As to study idea, the studying ideas of constructivism tend has a long history. At present, constructivism study theory has become the heated researching paint in the scientific field. In addition, the scientific teaching practice based on the direction of constructivism has attained important fruits. So the ad－vocation of studying method of constructivism science curriculum has its rationality and necessity in theory and practice. The ideas of constructivism studying theory in the idea of knowledge, student activity and curriculum have demonstrated the nationality of many perspectives in this research. Based on the above, the author farther emphasizes the four subjects: student centered; student himself culture regarded; student free-research opportunity provided; student communication and cooperation promoted.

　　The cross－culture understand on the science curriculum. The science curriculum reform should think much of the analyses and grasp of traditional culture characteristics, and deal well with the relationship between the local culture and the exotic culture, the culture inheritance and the culture introduction, the culture inheritance the culture innovation, the culture form and the culture value. The cross－culture understand on the science curriculum help us to impersonally understand the excellence and shortage of science curriculum in China, and to advance the development of science curriculum.

　　Key words: science culture; science curriculum; reflection; reconstruction

目　　录

第一章 引 论

一、概 念 释 义

从词形上来看，"科学课程"一词包括"科学"与"课程"两个部分，这就决定了人们对"科学"与"课程"的认识，将会影响甚至决定对"科学课程"的理解。因此，揭示"科学课程"的内涵，不能不从对"科学"与"课程"两个概念的解读开始。科学与课程两个概念的理解历来就是仁者见仁、智者见智、莫衷一是的，几乎每一个学者都可以从自己的立场提出不同的看法，这无疑增加了我们认识和研究科学课程的难度，但同时也为我们思考问题提供了多元的视角，有利于我们从不同层面、不同角度理解科学课程。

（一）科 学

同对自然世界艰苦、持久的科学探究一样，人们从未停止过对科学现象本身的内涵与价值的追问。但是随着历史的发展，人们逐渐认识到科学现象的复杂性以及科学本质追索的艰难，以至有学者感叹道："究竟什么是科学，到底怎样看待科学的本质特征，这是一个历史过程，需要我们不断地加以认识。"[①]

20世纪90年代，我国出版的两部教育大辞典对"科学"下了几乎

---

① 董孟华主编. 科学哲学引论. 北京：知识出版社，1989：60.

相同的定义①②，认为科学是"人们关于自然、社会和思维的知识体系，科学的任务是揭示事物发展的规律，探求客观真理，作为人们改造世界的指南"。"把科学看做知识体系是 19 世纪以来的一种传统看法"，认为"科学对事物的反映比生活知识、经验知识更深刻，更抽象，有更大的普遍性，亦即体系化的实证知识"③。然而，波普尔"黑天鹅、白天鹅"的故事早已结束了实证主义者的实证梦想，他强调"科学理论是永远不能用经验实证的"，"理论要得到经验的证实在逻辑上是不可能的"④。于是，波普尔得出了"证伪，反驳优于证实"的结论，并首先提出了"P1→TT→EE→P2"的科学增长模式，认为"科学是在竞争和选择过程中发展的，只有批判，才能前进"⑤。由此，人们开始认识到科学的历史性与活动性特征，并意识到不能仅仅将科学视为知识体系，"科学本质上是一种探索活动"，知识只不过"是科学的产物"而已⑥。"继波普尔之后，库恩着眼于科学的历史和现状，在科学中引进了科学以外的因素，如社会、科学家的心理、科学家集团的要求和心理状态等因素。"⑦ 并利用"范式"概念来解释科学的发展，提出了"前科学—客观科学—危机—科学革命—新的常规科学"的科学革命模式，进一步揭示了科学作为一种探索活动的历史性本质。另外，"科学还常常被解释成一种探索活动的工具"，"作为工具不光有理论，还有与理论有关的思路、方法等"⑧。看来科学方法也是科学应有之义。不仅如此，我们还应认识到，在科学研究的主体、过程和成果中还蕴含着科学本身所独有的一种精神气质——科学精神。近年来我国学者对科学精神也进行了广泛、深入的研讨⑨。

① 颜庆祥，汤维玲执行编辑. 教育百科辞典. 台北：五南图书出版公司，1994：317.
② 王焕勋主编. 实用教育大词典. 北京：北京师范大学出版社，1995：368.
③ 董孟华主编. 科学哲学引论. 北京：知识出版社，1989：55.
④ [英] 波普尔. 科学发现的逻辑. 查汝强，邱仁宗译. 北京：人民出版社，1959：15.
⑤ 刘放桐等编著. 新编现代西方哲学. 北京：人民出版社，2000：516.
⑥ 董孟华主编. 科学哲学引论. 北京：知识出版社，1989：56.
⑦ 刘放桐等编著. 新编现代西方哲学. 北京：人民出版社，2000：530.
⑧ 董孟华主编. 科学哲学引论. 北京：知识出版社，1989：57.
⑨ 相关研究可参见：王大珩，于光远主编. 论科学精神. 北京：中央编译出版社，2000.

　　由以上简要分析，我们可以发现，"科学"的内涵远非"知识体系"所能概括。一方面，科学与社会、人文、技术等文化之间关系密切，这要求我们理解科学必须考虑文化间的联系，尽量从多视角、多层面进行分析；另一方面，即便在科学的内部，也包括科学知识、科学方法、科学活动、科学观念、科学精神等多种组成成分，不同学者因其关注点的差异可能用科学的一部分来代替整个科学，造成对科学理解的简单化、片面化。因此，笔者主张对科学作文化理解：首先，科学文化与人文、艺术等文化一样是人类文化的重要组成部分，与其他文化之间保持着密切的联系，即有器物、制度、观念、思维方式等层面；其次，在科学文化内部包含着科学知识、科学活动、科学方法、科学观念、科学精神等构成成分。这种理解有利于我们对科学的多种理解兼容并包，也有助于我们从多个角度来认识科学，理解科学。这会促进我们科学观的转变，从而为科学教育、科学课程改革提供广泛而富有新意的启示。

　　（二）课　程

　　对于课程的认识，几乎是众说纷纭，差不多每一个课程研究者都会有自己的见解，比如国外学者康纳利和兰茨所列举的有关课程较有影响的定义即有九种之多。我国有学者认为，"课程是教学内容及进程的总和"[①]，而"按照一般的理解，课程一词指的是学校教学内容"[②]。施良方将课程大致分为六类：（1）课程即教学科目；（2）课程即有计划的教学活动；（3）课程即预期的学习结果；（4）课程即学习经验；（5）课程即社会文化的再生产；（6）课程即社会改造。从上述几种较有代表性的课程定义即可看出，人们对课程本质认识的分歧如此之大，以至难以调和。总体来看，有几种理解：（1）课程是课程计划、课程标准和教材等文件的总和；（2）课程是科目或教学内容；（3）课程是教学内容及其进程的总和；（4）课程是使学生获得知识、发展技能、改变态度及价值观的过程；（5）课程是预期的学习结果或目的等。

---

① 王策三. 教学论稿. 北京：人民教育出版社，1985：202.

② 陈侠. 课程论. 北京：人民教育出版社，1989：17.

另外，美国学者古德莱德将课程从纵向上分为五个层面①，对我们也很有启发，他认为课程的层次包括：（1）理想的课程，即指一些研究机构、学术团体和课程专家提出应该开设的课程；（2）形式的课程，即指由教育行政部门规定的课程计划、课程标准和教材；（3）领悟的课程，即指任课教师所领会的课程；（4）运作的课程，即指在课堂上实际实施的课程；（5）经验的课程，即指学生实际体验到的东西。阿卡增加了获得的课程②，即学生所获得的学习结果。古德莱德和阿卡对课程的纵向分类，即是在课程由理想状态"流"向实践，最终转化为学生经验的过程中所截取的六个重要的"断面"，每个断面都是课程存在的一种重要的形式，如果将其连缀起来就变成了课程转换的链条。

从对课程定义的纵横分析来看，想提出一个能够被广泛认可的课程定义似乎是不可能的，但不对课程的内涵加以必要的限定又容易导致指称不明确，使用混乱。一种无奈而有效的办法是，研究者从自己研究的视角和层面出发来约定课程的内涵。笔者认为，课程应该从静态与动态两个角度来理解。从静态的角度来看，课程包括各种课程文件，如课程计划、课程标准、教材以及各种经验等，这一定程度上指的是指导课程活动的指南、蓝图和素材；从动态的角度看，课程是一种活动，既包括课程范式变革这样的宏观、剧烈的课程活动，也包括课程由理想到形式再到领悟的中观、"平静"的课程活动，还包括课堂上设计、实施、调整中的微观、细致的课程活动。所以，理解课程必须"动"、"静"结合，只有如此，我们才能全面认识课程现象。

（三）科学课程

科学文化内涵的丰富性、课程理解的复杂性决定着科学课程内容和形式的多样性。无疑，科学课程的核心目标在于利用科学文化的课程资源培养具有科学素养的合格的社会公民。这样，科学文化的课程资源和功能便成为决定科学课程价值大小、内容多寡和存在形态的"硬约束"。

---

① 施良方. 课程理论. 北京：教育科学出版社，1996：9.
② Vanden Akker, J. (1998). The science curriculum: between (eds.), International Handbook of Science Education, P. 422.

科学课程的规划、设计、实施，就是对具有复杂内容和结构的科学文化课程资源的挖掘、选取和利用。这样，从静态讲，科学课程就是依据科学教育目标对科学课程资源进行选择、规划与组织的结果；从动态看，科学课程即是不断演进和生成的课程活动。从课程的类别和类型来看，中学教育的科学课程包括综合科学课程和分科科学课程①，前者主要指综合理科、自然科学课程等，后者主要指物理、化学、生物学、地学等课程。小学科学课程普遍是综合科学课程。此外，科学活动课程和潜在课程也是科学课程的重要类型。一句话，科学课程就是以科学为主要文化资源的课程。

二、研究的目的与意义

（一）问题的由来：现实与理想的反差

既然科学课程是人们有目的地对科学文化课程资源的选择与组织，那么，就有必要尽量挖掘科学文化的课程资源，使其为培养人的教育活动服务。科学文化具有丰富的内涵，笔者认为可以从"文化间际"和"科学本体"两个维度来考察。首先，从"文化间际"的视角对科学与人文、社会、技术之间的关系进行审视，拓展人们认识科学的渠道，获得对科学多角度、多层面的理解，丰富科学课程的文化资源。这有利于培养学生的人文精神，还有利于学生从人文、社会的视角评判科学技术的功用与价值，等等。其次，从"科学本体"的视角揭示科学文化的内在组成结构有助于我们进一步认识、评估科学文化组成部分的教育价值，比如，科学知识的相对性对培养学生合理的怀疑精神的作用，科学观念对于培养学生科学、合理的世界观、自然观、价值观和人生观的作用，科学精神在培养学生求真、平等、自由等方面精神素养的作用，等等。总之，可以预见，科学文化具有丰富的课程资源，因而具有重要的

---

① 江山野主编译. 简明国际教育百科全书・课程. 北京：教育科学出版社，1991：374.

课程价值。那么，在现实中我们是否已经全面认识了科学文化，充分利用了科学文化的课程价值？我们对课程的理论期望与其现实状况之间到底存在着怎样的差距，这些差距的根源在哪里？为了寻找答案，笔者做了中学教师与学生科学课程状况的问卷调查。

科学课程状况问卷调查希望了解的问题主要有科学观、课程观、学习观和对科学课程的期望等四个方面。其中，科学观包括科学的本体观、发展观、形态观、价值观四个维度，科学课程观包括课程的目的观、形态观、学习观三个角度。此外，还对教师和学生对教科书的定位、课程的难度及原因进行了调查。分别设计了教师和学生问卷，其中教师问卷包括客观题 14 道、主观题 2 道，学生问卷包括客观题 13 道、主观题 2 道。因篇幅所限，这次问卷只是对科学课程的个别问题进行了调查。调查对象是辽宁省鞍山市、吉林省松源市、长春市三地六校，教师 70 名，学生 300 名。本次问卷调查内容及数据统计见附录。中学教师、学生科学课程状况调查显示：

1. 目前，在中学教师与学生中，实证主义、客观主义科学观占主导地位，大部分教师和学生认为科学就是静态的知识体系或高深的理论，对科学的发展持归纳主义见解。其中，18.60％的初中生和6.58％的高中生将科学视为真理；31.40％的初中生和 45.39％的高中生认为科学就是客观知识体系；30.23％的初中生和 28.29％的高中生将科学等同为高深的理论。

2. 多数学生不了解科学课程的内容究竟在社会生活中有什么价值，认为科学技术没有负面效应或对此不置可否。大多数教师认为，目前的科学课程不能使学生了解科学价值的有限性及其负面效应。明确认为科学技术具有负面效应的初中生和高中生分别只占总数的 8.99％和23.18％。69.77％的中学理科教师认为现行科学课程不能或完全不能反映科学技术的负面效应。

3. 近半数学生认为目前科学课程的价值在于应付考试，是为了考试的需要，多数教师也是围绕着升学考试这个"指挥棒"转。47.47％的初中生和 49.68％的高中生认为学习科学课程的目的在于升学，57.50％的理科教师认为科学课程的目标是升学或应付考试。

4. 对科学教育目标的认识。在培养社会的建设者与合格公民之间，多数学生和教师认为，科学教育的目的在于培养社会建设者，也有部分师生认为是培养社会合格公民。20.20％的初中生和31.61％的高中生认为科学教育的目的在于培养社会建设人才，15.12％的初中生和9.68％的高中生认为科学教育的目标在于培养社会合格公民。

5. 对于科学课程在教学中的作用，多数学生和教师认为它的价值在于规定教学内容或考试范围。在初中生、高中生和中学理科教师中，这个比例分别为38.54％、69.39％和56.75％。

6. 多数学生和教师认为科学课程主要的学习方式是理解、记忆和应用。与此相应，多数教师认为，在教学中不能增加学生探索活动的原因在于"考试不考"。在中学生中，采用"记忆——理解——应用"学习方式的学生占主导地位，分别为57.47％和46.31％；其次是理解记忆，比例为16.09％和38.93％。60.00％中学理科教师认为理解记忆是目前主要的科学课程学习方式。

7. 通过对主观题的归纳可以发现，绝大多数学生和教师都认为，科学课程的内容脱离学生生活，不能联系社会现实，希望将来的科学课程的内容能够联系生活实际。

此外，在本次调查中还暴露出科学课程现实中的很多问题，我们将在探讨具体问题时述及。

（二）研究的目标

从根本上认识科学，对科学进行文化阐释，揭示科学文化的丰富内涵，挖掘科学文化的课程资源，重估科学文化的课程价值，并据此反思科学课程的理论与实际，从多方面、多视角展望科学课程的发展趋势，为新世纪科学课程的规划、建设、实施进言献策，不仅是建构科学合理的科学课程理论的必然要求，也是目前正在轰轰烈烈地进行着的科学课程改革与实践的客观需要。因此，本文力求达到以下研究目的：

1. 通过问卷调查、理论分析、国际比较，初步确定目前科学课程不足的现象表现及其原因。

2. 梳理与反思西方与我国科学课程发展的历史。自"科学教育之父"培根提出"知识就是力量"这一具有前瞻性的响亮口号之后，科学教育在与人文教育的斗争中不断得到重视。19 世纪中叶，由于斯宾塞、赫胥黎等有识之士的大力推动，科学教育的地位得以确立。20 世纪世界科学教育改革更是风起云涌，其间，杜威、布鲁纳等著名学者作出了重要贡献。在我国，20 世纪初科学教育作为"西学东渐"的一个重要成果开始发展，其后我国的科学课程发展几经反复，曲折前行。本研究力图通过对不同时期科学课程及其主导理论的历史考察，比较不同历史发展阶段的科学课程及理论中所隐含的科学观、课程观、学生观的差别，梳理科学课程的目标、形态、学习方式的发展轨迹，来确定影响科学课程发展的主要变量和发展走向。

3. 对科学文化进行"文化际"和"本体"两个层面的考察。首先，分析科学文化与人文、技术、社会之间的关系和历史渊源，从不同角度解读科学文化，挖掘科学文化的课程资源；其次，从科学内部分析科学知识、科学方法、科学活动、科学观念和科学精神等重要因素，进一步明确科学狭隘理解对科学课程的危害以及对科学课程发展的启示；第三，揭示科学的文化理解对科学课程发展的意义，并分析科学文化课程价值的层次；第四，明确科学课程的文化属性及其运行机制。

4. 分析科学观对科学课程的影响。首先，对科学的本质认识将直接影响人们对科学文化课程价值的理解和科学课程定位，进而影响人们对科学课程目标、内容、形态和学习方式等的确定；其次，科学观的培养本身就应该是科学课程的一个重要内容。这两方面的分析将会给科学课程的发展提供重要启示。

5. 科学课程的目标主要是学生科学素养的培养。因此，有必要结合本研究对科学文化的课程资源及其价值层面的理解，深入探讨科学素养主张得以成立的理论基础、基本特征与核心内容。

6. 科学课程是对科学文化课程资源取舍、变通、整合的结果，因此，对科学文化课程资源的选择与组织形式就决定了科学课程的形态。对科学课程形态的分析可以从静态和动态两个角度考察，静态的科学课程形态包括以科学知识为主要资源的课程，以科学方法为主要资源的课程，以科学活动为主要资源的课程，以科学观、科学精神为主要资源的课程和以科学的社会理解为主要资源的课程等五种形态。动态的科学课程形态包括宏观、中观和微观三个层面，不同层面的课程形态其制约因素、构成要素和运行机制各不相同。对科学课程的"动"、"静"态分析会给我们带来全新的启示。

7. 人们对科学课程学习方式的选择不仅受学习心理理论的影响，也受制于对科学文化的理解，是科学观和学习观在学习活动中的集中体现。对于科学观，无论从认识论的视角还是从社会学的视角，人们都已经在不同程度上确认了其建构属性的存在。至于学习观，建构主义倾向的学习思想已经有相当长的历史，目前建构主义学习论已经成为学界研究的热点，并且，在国外以建构主义为指导的科学教学实践已经取得了重要成果。所以，提倡建构主义的科学课程学习方式自有其理论与实践的合理性与必然性，有必要对科学课程学习方式的建构主义议题进行深入分析。

8. 科学课程发展的跨文化思考。科学课程是文化的结果也是文化发展的手段。在不同文化系统中，科学课程具有不同的样态、价值和发展取向。几年来中西文化比较研究启示我们，科学课程的改革要重视对传统文化特质的分析和把握，处理好本土文化与外来文化、文化继承与文化引进、文化传承与文化创新、文化形态与文化价值的关系，进而推进科学课程的发展。

（三）研究的意义

1. 研究的理论意义

在我国学界，进行科学课程研究的学者主要是学科课程专家。这些学科课程专家多数是从学科研究中转移过来的，他们具有丰富、深厚的学科专业知识和研究素养，但对教育基本理论、科学元勘学科、心理理论、课程理论较为陌生，这使得在教育、科学元勘、心理、课程等与科学课程密切相关的研究领域，新近的科学研究成果不能及时进入学科课程研究与实践者的视野。同时，这些专家长期积累的学科课程研究成果由于"话语"的差异而不能及时被更多的研究人员所共享，因此，有必要在中观的层面上建立沟通学科课程研究与课程基本理论研究之间的通道，促进双向的交流与发展。科学课程研究可以被认为是其中的一个重要通道。以自然科学为主要文化资源的自然科学课程的研究，并非一般的、普遍的课程理论在自然科学课程领域中的简单应用。因为科学课程理论在关注对象、理论基础、研究视角、研究主体、价值功用、研究方法等方面具有自己鲜明的个性和特点，这决定了它存在的价值和研究的意义。所以，我们可以认为，科学课程研究对于课程基本理论、学科课程理论以及自身的存在与发展都具有重要价值。本研究力图通过自己的研究视角在这方面作出努力，其主要表现在以下几个方面：

（1）教育、课程、心理、哲学、科学元勘等理论与学科的迅猛发展，将要求、甚至"强迫"科学课程理论适时更新其理论基础、研究内容和研究方向。比如，科学元勘学科包括科学哲学、科学社会学、科学知识社会学等一些以科学为研究对象的元研究学科，对科学的本质、形态、发展机制等许多方面进行了深入的研究，取得了丰硕的成果。这些研究成果将从根本上改变我们对科学的认识，过去常被我们忽视的科学技术的价值问题、科学技术发展的动力问题、科学技术的伦理问题、科学技术的文化背景问题、科学技术的文化属性问题等等，不断被人们重视，并已经渗透到科学课程及其理论当中。然而，我们对这些问题的重视程度还远远不够。因此，我们应积极应对，主动出击，从对科学课程理论的基本问题、深层问题的分析着手，及时革新、深化、完善科学课程理论。以科学课程的文化阐释为切入点，反思目前科学课程理论中的问题，展望其走势，即是本研究在这方面所作出的积极努力。

（2）针对过去人们对科学文化的狭隘理解及其对科学课程及理论造成的危害，本研究的重点之一是对科学进行文化阐释，揭示科学文化内容的丰富性。科学文化的丰富内容决定着科学文化课程资源的丰富性和价值的多样性，对科学文化课程资源及其价值进行合理的分析和归类也是本研究的应有之义。由此，我们就在一定程度上解决了科学文化在科学课程中的"能为"问题，即科学文化具有哪些显在与潜在的课程资源和价值，科学文化究竟能为我们的育人活动作出哪些"贡献"。"能为"是"应为"的基础和保障，"能为"主要是客观的功能，"应为"主要是主观的愿望，"能为"对"应为"起决定作用。因此，我们只有在科学文化课程资源与价值的基础上分析科学课程的教育功能，开发科学课程才是科学的。无疑，分析科学文化的课程资源与价值、科学课程的理想功能以及如何实现这些功能，将是科学课程理论的重要目标和内容。所以，在这个层面上，本研究对推动科学课程理论的出现与发展具有一定意义。

（3）本研究还将涉及科学课程一些具体理论问题的探讨。这一方面是为了将基本理论研究落到实处，联系实际，另一方面也是尝试着用本研究的基本主张去解决一些比较具体的理论问题，这不但可以启发我们提出一些有价值的想法，而且能够进一步检验与评估我们观点的科学性和建议的价值。探讨的具体问题包括：科学观与科学课程的发展、科学素养与科学课程目标的变革、科学形态的问题以及科学课程的学习方式问题，等等。选取这些问题来进一步研究的原因在于，这些问题是本研究自然生发出来的，是本课题必须解决的问题，并且在逻辑上具有连贯性和一致性；再者，这些问题也是科学课程理论中的重要问题，对其探讨有助于补充、丰富科学课程理论的内容。

2. 推动科学课程改革走向深入

（1）如今，科学课程改革轰轰烈烈，如火如荼，科学课程的剧烈变革势必需要科学课程理论的指导。实践已经证明，没有先进的理论作指导、"新瓶装旧酒"式的课程改革难有建树。简单地照搬、移植式的课程"翻新"，也无法从根本上解决问题。课程的变革需要从观念、思维方式及其载体的变革开始，并且往往前者更为根本和重要。因而，一个好的理论应该以改变人的观念和思维方式为目的，唯此，才能从根本上改变人的行为。本研究便希冀能对科学课程人员的观念、思想、思维方式有所促动，从而为这个改革的时代略尽绵薄之力。

（2）本研究对于具体的科学课程活动也有一定的价值。比如，科学课程工作者在规划、开发、设计、实施、评价课程的过程中，首先需要了解科学课程的功能和价值，需要了解科学课程教育价值的层次结构，需要了解科学课程的动态形态与静态形态的特征及其运行机制，需要了解科学课程的学习方式，等等。对这些基本问题的解答，是科学课程人员顺利进行课程活动的依据和保障。本研究对如上问题作了比较明确的解释，因此，可以认为本研究在指导具体课程活动方面也有一定意义。

（3）本研究对于学校教学活动也具有一定的指导意义。比如，对科学文化课程价值的分析，有助于启发教师全面认识科学文化，掌握科学文化课程价值的各个层面，这对全面实现素质教育颇有裨益；对科学课程文化性的分析，有利于提高教师科学教学的积极性、主动性和创造性；对科学素养的分析，便于教师明确科学课程目标的性质、特征、基本内容和发展趋势，在教学中及时、有效地确立教学目标；对科学课程形态和学习方式的研究，一定程度上具有教学策略的性质，有一定的指导意义和可操作性，等等。这些都是本研究的实践价值所在。

三、研究的背景与现状

（一）我国课程变革的需要

目前，我国的科学教育面临着严峻的挑战。根据调查显示，"1995年我国具有科学素养的公众只占国民总数的0.3％，而美国是6.9％。整整相差23倍"[①]。六年后，"我国公众具备基本科学素养的比例为1.4％"[②]，2002年浙江省公众具备科学素养的比例为2.1％，虽高出全国0.7个百分点，但仍与发达国家存在显著差异[③]。这虽然与我国的历史、社会等多方面因素有关，但科学教育与科学教育研究界也难辞其咎，因为"我国学生具备基本科学素养的比例仅为11.42％；专业技术人员也只有6.29％"[④]。值得庆幸的是，作为"现代国家兴盛的根基的国民科学素养"[⑤]已经得到教育理论界人士的重视，人们已经开始认识到"科学教育从精英走向大众已成为世界中小学科学教育的大趋势"[⑥]。相应地，中小学《科学课程标准》也提出科学教育要以培养学生的科学素养为宗旨。[⑦]以此为信号，我们可以预见，科学课程的激烈变革为时不远，对科学课程及其理论基础的反思和展望应该首当其冲。

---

① 葛霆等. 中国公众科学素养及国际对比. 科学. 1995（3）.

② 刘茂胜，马晓岚. 2001年我国公众科学素养调查结果揭晓—千人中仅有14人具备基本科学素养. 科学时报. 2001－10－25.

③ www. cpus. gov. cn/kpdt/file/0534. htm

④ 刘茂胜，马晓岚. 2001年我国公众科学素养调查结果揭晓—千人中仅有14人具备基本科学素养. 科学时报. 2001－10－25.

⑤ 朱效民. 国民科学素质：现代国家兴盛的根基. 自然辩证法研究. 1999（1）.

⑥ 郝京华. 国际中小学科学教育改革的新动向. 成才导报. 2001－10－17.

⑦ 中华人民共和国教育部. 科学（3—6年级）课程标准，科学（6—9年级）课程标准. 北京：北京师范大学出版社，2001.

（二）相关的研究成果

在我国，课程理论研究非常薄弱，科学课程的理论研究尤其如此。早在 1980 年，戈定邦教授便撰文呼吁加强科学课程研究，设立全国性的科学课程研究所或研究中心，并倡议科学课程研究要从吸取近 20 年各国研究成功和失败的经验，了解国内各地学校科学教育的实际情况开始，拟定一个全面长期的计划和纲领。他预言："只要我们从现在努力，80 年代将把我国科学课程研究向前大大推进一步。"① 虽然戈定邦教授的期望并未实现，但我国科学课程研究还是取得了一定的成绩。

国内学者通常将科学教育研究分为三个层次：（1）物理、化学、生物和地学等各门学科的教学理论，简称Ⅰ类理论；（2）综合性科学教育理论，简称Ⅱ类理论；（3）科学教育的哲学理论，简称Ⅲ类理论。② 相应地，我们可以对科学课程研究进行简单的分类，即将物理、化学、生物和地学等各门学科的课程理论称为Ⅰ类科学课程理论；将综合性科学课程理论称为Ⅱ类科学课程理论；将科学课程的哲学研究称为Ⅲ类科学课程理论。在过去 20 余年中，我们的Ⅰ类科学课程理论研究主要集中于对国外各科教学大纲、教科书和各科课程改革的评介以及对我国各科教材发展史的梳理、教材设计经验的总结等。这一部分研究内容相对陈旧，理论性较差，但研究的数量在三类研究中占绝大多数。Ⅱ类科学课程研究起步较晚，其主要内容是对综合科学课程和科学课程一般问题的研究。这部分研究也以介绍国外的研究为主，但已经明显有了自己的独立思考。不过，尽管其中不乏优秀的研究成果，但研究数量却很少。至于Ⅲ类科学课程理论相关的研究，据笔者所掌握的资料来看，仅有两篇文章。总体来看，我国科学课程研究尚属起步阶段，基本上处于对国外成果的介绍、对经验的简单总结、对课程文件的诠释水平，真正高水平的研究不多见，对科学课程或某一领域的系统研究，尤其是Ⅲ类科学课程理论的研究几乎还是空白。

值得注意的是，近两年我国的科学课程理论研究进展迅速，就在本研究进行的过程中，国内已经有几部科学教育及课程方面的专著发表，

① 戈定邦. 发展科学课程研究 加强教育与科技现代化的基础. 外国教育. 1980（3）.
② 柳秀峰. 论我国科学教育的危机与对策. 教育研究与实验. 1988（2）.

比如，孙可平博士的《STS 教育论》（2001 年版），孙可平、邓小丽博士的《理科教育展望》（2002 年版），丁邦平博士的《国际科学教育导论》（2002 年版），余自强老师的《科学课程论》等。另外，还有以科学课程为主要研究方向的博士论文面世，比如，郭玉英博士的《综合理科课程研究》等。这些令人欣喜的成果的出现，使我们对科学课程的发展与研究充满信心。

　　综上所述，我国的科学课程研究主要集中于科学课程的Ⅰ类理论和Ⅱ类理论，并取得了一些进展，但Ⅲ类理论的研究还很薄弱。其实，科学课程Ⅰ类理论和Ⅱ类理论进展的缓慢与Ⅲ类理论研究的滞后有着密切的关系，因为往往后者可以为前两者的研究提供必要的理论基础、研究方向、思维方法、价值观念等方面的指导，这正是我国科学课程研究领域所缺乏的。但是，科学课程的Ⅲ类理论本身也并非是"无源之水、无本之木"。一方面，它受制于哲学、科学哲学、科学社会学、科学伦理学、科学知识社会学、教育学、课程哲学等基本学科的研究，因为这些学科往往能在深层关心人类、社会、文化的命运及其发展，常常代表着时代的精神。这就要求科学课程研究与实践者大量地学习、分析、利用大量相关基础学科的研究成果来武装自己的头脑，夯实科学课程理论的基础，丰富科学课程理论，指导科学课程理论与实践的运行与发展。另一方面，科学课程的Ⅲ类理论还源于对科学课程实践的总结与反思，只有不断地对科学课程实践的经验进行总结、提炼、提升，才能发现自己的个性，形成自己的特色，明确自己的方向。否则，只能变成其他学科的"试验田"。在科学课程的Ⅲ类理论中，目前还没有见到对科学课程的科学文化基础进行追问、检讨，进而为科学课程的发展提出建议的系统研究。所以，本研究力图在科学课程的Ⅲ类理论中作一点思考。

四、研究的思路与方法

（一）研究的基本思路

　　依据笔者的设想，本研究首先进行了有关中学教师与学生的科学课程观的问卷调查，澄清了科学课程中的科学观念以及教师和学生们对科学课程的目标、内容、形态、学习方式的理解与期望，为本研究理论找到现实的出发点。然后，笔者对科学课程及其理论发展进行了历史考察与梳理，力争从历史发展的角度认识科学课程发展的内在逻辑与"因果变量"。由此，我们获得了对科学进行文化阐释的依据和研究的视角，并对科学文化进行了"文化际间"和"本体"两个方面的分析。对科学进行文化分析的结果给了我们很多启示，因为时间与能力的关系，笔者仅在其中选择几点进行了深入的探讨。这几点包括：科学课程的反思与构建，科学观维度、科学课程目标变革，科学素养理想、科学课程的形态，多元复合与有机生成，科学课程学习方式的革新，建构主义议题，科学课程的跨文化研究等五个方面。

（二）研究的重点、难点

依据研究的思路，本研究的主要目的是反思科学课程的文化基础，进而为科学课程的理论与实践提供有价值的建议。所以，科学文化课程价值的阐释是本研究的重中之重，是本研究的核心所在。对科学文化课程价值的分析可分为两个层面：科学文化课程资源的挖掘和科学文化课程价值的评估，前者又分为科学文化"文化际"和"本体"的研究，后者包括科学文化课程价值层次的分析和科学课程文化属性的确认。此外，检验本研究观点的正确性、建议的合理性也是本研究的一个重要内容。为此，本研究将基本主张演绎出四个重要分支，涉及科学课程的发展、目标、形态和学习方式等方面问题的探讨，用以进一步明确本研究的观点，同时也是将理论转化为"观察陈述"，以备检验。

本研究的重点即是难点。因为目前的科学文化研究成果可谓汗牛充栋，但众学者的见解不一，很多理论之间观点迥异，意见相左，甚至不可通约。在其间梳理出一个较为明晰、易于别人接受的思路实属不易。再者，如何将这些多数属于哲学、科学哲学等的主张引进科学课程，用以指导科学课程理论的建构和科学课程的发展，做到逻辑上的完备、自洽也是笔者望而却步的。不过，好在人们普遍认为，艰难的事情哪怕做一件，做出一点点成绩，也比做十件没有任何挑战的事情强。

在研究方法上，本研究将坚持以逻辑与历史相统一、理论研究与实证相结合的方法论为指导。具体将采用理论分析法、比较法和问卷调查法。

第二章　科学课程的历史考察

　　虽然早在古希腊就已经产生了科学的萌芽，但现代意义上的科学指的是发端于 16 世纪，以哥白尼发表《论天球的旋转》(1543) 为标志的近代自然科学。科学因其非凡的生命力和巨大的吸引力，影响不断扩展，并向传统观念发起了挑战。从此，一向被视为"神学的婢女"的科学得到解放并不断发展。随着科学文化的迅速发展，很多教育家和热心教育的科学家认识到了科学的教育价值，并大声疾呼加强科学知识的教育。被誉为"科学教育之父"的培根 (Francis Bacon, 1561—1626) 提出了"知识就是力量"的响亮口号，并指出只有"具有科学知识、追求真理、具有完善人格"[①] 的人才是理想的人。培根的科学教育思想在200 年后经由斯宾塞 (Herbert Spencer)、赫胥黎 (Thomas Henry Huxley) 的大力传播和发展被广泛接受。到 19 世纪后半叶，科学课程获得了"合法地位"，正式进入学校课程体系。此前的科学课程思想更多的是在阐述科学知识的教育价值，为科学知识争取"合法地位"，缺乏具体、深入的科学课程理论。杜威的科学课程理论的出现改变了这一切，它不仅是科学课程发展史上的一座里程碑，也为整个课程理论翻开了崭新的一页。在整个 20 世纪，笔者认为科学课程又经历了两次主要的变革，一次是五六十年代结构主义科学课程理论的出现，再一次是七八十年代兴起的综合科学课程设计理念的诞生。

---

　　① 田本纳主编. 外国教学思想史. 北京：人民教育出版社，1994：110.

　　综上所述，科学课程的演进大致经历了"合法化"、"活动化"、"结构化"和"综合化"等四个阶段。下面对其思想渊源、课程主张进行必要的阐述和评价，这不但有利于我们全面了解科学课程，也为本研究论点的提出提供必要的知识准备。

一、科学课程的合法化

　　"在 17、18 世纪，科学就有了很大的发展，但不是由于它在教育中占有了重要地位才有了发展，而恰恰是在它毫无地位的情况下发展起来的。"[①] 进入 19 世纪，随着科学和技术的发展，它们对人类社会的影响也越来越明显，不同的是科学是通过知识的力量改变着人们的世界观、人生观、价值观和科学观，而技术是通过对社会生产力的变革、通过物化的形式改变着人们的"生活世界"，科学和技术通过精神和物质两条途径改变着整个世界图景。"19 世纪是科学的世纪。在这个世纪里，自然科学的各个门类相继成熟起来，形成了人类历史上空前严密和可靠的自然知识体系。"[②] 电磁学、光学、热力学、天文学等学科都取得了惊人的进展，经典科学的发展几乎达到了完美的极致。更为重要的是，随着经典科学大厦的建立，"人们对于自然的宇宙的整个观念改变了"，人们开始认识到"人类与其周围的世界，一样服从相同的物理定律与过程，不能与世界分开来考虑，而观察、归纳、演绎与实验的科学方法，不但可以应用于纯科学原来的题材，而且在人类思想与行动的各种不同领域差不多都可应用"[③]。于是人们认为，只要我们确定了瞬间宇宙的初始条件，我们就可以推断出宇宙的过去、现在和未来，对于人类社会也是如此。牛顿物理学完全建立起来之后，机械论自然观和决定论发展观逐渐形成。然而，"在 19 世纪的飞跃进步中，最有效地扩大了人们的

　　① ［英］贝尔纳. 科学的社会功能. 张体芳译. 北京：商务印书馆，1982：120.
　　② 吴国盛. 科学的历程. 长沙：湖南科学技术出版社，1997：537.
　　③ ［英］丹皮尔. 科学史. 李珩译. 北京：商务印书馆，1975：283.

心理视野，促进思想方式上的另一次大革命的既不是物理知识的大发展，更不是在这些知识上建筑起来的上层工业大厦"①，而是地质学和生物学的发展。确切地说，是进化理论的确立。进化的、非决定论的思想虽然在一定程度上受到了牛顿的世界图景的遮蔽，但仍然发挥了巨大威力。18 世纪末至 20 世纪初技术的飞速进步导致两次工业革命，使培根"知识就是力量"的预言不断得到证实，也使他的论断日益深入人心。同时，科学的技术化、技术的科学化进程明显加快，科学与技术之间相互融合已是必然趋势。作为一种文化形态的科学与技术在社会中的地位日益凸现，社会的发展也越来越强烈地依赖科学技术的进步。可以断言，19 世纪不仅是物质文明迅速发展的时代，也是各种思想冲突、碰撞、融合和变革的时代。但在 19 世纪，尤其是 19 世纪的前半叶，科学与技术的迅猛发展和社会生产的工业化与科学教育的严重滞后形成了鲜明的对照，古典教育思想远不能满足社会工业化的需要，而适应社会发展的科学课程却难以进入学校课程体系。于是，争取科学教育、科学课程的合法化、制度化便成了这一时期科学教育的主要任务和特征，并主要体现在斯宾塞和赫胥黎等人的科学课程思想之中。

（一）斯宾塞的科学课程思想

斯宾塞是 19 世纪英国著名的实证主义哲学家、社会学家、生物学家和教育家。他深受英国传统的经验主义和功利主义思想的浸染，继承了孔德实证主义的哲学思想。与孔德不同的是，他是社会进化论思想的坚定支持者和英国维多利亚时代的个人主义、自由主义思想家。这导致在其思想中存在着相互冲突的思维方式，比如实证主义知识观与不可知论的冲突。一方面他认为，知识必须通过观察、实验的方法获得并为实证方法所证实，才是有意义的、真实的和可信赖的。另一方面他又承认，隐藏在事物和现象背后的本质是绝对不可以认识的。无奈之下，他不得不将整个知识体系分为两个领域，即可知的科学领域和不可知的宗教领域。再比如"社会有机论"与进化论思想的冲突，这种矛盾的产生在于他对进化论庸俗、错误的理解。不过，对后天获得性的强调却加强

---

① ［英］丹皮尔. 科学史. 李珩译. 北京：商务印书馆，1975：344.

了人们对教育重要性的认识。这些思想冲突在斯宾塞的科学课程思想中都有不同程度的体现。

在英国古典教育与科学教育的争论中，斯宾塞系统地阐述了他的科学课程思想。针对当时社会的剧烈变革与科学教育严重滞后的状况，斯宾塞敏锐地认识到，"生产过程既然那么快地科学化，……科学知识就应该同样快地成为每个人所必需的"①。而那些重装饰、轻实用，重古典、轻科学，重形式、轻实质的古典教育课程体系已经不能适应社会的发展和个人的需要了。科学知识进入学校教育刻不容缓，势在必行。为了说明科学知识的重要性，斯宾塞创造性地摒弃了以往教育家抽象、模糊、思辨的教育目的思想，构建了以实现人类"完满生活"为旨归的教育目标体系，并将人类的"完满生活"具体化为五个方面："1. 直接保全自己的活动；2. 间接保全自己的活动；3. 抚养教育子女的活动；4. 与维持正常社会政治关系有关的活动；5. 在生活中的闲暇时间满足爱好和感情的各种活动。"② 人们顺利地进行这些活动，必须依靠科学知识。"斯宾塞认为，世界上的一切活动都离不开科学知识，科学知识在指导人们生活的各种活动中具有最高价值，是使'文明生活成为可能的一切进程能够正确进行的基础'。"③ 实现"人类完满生活"是斯宾塞的科学教育目的，由此演绎出的五项目标便是其科学课程力图实现的目标。

在斯宾塞的科学课程思想中，科学课程的价值体现在指导价值、实用价值、训练价值和教育价值等四个方面。斯宾塞认为，科学知识不仅是文明生活得以顺利进行的基础，而且可以昭示社会的发展方向，科学知识在指导人们的各种生活活动方面具有最高价值。同时，科学知识又是人们实现"完满生活"的有效工具。人们只有依靠科学知识才能顺利地维护自己的安全和健康，尽到做父母的职责，参与国家的社会活动，合理地调节自己的行为。可见，斯宾塞注重科学知识的原因首先在于其实用价值。斯宾塞还认为实用价值和训练价值是相互联系的，不是有的

① ［英］斯宾塞. 教育论. 胡毅译. 北京：人民教育出版社，1962：20.
② ［英］斯宾塞. 教育论. 胡毅译. 北京：人民教育出版社，1962：8.
③ 戴本博主编. 外国教育史：中. 北京：人民教育出版社，1989：338.

课程专门增长知识，有的课程专门增长心智，"在获得那些调节行为最有用的各类知识中就包含了适宜于增强能力的心智训练"①。通过对学校课程中的语言知识和科学知识的比较，斯宾塞认为，作为一种训练手段，科学知识比语言更优越。科学知识的学习不仅能使学生获得有用的知识，而且能发展学生的智力，培养学生的记忆力、判断力等。也许这是斯宾塞对实质教育说与形式训练说之争的最好回答。此外，斯宾塞强调"科学在道德训练上能培养一个人的独立性、创造性、坚毅和诚实的品质"②。

在科学课程的组织方面，斯宾塞认为课程内容难易程度的排列、分量多少的确定、直接经验和间接经验的结合等问题，应该以心理学分析为基础③。根据进化论的思想，斯宾塞认为学生的生理、心理发展也符合进化的规律，心智发展是按照心智能力的数量由少到多的顺序进行的。同时，每一种能力的形成要以一定的知识为基础。教育活动必须尊重和依据心理的发展过程进行。课程和教材内容的安排和组织必须符合心智能力的发展次序，适应儿童的接受能力。因为心智能力的发展是循着由简单到复杂、由低级到高级、数量逐渐增多的顺序进行的。所以，课程和教材内容的安排和组织必须符合心智能力的发展次序，适应儿童的接受能力，要遵守"由易到难、由简到繁、由具体到抽象、由实验到推理、由直接经验到间接经验"的组织原则，并且一定要考虑学生的兴趣。

可以肯定地说，无论怎样褒奖斯宾塞的科学教育思想都是不过分的。因为，是斯宾塞利用价值比较的研究方法确定了科学知识在课程体系中的重要地位，从而冲破了英国古典教育思想的羁绊，"对于传统的古典人文主义的教学内容来说，斯宾塞的这个课程体系无疑是一个革命"④。斯宾塞首开教育目的细化的先河，实现了教育目标的具体化，

① ［英］斯宾塞. 教育论. 胡毅译. 北京：人民教育出版社，1962：37.
② 戴本博主编. 外国教育史：中. 北京：人民教育出版社，1989：340.
③ 田本娜. 斯宾塞课程论述评. 课程·教材·教法. 1983（5）.
④ 戴本博主编. 外国教育史：中. 北京：人民教育出版社，1989：340.

从而使科学课程目标的确立、内容的选择有据可依，这一课程思想在半个多世纪后被泰勒发扬光大。斯宾塞还根据其实证主义的知识观和心理学理论论述了科学知识与心智能力发展的关系，为形式训练说和实质教育说的争论作出了发人深省的回应，也为科学课程内容的选择和组织提供了心理学依据。斯宾塞不但告诉我们为什么要使科学知识进入课程体系，而且指导我们如何去实现这一理想，这在150年前是难能可贵的，其科学课程思想的影响时间之久、范围之广也是罕见的。

当然，由于历史的局限性，斯宾塞的科学课程思想也暴露出一些不足。比如，斯宾塞将知识领域分为科学领域和宗教领域，这不仅与其实证主义哲学观相矛盾，而且难以避免其不可知论思想向科学领域蔓延，结果导致将科学知识简单地等同于实用化、技能化的知识，忽视了科学知识近似真理的一面，从而削弱了科学的教育价值。

（二）赫胥黎的科学课程思想

赫胥黎是19世纪又一位对科学课程发展作出重大贡献的人物。赫胥黎学识广博，在生物学、地质学、人类学等领域作出了重要贡献，同时他又是一位热心教育改革的教育家。在世界观方面，赫胥黎仍旧是一个不可知论者，但在解决很多自然科学的具体问题时，已经表现出了唯物主义的倾向。他是进化论的坚定支持者和积极宣传者。"如果把斯宾塞和赫胥黎两个人作一比较的话，那么，不难发现，赫胥黎作为第一届伦敦教育委员会的成员以及作为大学教授和讲演者，在科学教育与古典教育这场论战中，在实际方面所做的工作显然比仅仅通过自己的《教育论》一书而闻名的斯宾塞多"[①]，他不但在理论上阐述了丰富的科学教育和课程思想，而且身体力行，积极地进行教育实践和改革。

在科学课程的目标方面，赫胥黎同样强调科学知识对人类生活的重要价值。他说："现在，自然科学知识作为一种生活工具的重要性是不容置疑的。对我们所从事的职业来说，某些科学知识几乎是直接有用的。"针对当时英国科学教育严重滞后于社会需要的现状，他在《关于

---

① 单中惠. 试析十九世纪英国科学教育与古典教育的论战. 清华大学教育研究，2000
（2）.

大学教育的演讲》中曾明确指出："现在中小学教育体制阻碍科学教育的严重性是不能低估的。学生养成只会通过书本学习知识的习惯；这种习惯不仅使他们不懂得何谓观察，而且导致学生厌恶对事实的观察。迷信书本的学生宁可相信他在书本上看到的东西，也不相信他自己亲眼目睹的东西。"① 这种古典教育是一种华而不实的教育，不但无助于学生学习到生产、生活急需的科学知识，也妨碍了学生智力的训练和创新精神的培养。在赫胥黎看来，这一切与英国工业社会的蓬勃发展极不相称，他认为只有最好地掌握和利用科学知识的人才能在"现代社会貌似光滑的表面下进行的生存斗争中，在森林地区未开化的居民进行的生存斗争中"② 表现出卓越的才能。可见，与斯宾塞一样，赫胥黎也将科学知识的传授作为科学课程的主要目标。不同的是，他更加强调科学实验和科学方法的训练，并且还肯定了技术教育的重要性。赫胥黎指出："无论男孩还是女孩，在离开学校之前，都应该牢固地掌握科学的一般特点，并且在所有的教学方法上多少受一点训练。"③

　　赫胥黎首先是一位科学家，所以他对科学内涵的理解更为深刻，他说："所有真正的科学都是从经验开始的，但是，所有的科学恰恰都力求超越这个经验阶段，进入从经验中演绎出更普遍的真理阶段。"④ 这一过程就是利用归纳法获取科学知识的过程。由于对科学发现的重视和归纳法的偏爱，在赫胥黎的思想中已经开始注意到科学的活动性特征，这无疑丰富了科学课程的资源。因为课程资源的丰富，课程的学习方式也发生了相应的变化。赫胥黎重视科学方法的学习，主张进行实验教学，强调学生亲自观察自然界，利用归纳法获得知识。然而，当时英国科学课程的教学依旧沿袭"原来古典学术的教学方式"⑤，对此，赫胥黎悲叹道："旧的古典教育方式的幽灵已经进入新的科学教育方式的机

① ［英］赫胥黎. 科学与教育. 单中惠，平波译. 北京：人民教育出版社，1990：166.
② ［英］赫胥黎. 科学与教育. 单中惠，平波译. 北京：人民教育出版社，1990：166.
③ ［英］赫胥黎. 科学与教育. 单中惠，平波译. 北京：人民教育出版社，1990：85.
④ ［英］赫胥黎. 科学与教育. 单中惠，平波译. 北京：人民教育出版社，1990：226.
⑤ ［英］贝尔纳. 科学的社会功能. 张体芳译. 北京：商务印书馆，1982：121.

体内。"①

　　总的来看，赫胥黎一方面延续了斯宾塞的科学课程思想，继续为科学知识正名，为科学课程争取地位。不同的是，"赫胥黎并未将他所倡导的科学教育与他批评过的古典教育完全对立起来"②，没有因为强调科学知识的重要性而贬低其他知识，他在《论科学和艺术与教育的关系》一文中指出，自然科学只是人类文化形式中的一种，我们不应该因为科学重要就贬低诸如文学、审美、道德、历史、地理和政治社会生活等其他形式的文化。另一方面，赫胥黎还发展了斯宾塞的科学课程思想。首先，除科学知识外，他还强调科学方法的教学，这大大丰富了科学课程的内容；其次，在科学课程的学习方式方面，他重视实验教学、注重学生参与观察，主张"尽可能地运用实物教学，使教学真实化"③，这符合教学规律；再则，赫胥黎认为，为了促进国家工业生产率的增加，满足社会福利的需要，培养学生的观察力、精确操作能力和清晰表述事物的能力，有必要开设技术课程。④

　　虽然赫胥黎为奠定科学课程理论的基础作出了非凡的贡献，但鉴于历史的局限性，用现代人的眼光进行挑剔难免有一些不足。比如，赫胥黎在强调科学知识的实用性的同时，却没有重视联系学生的生活情境，因而使课程更加远离学生的生活。这种按照社会目标、成人需要所构想的为"完满生活"作准备的科学课程只能使学生离幸福生活越来越远。再比如，赫胥黎虽然在一定程度上开始重视科学方法、科学态度的培养，但这更多的是出于科学家的直觉，缺乏理论支持，理解得过于简单、片面，与科学知识相比，对科学方法、科学态度的重视远远不够。同时，科学课程的研究还不深入，对科学课程内容的选择、组织，学习方式的安排和评价等许多方面都很少论及，等等。这一切既为后继者提供了广泛的研究基础，也为他们开辟了广阔的发展空间。

---

①　[英]赫胥黎. 科学与教育. 单中惠，平波译. 北京：人民教育出版社，1990：188.
②　徐辉，郑继伟. 英国教育史. 长春：吉林人民出版社，1993：238.
③　转引自，戴本博. 外国教育史：中. 北京：人民教育出版社，1989：383
④　徐辉，郑继伟. 英国教育史. 长春：吉林人民出版社，1993：241.

（三）几点思考

19世纪的科学课程无论是在理论方面还是在实践方面的发展都刚刚起步，其主要任务在于为科学知识争取合法的地位。至19世纪末期，西方各国相继通过立法的形式将科学课程纳入各级学校的课程体系。总体来看，19世纪的科学课程具有以下几个特征：

鉴于19世纪科学技术和工业的迅猛发展，人们开始认识到科学技术在认识和改造自然方面的巨大威力，于是"科学万能"的科学主义思想不断浸入并主宰人类的灵魂，反映在教育和课程思想中，既是科学知识不仅被认为是认识自然、改造自然所必需的和最有效的工具，同时也是改变和塑造人类灵魂的灵丹妙药。于是，教育者便期望通过科学知识改变儿童，儿童再利用科学知识来适应社会，科学知识、科学课程被工具化，科学教育被功利化。工具理性、技术理性的思维方式最终导致科学课程的目的与手段、内容与过程、直接经验与间接经验的二元对立。当然，缺点与不足的暴露既为之后的研究和思考呈现了问题，也为之后的变革指明了方向。

科学课程的主要目的在于为学生将来的"完满生活"作准备，科学知识就是实现这一目标的有效手段。于是科学课程便成为"科学课程目标（将来的完满生活）——科学课程手段（科学学科课程）——科学课程内容（科学知识）"三位一体的共同体，三者之间的关联性与因果性似乎是不证自明的。这难免导致儿童生活与成人生活、学科课程与科学课程、科学知识与科学课程内容的模糊与混淆。其结果是，在理想中赋予科学知识以创造儿童未来"完满生活"的使命，在现实生活中却无法实现。对科学技术的推崇虽然强化了科学知识在人们心目中的地位，但也导致科学文化的其他成分受到科学知识的遮蔽，致使科学课程资源狭隘化，课程内容与形态简单化、片面化。如今，这一现象仍然广泛存在。

虽然至19世纪，现代科学已有数百年的历史，但对科学现象的反思还远远不够，真正的科学哲学的出现还是20世纪初叶的事情。在19世纪后半期，人们深受休谟、孔德、马赫等人的经验主义和实证主义哲学思想和进化论思想的影响，斯宾塞、赫胥黎就是实证主义的奠基人和重要代表，所以他们对科学的理解不免具有实证主义的局限性，在他们的理解中，似乎科学等价于各门自然学科的总和，各门自然学科即是相应的知识体系，而这些知识是利用归纳的方法来自于经验并且能够经受经验的证实。这一方面是因为科学在当时处于"科学发现"的发展阶段，发现是科学研究的主要任务和特征，经验与归纳是科学发展的主要起点和手段；另一方面是因为人们对科学现象的真正认识尚未开始，科学哲学研究还有待维也纳学派的出现。此外，将科学视为实现生活和社会目标的简单工具，过分追求科学的实用价值和功利性，不但漠视了科学文化丰富的社会功能，也导致科学课程的工具化、简单化。对科学文化内涵的理解、揭示和反映一直是科学课程较为忽视的问题。

　　将自然科学知识纳入课程体系具有悠久的历史。早在古希腊，人们便将天文学纳入教学内容，17世纪以后，在"泛智主义"运动的旗帜下所复兴的百科全书式的课程中科学知识大量出现，随后，"科学把自己奉献给19世纪的课程编制者"①。虽然科学课程存在的历史相当久远，但是对科学课程进行深入研究却是20世纪的事。由于缺乏必要的理论指导，在19世纪的科学课程实践中，课程目标几乎等同于教育目的，课程内容即是科学的学科知识，忽视学生的直接经验，难以激发学生的学习兴趣，课程内容的选择则是以笼统、含糊的教育目标为根据，课程内容的组织主要是依学科的逻辑顺序进行，课程的学习方式仍然沿袭古典教育的"注入式"。

二、科学课程的活动化

　　随着科学技术革命和工业的发展，科学技术在人类的心目中已经占有了不可替代的地位。科学、技术课程已经成为学校课程体系中不可或缺的重要组成部分，对科学教育和科学课程的研究也在不断深入。在20世纪初乃至整个20世纪，科学课程影响最大的莫过于约翰·杜威

---

① ［美］布鲁巴克. 西方课程的历史发展. 丁证霖，赵中建译∥瞿葆奎主编. 课程与教材. 北京：人民教育出版社，1988：60.

(John Dewey，1959—1952)。美国《科学教育》（1916）杂志的创刊号的第一篇论文即出自杜威的手笔，题为"论科学教学的方法"。[①] 可见他对科学教育的关注和在科学教育领域中的重要地位。

科学给社会带来的深刻变化和科学方法的巨大威力给杜威留下了深刻的印象。杜威在论述何谓"科学的"之含义时，表达了他对科学本质的认识，他说："科学就是一个系统的知识体系。……'系统化了的知识体系'这一短语可以有不同的理解。它可以指一种内在地寓于许多整理好的事实之中的特性，而不管把事实决定成为事实的方式以及整理这些事实的方式是什么。或者，它可以指观察、描述、比较、推理、实验和检验的各种理智活动，而这种理智活动是获得事实和把它们整理成为连贯性时所必需的。这个词应该有两方面的意义。但是既然安排整理的静止特性是依赖于实现的活动过程的，那么就有必要把这种依赖的情况弄明白。在我们利用'科学的'这个词的时候我们需要首先强调方法，然后由于涉及到方法而强调结果。"[②] 因此，在杜威看来，科学课程的科学文化资源至少包括科学知识和科学方法两个方面，并且他对后者更为看重。可见，杜威对科学本质的认识已超越了将科学简单视为系统知识的理解阶段，深刻地认识到科学具有过程性、活动性和方法性的特征。正如杜威所讲"科学要求明智地、持久地努力修正流行的许多信念，清除其中谬误，增加信念的准确性"[③]。对科学的这一理解既是其经验主义哲学观的延展，也是其活动课程思想的重要基础。

杜威非常重视科学文化在课程体系中的重要地位，虽然科学知识已在美国的课程体系中取得了"合法"地位，但他对当时的科学教育进行深刻检讨后认为："科学要与壁垒森严的敌人进行斗争已获得它在课程内容中被承认的地位。从形式上看来，这次战斗是取得了胜利了，但从实质上却并不如此。因为科学的题材多少尚被分隔成为关于事实与真理

① Klopfer. L. E. (1991). 75years of science education. Science Education，75（6），P. 611.

② ［美］约翰·杜威. 人的问题. 傅统先，邱椿译. 上海：上海人民出版社，1965：172.

③ ［美］约翰·杜威. 民主主义与教育. 王承绪译. 北京：人民教育出版社，2001：236.

的特殊关系。我们不会取得全胜，除非在教授每一科目和每一课的时候能把它和创造和成长这种观察、探究、反省和检验的能力的意义联系起来，因为后者是科学理智的核心。"① 可见，杜威并不否认系统科学知识、间接经验的重要性，只是为了更好地改造儿童原来的经验，必须将所学的系统的科学知识心理学化，途径即是将这些知识"还原"为原有的经验，并与科学获得的过程密切地联系起来。对科学知识与科学探究过程的重视无疑与其对科学本质的理解具有重要关系，在杜威那里，科学课程的科学资源至少包括科学知识和科学探索过程两个方面，并且他对后者更为看重。与众多科学课程研究者不同的是，杜威是一位造诣颇深的哲学家和心理学家，他的科学课程思想是以其科学观、儿童观、教育观和认识论为基础，在思想上前后呼应、浑然一体的。这就决定了在解读杜威的科学课程思想时要结合他的哲学理论、心理学思想和教育理念进行，切忌断章取义，主观臆断。

（一）杜威科学课程思想的理论基础

为了明确杜威科学课程思想的具体主张，必须首先了解杜威课程理论中的两个重要概念——"经验"和"反省思维"，在这两个概念的阐述中直接反映了他的认识论、科学观和儿童观。可以说，杜威的科学课程思想主要蕴含于这两个中心词汇的阐述中。

首先是"经验"。杜威认为："经验的概念包括两重意义，一是经验的事物，一是经验的过程。经验即是有机体与环境、人与自然之间的相互作用。"② 在杜威的经验概念中，既包括知识的成分也包括道德和情感的成分，既含有理性的内容也有非理性的内容。这不仅消解了认识主客两分的二元对立，而且解构了经验内容上的二元对立。

杜威对"经验"概念的改造，消除了传统认识论上经验与理性的对立。在传统的认识论中，经验被认为是人通过感官所获得的偶然的、主观的、零散的、暂时的、混乱的、变幻不居的感觉；理性则是一种超乎于经验之上的、抽象的体系，特殊的官能。两者之间截然对立。但杜威

---

① ［美］约翰·杜威. 人的问题. 傅统先，邱椿译. 上海：上海人民出版社，1965：135.

② 张华. 经验课程论. 上海：上海教育出版社，2000：62.

的经验强调的是有机体与环境的互动过程，通过与环境的交往，有机体与环境之间相互"对话"，相互改变。在这一过程中，有机体的经验不断改组，而"理性"则是保证这种活动富有成效地进行的"智慧"。于是，经验与理性之间的隔阂被消除。

杜威对"经验"概念的改造，使得经验能够由横亘在人与自然之间的坚栅变为通道，消除了自然与经验的对立。当将人与自然的关系理解为一种相互交融的关系后，人与自然那种主体与客体、主宰与被征服者的关系瞬间消逝，转而是自然与经验的融合，自然与人的平等交往。这种交融有利于人对整个情境深入地体验和把握。由此，经验"不再只是自然微不足道的浮层与遮人眼目的前景，经验能够契入自然而通达至其深处。通过这种方式，经验使其所把握的意义获得充分的扩展，并能使它无所不及。惟是如此，经验的方法令原先隐而不显的事物呈现于面前——仿佛深埋于地中的宝藏通过它被挖掘而成堆地涌现于地面之上。"① 所以经验不仅是与自然交流的一种过程，更是一种方法。②

如果承认人生活在社会关系中，又承认经验即是有机体与环境、人与自然之间的相互作用的过程与结果，那么我们不得不承认，经验就是人的生命活动的历程。当把经验的内涵拓展为人的生命的历程的时候，实际上就以"关系性的存在方式"反驳了认识论中二元分裂的基本预设，代之以"人与自然通过有机生命的系统而成为一个具有内在连续性的统一体，而经验便是这一个有机系统活生生的生长历程"③。在儿童那里，儿童的生长便是利用已有的经验与情境进行对话，并由此改组、改造原有经验的过程。

杜威认为，"连续性和互动作用彼此生动的结合是衡量经验的教育意义和教育价值的标准"④。"经验的连续性原则意味着，每一种经验既

① John Dewey, Experience and Nature, Chicago and La Salle, Illinois, Open Court, p. 2.

② 陈怡. 试论杜威经验的方法对传统经验概念的重建. 载哲学研究，1999 (3).

③ 陈怡. 试论杜威经验的方法对传统经验概念的重建. 载哲学研究，1999 (3).

④ [美] 约翰·杜威. 我们怎样思维·经验与教育. 姜文闵译. 北京：人民教育出版社，1991：268.

从过去经验中采纳了某种东西，同时又以某种形式改变未来经验的性质"①，经验所涉及的范围也将"延展至整个生命活动的领域"②。由上可见，杜威利用"经验"这一概念，将儿童、社会、知识联系为一个整体。从纵向来看，它包括儿童的整个生长过程；从横向来看，则涵盖了家庭、学校、社会的各个方面；在课程体系来看是一个横跨各种学科的综合体；在心理方面则包括知识、情感，理性、非理性等领域的内容。因此应验的连续性体现了经验在时间和空间上的过程性、发展性和综合性。互动性则强调，儿童并非被动地接受外界信息，也不是简单地控制外部条件，而是用内部条件与外部条件的相互影响、相互作用来实现经验的改组。经验的互动性体现了人的主动性、创造性，揭示的是活动中的内在动力机制。同时，杜威将经验分为原初经验和反省经验两种类型，前者仅仅是因生活习惯而生成的经验，而后者是在科学方法指导下形成的经验，杜威的经验概念主要是指后者。

另一个重要概念是"反省思维"。杜威认为反省思维就是"对某个问题进行反复的、严肃的、持续不断的深思"③。反省思维可以将"经验含糊的、可疑的、矛盾的、某种失调的情境转变为清楚的、有条理的、安定的以及和谐的情境"④。可见，反省思维就是他所讲的进行经验改造的智慧。

对杜威的反省思维过程的理解，有利于我们认识反省思维的本质。很多学者认为反省思维含有五个阶段⑤，其根据是，杜威在《我们怎样思维》中将思维的过程概括为暗示、理智化、假设、推理、检验等五个

① ［美］约翰·杜威. 我们怎样思维·经验与教育. 姜文闵译. 北京：人民教育出版社，1991：261.
② 陈怡. 试论杜威经验的方法对传统经验概念的重建. 哲学研究. 1999（3）.
③ ［美］约翰·杜威. 我们怎样思维·经验与教育. 姜文闵译. 北京：人民教育出版社，1991：1.
④ ［美］约翰·杜威. 人的问题. 傅统先，邱椿译. 上海：上海人民出版社，1965：83.
⑤ 比如，田本娜主编的《外国教学思想史》（人民教育出版社 1994 版）、戴本博主编的《外国教育史（下）》（人民教育出版社 1990 版）等比较有影响的著作中都有相应结论.

阶段。① 但据此就认为反省思维到此为止，恐怕并不能反映杜威的真实意图。因为，接下来杜威指出："反省思维还应包括对未来的探查、预见、预测和预言，这应当列为第六个形态或阶段。"② 同样，对一个假设检验的结束也并非反省思维过程的终结，因为在检验的结果中蕴含着引导思维进一步深入的预言和假设，到此只是反省思维反复不断地思考的一个循环。这样，反省思维活动才不至于成为一个一个的思维片段，从而构成思维连续不断的循环与发展，这与杜威有机、连续、发展的认识论思想是一致的。

反省思维在科学课程中具有什么样的地位呢？杜威将其《我们怎样思维》的第二章命名为"为什么以反省思维作为教育的目的"，便是最好的回答。杜威认为只有在不断的反省思维中，在不断的探究中，儿童才能不断获得知识。因为，"除了探究，知识没有别的意义。探究的功能即'在于求得一个情境，把困难问题解决、疑虑消除、问题解答'。当指出那种未确定的情境的各种因素，使它们成为一个确定的情境，最后成为一个统一的整体时，经历过这个过程的探究者就已经获得了知识，但是这种知识对其他人来说并不是知识，除非他亲自参与这种探究过程"③。

总体来看，首先，反省思维开始于问题、疑惑，问题是科学知识积累的出发点，这与感觉主义、实证主义认为科学知识的增长发端于观察的观点不同；其次，反省思维是在问题的解决中进行的，而反省思维这种智慧也会随之发展；再次，反省思维并不能脱离具体的经验而存在，反省思维与经验是相互依存、相互促进、相辅相成的关系；最后，虽然杜威认为反省思维内涵于经验，但反省思维却是获得思维经验的主要方式和内在动力。

①　[美] 约翰·杜威. 我们怎样思维·经验与教育. 姜文闵译. 北京：人民教育出版社，1991：88.

②　[美] 约翰·杜威. 我们怎样思维·经验与教育. 姜文闵译. 北京：人民教育出版社，1991：96.

③　琼·福克斯，约翰·杜威：布鲁纳与杜威的学说比较. 施良方译. 教育研究. 1981 (1).

笔者认为，杜威的课程思想中"经验"和"反省思维"两概念之间存在着内在的必然联系，具体表现为：

1. 杜威在《我们怎样思维》中将思维分为"经验思维"和"反省思维"。"没有科学方法指导的推论"① 是经验思维，由于缺少科学方法论的指导，其结果往往造成大量错误信念，难以应付新异情境，导致心智愚钝的弊端，最终只能丰富"原初经验"；而反省思维是以科学的方法为依据的，其结果将有利于反省经验的积累和改组。在杜威那里，虽然思维内含于经验，但经验的界定却要依靠思维来进行，足见它们之间"相濡以沫"的关系。

2. 由前文论述可知，经验本身是一个连续、动态的过程和系统。原有的经验在内部条件与外部条件的交互作用中不断被改组、改造，形成新的经验，并为下一次改组准备好了条件。经验的发展是一个连续发展的过程。反省思维也是如此，它"不只是包含连续的观念，而且包含它的结果——一种连续次第，前者决定后者，后者是前者的正当结果，受前者制约"。看来，经验与思维这种连续性、过程性和发展性并非巧合。事实上，虽然杜威强调思维内含于经验，但离开了思维，内部与外部条件就无法在情境中进行作用，思维实质上是这种交互作用的内在动力。同时思维必须依靠经验才能顺利进行，如果这样理解，这种"巧合"变成了必然。在这里，达尔文的进化思想得到了鲜明的体现。

事实上，杜威所讲的经验主要是指在科学方法指导下，利用反省思维获得的反省经验。在这一点上，反省思维与科学方法以及反省经验具有先天的同一性。杜威有关经验和反省思维的主张主要针对的是科学课程和科学课程的学习。杜威对"经验"与"反省思维"的论述，在一定程度上体现了他在消解科学知识与科学方法、科学知识与探究活动、直接经验与间接经验、经验与思维绝然对立方面的努力。借用当代科学课程理论的术语，可以认为，科学学习中的"经验"包含由事实、前概念、概念、规则等等构成的认知结构、认知过程和认知态度。而"反省

---

① [美]约翰·杜威. 我们怎样思维·经验与教育. 姜文闵译. 北京：人民教育出版社，1991：158.

思维"则包括认知方法、认知策略和元认知技能等。这样，杜威的科学课程思想便被赋予了新的内涵。

（二）杜威科学课程的主要主张

经过对杜威课程论中两个核心概念的探讨，笔者认为可以合乎逻辑地得出杜威科学课程的主要主张。

1. 科学课程的主要目标在于儿童获得反省思维的能力。虽然杜威认识到反省思维的重要作用及其对于儿童成长的价值，但他也认识到："这种价值本身却不能自动地成为现实。思维需要细心而周到的教育的指导，才能充分地实现其机能。"① 在科学课程中如何实现反省思维的发展呢？那要靠科学方法的培养。杜威认为（科学）方法的要素与（反省）思维的要素是相同的，（科学）方法与思维本质上具有一致性："思维也就是方法，就是在思维进行的过程中理智的检验的方法。②"所以在杜威那里，科学课程的主要目标是让学生接受科学方法的训练，发展反省思维。

2. 杜威对科学知识的课程价值进行了重新评价。他认为，科学教育"可以放弃过去把知识作为目的，而只强调它作为手段的重要性"。与传统科学教育的主要代表斯宾塞和赫胥黎不同，杜威没有将科学知识摆在科学教育的核心地位，因为他认识到，"知识决不是固定的、永恒的、不变的，它是作为另一个探究过程的一部分，既作为这个过程的结果，同时又作为另一个探究过程的起点，它始终有待于再观察、再检验、再证实"③。而科学方法则不然，它具有永恒的教育价值，它反映或代表的是儿童的反省思维水平，对于经验的发展和智力的提高是更为根本的东西。因此，有理由"系统地运用科学方法，把它当作对经验中潜在力量进行理智开发与探索的模式和理想"④。所以，在科学知识和

---

① [美]约翰·杜威. 我们怎样思维·经验与教育. 姜文闵译. 北京：人民教育出版社，1991：17.

② 张华. 经验课程论. 上海：上海教育出版社，2000：103.

③ 琼·福克斯，约翰·杜威——布鲁纳与杜威的学说比较. 施良方译. 教育研究，1981（1）.

④ 宋宁娜. 科学文化与教育. 苏州大学学报：哲社版，1998（2）.

科学方法之间，杜威主张科学课程应该更重视科学方法。

3. 在科学课程的学习方式方面，杜威极为推崇探究式学习。他认为科学课程的学习应以经验为起点，以提高儿童的反省思维水平和发展儿童的经验为目的。当然，"没有活动就没有经验"，"经验离不开活动，包括精神的活动和身体的活动"；没有良好的活动就没有良好的思维，"只有经验和理论相结合的活动，才能产生良好的思维"。而"经验之所以离不开活动，根本原因在于活动能产生良好的思维"[①]，即反省思维。综观杜威的课程理论，可以认为这种活动即是他所提出的以科学方法、反省思维为根本特征，以反省经验的扩展为主要目的的探究活动。

4. 杜威的科学课程的形态主要是主动作业。主动作业是着眼于儿童经验的发展而对社会生活中的典型职业进行分析、归纳和提炼而获得的各种活动方式。但如果仅仅将主动作业单纯地理解为诸如烹饪、缝纫、木工等一些简单活动，那就曲解了杜威的本意。因为根据经验与反省思维的连续性，这些活动有必要也必然会使"学生积累了实践知识，认识到植物学、动物学、化学、物理学和其他学科中的科学重要性，而且也能使他们逐步精通实验探究和证明的方法（这一点更为重要）"[②]。可见，与反省思维、科学方法相适应的主动作业是一种复杂的探究活动，其结果主要是"反省经验"，而不仅仅是"原初经验"，在这一点上过去我们对杜威有误解。看来，主动作业的目的在于激发学生探究的兴趣，发展科学经验，更重要的是不断掌握科学方法。由上可见，主动作业是杜威科学课程思想的完美体现，也是其科学课程——尤其是与以往的科学课程的主张相比较的一个鲜明的特征。

总体来看，在对科学的理解上，杜威反对"唯理智主义"或"理智主义"的科学观，强调科学所具有的方法性质。他把"科学视为一种生活态度和生活方式，是经验生长的结果，又是经验进一步生长的资源，是人与环境相互作用的产物，又是人与环境进一步相互作用的过程、手

---

① 戴本博主编. 外国教育史：下. 北京：人民教育出版社，1990：77—79.

② ［美］约翰·杜威. 我们怎样思维·经验与教育. 姜文闵译. 北京：人民教育出版社，1991：180.

段和工具"①。同时他断言"科学还可以引起更大的社会变化"②。笔者认为，他对科学本质的认识在当时是具有前瞻性的，因为他超越了同时代人的观点，并与后来科学哲学的发展思路非常相似，科学的活动性、动态性、过程性、工具性和社会性都受到了杜威的关注。这也许是一种巧合，但我更相信这是缘于哲人敏锐的洞察力。

在科学课程方面，杜威主张课程设计要心理学化，重视直接经验的作用，强调儿童在课程中的"中心地位"，重视科学方法的训练和思维能力的培养，几乎现代科学课程开发所依据的儿童、社会、学科、活动等都已成为杜威关注的对象，尤其是他的主动作业学习方式的主张显然将科学课程的思想与实践向前推进了一大步，并且在愈来愈久的时间里不断地焕发着生机。直到今天，它仍然具有旺盛的生命力和不朽的价值。

（三）简要评价

杜威的理论在实践中也有一些难以逾越的障碍。比如，在课程的组织上，杜威强调心理学化，认为学科内容要还原为它形成之前的直接经验。这在实践中会有一定难度，因为有些问题是难以还原的，如相对论的问题、量子力学的问题、分子生物学的问题、天体力学的问题等等。再则，这种还原容易造成效率低下，因为在学生的经验和反省思维发展到一定水平以后，很多系统的学科知识便已经能够接受，没有必要进一步还原，儿童的学习可以由较抽象的内容开始。比如：讲授数论的知识不一定从简单的算术，从数东西的个数开始；空气动力学的学习，不应该从观察风向、做风标开始。所以，笔者认为，对于系统知识的还原应以学生可以接受的程度为终点，过度还原势必造成不必要的浪费。后来的结构主义科学课程流派对这一方面的不足作了补充。

因为在直接经验与间接经验处理上的困难，导致主动作业在实践中的困难主要体现在效率过低上。一方面是要求种种系统知识都要还原为

① 张华. 经验课程论. 上海：上海教育出版社，2000：89—90.
② ［美］约翰·杜威. 人的问题. 傅统先，邱椿译. 上海：上海人民出版社，1965：39.

直接经验，另一方面是知识迅速增加，时不我待；一方面要求科学知识应当还原为直接经验，而另一方面是很多知识无法还原。主动作业在美好的幻想中也面临着困境。这些问题的不断暴露，使科学课程的研究者又有了新的目标。至晚年，杜威承认这是一个永远难以解决的问题。

在杜威那里，科学知识的选择往往依据的是生活中的实用性，这使其所涉及的内容庞杂，难以取舍。其次，科学知识迅猛发展，知识大量增加，依据"百科全书式"的思想，将所有知识都教给学生显然是不可能的。

杜威没有对学科的逻辑结构作深入的分析，因此也就看不到学科知识如何可以还原，还原为何种经验为最经济的问题。再者，由于杜威对科学知识的轻视，使其对科学知识本身的研究较少，导致没有重视科学知识的内在结构。

三、科学课程的结构化

在 20 世纪中后叶并未发生过像地动说、量子论、相对论那样改变整个世界图景的重大科学革命，但这一时期在应用领域、技术领域却发生了翻天覆地的变化，原子弹爆炸、电子计算机发明、地球卫星发射成功、人类成功登月……，科学通过技术对人类生活、社会进步和国际竞争的影响达到了空前的地步。由此，人们也感到必须加强科学教育，"学校的一切活动必须以学科的教学为中心，使学生能够掌握文化知识和现代科学的一般原理"[①]。这一切都为 20 世纪科学课程的大规模变革准备了充分的外部条件。

20 世纪中叶的科学课程改革主要是以结构主义科学课程为代表。由于对"结构"理解的差异，又存在两种观点相异的结构课程观，其主要代表分别是美国的布鲁纳（Jerome Bruner）和施瓦布（Joseph

---

① 吴式颖主编. 外国现代教育史. 北京：人民教育出版社，1997：452.

Schwab)。

（一）布鲁纳结构课程理论

布鲁纳科学课程理论主要体现在他对伍兹霍尔（Woods Hole）的总结报告《教育过程》当中。伍兹霍尔会议的主要议题是："我们将教些什么？什么时候教？怎样教法？哪种研究与调查可能促进课程设计工作的日益发展？强调学科的结构……，其含义究竟何在？"[①] 应该注意的是，在《教育过程》发表之前，美国国内就已经出现了大量的结构主义科学课程，比如，1958年"生物科学课程研究会"开发的BSCS生物课程；1958年"学校数学研究组"开发的SMSG数学课程；50年代末"化学键取向设计研究会"和"化学教材研究会"开发的CBA和CHEMS化学课程；"地球科学设计研究会"开发的ESCP地学，等等。《教育过程》对各种结构课程改革进行了总结、提炼，完善了结构主义课程的理论基础，明确了结构主义课程的主张和行动纲领。

在科学课程方面，布鲁纳提出了"螺旋式"课程的主张。"学科结构"概念和"智力发展阶段理论"是其理论的基础。

布鲁纳对于教什么问题的回答是：学科结构。所谓学科结构，指的就是基本概念、基本原理和规律性。"简单地说，学习结构就是学习事物是怎样相互联系的。"[②] 他主张，不论选教什么学科，务必使学生理解该学科的结构。教授学科结构的好处在于，学科结构有利于学生对知识的理解、记忆和迁移，并能缩小"高级知识"与"低级知识"之间的差距。他认为，一门课程"应该决定于对能达到的，给那门学科以结构的根本原理的最基本的理解"[③]，而能够提供对科学这种"最基本理解"的只能是科学家。因此，布鲁纳认为，应该"按照反映知识领域基础结构的方式来设计课程"，然而，"没有最干练的学者和科学家的积极参

---

① ［美］布鲁纳. 布鲁纳教育论著选. 邵瑞珍，张渭城译. 北京：人民教育出版社，1989：21.
② ［美］布鲁纳. 布鲁纳教育论著选. 邵瑞珍，张渭城译. 北京：人民教育出版社，1989：24.
③ ［美］布鲁纳. 布鲁纳教育论著选. 邵瑞珍，张渭城译. 北京：人民教育出版社，1989：41.

与，这一任务是不能完成的"①。在结构课程运动中科学家是课程开发的主角。

通过对皮亚杰认知发展说的发展，布鲁纳基于儿童观察和解释世界的内在表征方式将智力发展分为三个阶段。第一个阶段：动作表征阶段，在这个阶段，"儿童的脑力劳动主要是建立经验和动作之间的联系，他们关心的是依靠动作去对付世界"。第二个阶段：图像表征阶段，相当于皮亚杰的具体运算阶段。第三个阶段：符号表征阶段，发展到第三阶段后，儿童便可以利用概念、符号进行思维。

由上可见，布鲁纳一方面确立了学科基本结构在课程中的核心地位，另一方面认为儿童在不同认知发展时期有其可以认识事物的特殊表征系统。这样，不同的科学内容如果能以一种"智力上诚实"的方式，用儿童可以理解的表征形式将其"翻译"出来，那么儿童便可以接受这些科学内容。因此，布鲁纳才有了"任何学科都能够用智力上诚实的方式，有效地教给任何发展阶段的任何儿童"② 的断言。这不但是其对结构课程的期望，也是其对结构课程理论的自信。这种"翻译"的过程便是课程设计的过程。

在科学课程的组织上，布鲁纳认为应该坚持三个原则：一是适应性原则，即课程内容要翻译为学生可以领会的表征形式；二是简单性原则，即消除冗余，力争简约；三是有效性原则，指学习的结果有利于迁移。

布鲁纳科学课程的学习方式即是发现式学习。发现式学习"就是不把学习内容直接呈现给学习者，而是由学习者通过一系列发现行为（如转换、组合、领悟等）而发现并获得学习内容的过程"③。在发现式学习中，学生积极主动地参与知识的探究活动，利用直觉和想象来获得学科的基本结构。布鲁纳强调，发现学习的过程极为重要，并认为儿童在

---

① ［美］布鲁纳. 布鲁纳教育论著选. 邵瑞珍，张渭城译. 北京：人民教育出版社，1989：41.

② ［美］布鲁纳. 布鲁纳教育论著选. 邵瑞珍，张渭城译. 北京：人民教育出版社，1989：42.

③ 单丁. 课程流派研究. 济南：山东教育出版社，1998：127.

发现学习中的智力活动与科学家的创造活动并无本质的区别。布鲁纳将发现行为作为教育的一个重要目标，认为它有助于学生直觉思维的发展、内部动机和自信心的培养以及记忆的保持。显然，布鲁纳如杜威一样对探究活动非常重视，与杜威探究式学习相比，"发现法也许更多地依靠直觉，并且有些不大注意遵循规定的探究五步骤"。[①]

　　通过以上分析，我们可以发现，布鲁纳科学课程的目标在于传授知识结构，而传授知识结构的目的无非在于提高学生的智力水平，这符合其"为美国培养足够数量的科学家和工程师"的总目标。布鲁纳科学课程主要指的是学科课程，而学科课程的主要内容是学科基本结构。科学课程设计的目的就在于将科学学科结构"翻译"为儿童能够理解的语言和形式，其组织原则就是如何更迅速、有效、经济地完成这种翻译。但翻译毕竟要严格尊重原意，看来布鲁纳在此已经预设学科结构与儿童的认知结构之间具有某种相似性与互通性。

　　总体来看，布鲁纳的科学课程有如下特点：

　　1. 布鲁纳所理解的科学是一种静态的知识体系。虽然布鲁纳也认识到了科学知识的发展性、变化性，但这在他的科学教育思想中几乎没有体现。这可能有两方面原因，一是布鲁纳强调静态科学知识结构的传授，认为科学知识始终是以这个结构为基础进行建构的。即便在当时这也是一种很过时的科学观，比许多年前杜威的理解还要落后许多。二是布鲁纳过分倚重当时科学家们的意见，而多数科学家们过分强调静态知识结构的原因可能有二：首先，可能是 20 世纪中前期并未有重大的科学革命，于是人们认为科学的进一步发展无非就是对科学进行修修补补而已，其主要结构不会再有根本性的变化；其次，可能是很多科学家虽然对各自领域的研究很有成就，但缺少哲学思维，没有对科学发展过程进行深入思考。正如爱因斯坦所说，19 世纪的自然科学家几乎都是哲学家，而现在的科学家们越来越不关心哲学了。这无疑与当时科学哲学的兴盛很不协调。对科学本质这种简单、片面的理解，使布鲁纳的科学课程所隐含的科学观类似于逻辑经验主义的科学观：科学发展开始于观

---

　　① 琼·福克斯. 布鲁纳与杜威：布鲁纳与杜威学说比较. 教育研究. 1981（4）.

察，终止于理论的证实，结果是科学知识的不断积累、发展，归纳法是科学知识积累的主要方法。这对学生理解科学的本质，培养学生的批判精神、创造精神都是不利的。

2. 布鲁纳强调科学知识与科学方法的内在联系。认为只有经过亲身探索获得的知识才是最有价值的知识，这无疑是秉承了杜威对探究活动高度重视的传统。但布鲁纳强调发现行为中直觉思维的重要性，提出了直觉思维与分析思维相补充的观点。"发现式"的学习方式在培养学生的科学态度、科学精神方面也起到了一定的作用。这是以往的研究中所忽视的。

3. 布鲁纳的科学课程主要是学科课程。"从重视科学的基本内容的意义上说，学科结构课程直接继承了要素主义思想。"[①] 所以，兼具了"学问中心课程"和要素主义课程的优缺点。优点——布鲁纳自鸣得意之处，前面已经论及，其不足表现为：（1）学科结构难以获得统一，即便是世界上最优秀的两位物理学家也不可能对经典力学列出同样的结构图，并认为它是最合理的；（2）重视学科结构可能有两个结果，一是教授学科结构，二是按学科结构教。但两者差异甚大，奥苏伯尔认为后者才是重要的，但往往被忽略。[②] 笔者认为在布鲁纳那里也是如此。（3）科学知识在人的头脑中的组织是否真是像布鲁纳等认知心理学家所认为的那样具有严格的层次结构，这是值得怀疑的。比如，对缄默知识就很难通过心理测量的方式确定它的结构性。这使我们对结构主义课程论的心理基础表示一定的怀疑，至少它是不全面的。

4. 布鲁纳的结构课程理论，因其"学问中心"和"要素主义"的天性，结构课程没有充分注意到科学、技术、社会的内在联系，没有重视学生多方面科学素养的培养，没有重视多学科之间的相互融通，等等。不过不久后，随着科学课程研究的发展，这些问题都得到了应有的

---

① ［日］伊藤信隆. 学校理科课程论. 邢清泉等译. 北京：人民教育出版社，1988：43.

② ［日］伊藤信隆. 学校理科课程论. 邢清泉等译. 北京：人民教育出版社，1988：43.

重视。

5. 布鲁纳希望通过"发现"来学习经过心理化了的科学，这种力图教材心理学化、逻辑结构与心理结构相结合的思想无疑与杜威一脉相承，是教材心理化的又一次有益尝试。但如果把发现学习的目的仅仅局限于获得学科结构，未免降低了发现学习的价值。

(二) 施瓦布结构课程理论

虽然施瓦布和布鲁纳同为结构主义科学课程运动的倡导者，但两人的主张却大异其趣。施瓦布本身就是一名自然科学家，他领导成立的"生物科学课程研究会"开发了 BSCS 生物课程，[①] 所以他对学科结构更多是从科学研究、科学发展的角度理解的，并能将理论联系实际。施瓦布认为"科学知识不是对客观事物的模写或反映，而是理智探究的结果"[②]，"传统上我们认为科学知识是科学家耐心地探索有关自然的事实，科学的结论只是这些事实的概括。但现代科学的发展史表明，这种传统看法只是一种错觉而已"[③]。科学的概念和结构不仅是科学家对自然的观察、探究的结果，还是科学家进行科学探究的起点、方法、手段、规范和信念。施瓦布将学科结构视为科学研究内容、研究方法、研究观念的集合，这与库恩的范式概念极为相似。

施瓦布将发展中的科学分为稳定的科学和流动的科学。稳定的科学与库恩的常规科学阶段很相似，流动的科学与危机、革命中的科学基本一致。如果从施瓦布的结构框架来看，布鲁纳的学科结构只相当于施瓦布的稳定科学的学科结构。

施瓦布的科学课程主张与其对科学结构的理解关系密切，施瓦布认为科学课程的设计应从三个层面进行：一是学校中应该设置哪些学科，这些学科之间的联系如何；二是如何重建这些学科所包含的特定课题的

---

① 单丁. 课程流派研究. 济南：山东教育出版社，1998：111、129.
② 单丁. 课程流派研究. 济南：山东教育出版社，1998：130.
③ 徐玉珍. 区别两种不同的学科结构理论. 课程·教材·教法，1996 (8).

探究历史；三是确定每一单元中所要讨论的问题。①

对于科学课程的目标，施瓦布认为在知识迅猛发展的时代，对科学的活动性、发展性的理解是最重要的。由此不但能培养学生的探究能力，更能培养学生的原探究能力。

在学习方式上，施瓦布与布鲁纳的发现式不尽相同。施瓦布认为，探究活动并不是布鲁纳那种"概念获得模式"，而是让学生通过课题实例的探究参与知识的获得过程，从而获得知识。事实上，布鲁纳发现式学习的目的主要在构建认知结构，探究能力是次要的。而施瓦布更注重科学探究能力的培养。并且，施瓦布的探究能力是指批判性地理解科学的本质、科学发展的过程和科学研究的实质，而非布鲁纳所指的解决问题的思维能力。

通过分析我们发现，布鲁纳与施瓦布虽然都主张结构课程，但它们在结构的定义、结构科学课程的目标、探究活动的内涵等方面的主张都有所不同，并具有一定的互补性。可见，即使是在结构主义内部，科学结构课程的思想根源、理论体系、具体主张也不尽相同。对其进行全面理解有利于我们吸取经验，建构我们的科学课程。

总体来说，结构主义课程是失败的。但不能因此对它一棒子打死，应对其进行客观的评价。结构课程运动失败的原因是多方面的，比如，教师质量的原因、社会矛盾的原因、反科学运动的影响等。事实上，这次科学课程变革还是取得了相当的成绩，当代美国科学技术的发达程度便是一个明证。至少在培养科技人才方面这次改革还是很成功的，并且这也是这次改革的主要初衷。有学者指出："在教学手段日益现代化，教师队伍质量得到提高的情况下，布鲁纳的课程理论将被重新认识，确定知识结构仍将是课程建设中的一个重要任务。"②

---

① 徐玉珍. 区别两种不同的学科结构理论. 课程·教材·教法，1996（8）.
② 乔晓东. 科学技术的发展与课程的演进. 教育研究，1984（9）.

四、科学课程的综合化

　　科学课程发展史实质上就是科学教育与人文教育交锋的历史。随着理论研究和实践探索的渐趋深入，人们越来越意识到非此即彼的二元对立的思维方式无助于问题的解决，科学教育和人文教育必将走向融合，科学课程的发展也必须体现人道的、人文的和社会的诉求，从而在根本上改变了科学课程的发展道路和形态。在 20 世纪 70 年代以后，科学课程发展的总趋势是人文化和社会化，而其外在表现则是课程的综合化。科学课程的综合化趋势反映的是社会需求、教育信念、科学观、课程理念、课程理论和心理学基础的变革。

　　正如吴国盛教授所讲，20 世纪的科学成就和 19 世纪一样被"很快就转变成相应的技术，在经济和社会生活中发挥作用。但与 19 世纪不同的是，20 世纪的科学更高深，更远离我们的日常生活经验，相应地，它所转化的技术实际威力更大，也更难被人类所控制。20 世纪进入了一个高科技时代，在这个时代，由于运输和通讯等高科技的发展，地球的空间变小了，人类的生存环境变的息息相关了，但随之而来的是一系列全球问题的出现：能源问题、核扩散问题、环境污染问题"[①]。不错，20 世纪是人类利用科学和技术最为成功的世纪，但科学和技术在迅速提升人们生活水平的同时，其负面效应也不断暴露出来，科学技术造成的灾难接踵而至：首先，由于"人类中心主义"的幽灵在作怪，人类将上帝从神坛上推下之后便自命为宇宙的主宰，认为凭借科学技术的力量便可以按照自己的意愿来控制自然、改造自然。然而，事与愿违，由于人类对自然的肆意破坏，大自然已经对人类进行了无情的报复，比如，环境污染、生态失衡、臭氧层空洞、土地沙化、气候变暖、前所未有的病毒肆虐，等等。确切地说这不是自然对人类的报复，而是人类借助科

---

　　① 吴国盛. 科学的历程（下）. 长沙：湖南科技出版社，1997：791.

学这把利剑对自身的伤害。其次，人类利用科学技术的本意是希望科学技术能够像昔日的镰刀斧头一样听从人类意志的支配和使用，并借此为人类获取更多的幸福和快乐。然而，当科学技术的研制、开发、使用成为人们追求的重要目标后，随着人类对世界的了解越来越深入，使用的科学技术越来越发达，占有的物资财富越来越多，人类对幸福的体验却越来越少，人类感到前所未有的空虚、苦闷、焦虑和无助。对科学技术的强烈依赖使人成为科学技术的附庸，被科学技术牵着鼻子走的人类反而受制于工具，人的本性被异化。再次，科学技术在异化着人的同时，也异化着人类社会。使我们警醒的第一个红色信号是其向人类伦理体系的挑战，比如克隆人的问题，人的克隆必然会带来人类伦理上的灾难。尽管在很多国家克隆人已被视为非法，但人类毕竟经受不住"可恶的好奇心"和"功利"的诱惑，就像原子弹的研制一样。科技无节制发展的结果可想而知。最后，科技的发展为人类毁灭自身提供了最为有力的武器。试想一下，在人类的未来再出现哪怕像希特勒、墨索里尼、东条英机当中的任何一个，人类的历史恐怕就要终结了。

面对科学技术的迅猛发展及其负面影响的显现，人们不断地进行着反思与检讨。1955 年，52 位诺贝尔奖获得者发表了《迈瑙宣言》，向民众坦言："我们愉快地贡献我们的一生为科学服务。我们相信：科学是通向人类幸福生活之路。但是，我们怀着惊恐的心情看到，也正是这个科学在向人类提供自杀的手段。"[1]爱因斯坦也警告人们：科学技术是一把双刃剑，科学并不能为人类的发展确定目标，而只能是提供达到目标的手段与方法。法兰克福学派和人本主义学派从理论上对科学技术的泛滥和科学主义的不可一世发动了攻击，不同的是，前者主要集中于对科学负面影响的揭露和批判，而后者则是从关心人的幸福、意志、自由和情感的角度来批驳科学技术会自然地为人类带来幸福的空想。为了驯服科学技术这匹烈马，人们似乎异口同声地说，科学与人文必须走向融合，必须以人文的缰绳束缚科学这匹烈马，于是倡导科学进行人文的理解的呼声不绝于耳。对科学社会性、人文性的理解直接影响到科学教育

---

① 杜时钟. 科学教育与人文教育. 武汉：华中师范大学出版社，1998：124.

理念的变革。

对科学技术、科学教育的全面反思，使得 20 世纪 70 年代以后科学教育研究、科学教育与科学哲学不相往来的状况在一定程度上得到了改善。这样，科学哲学、科学社会学、科学知识社会学等很多理论成果就不断渗透并影响着科学课程理念、科学课程理论与实践的发展。笔者认为最为显著的变化在于，首先，人们认识到科学技术作为人类文化中不可或缺的重要组成部分。它与人文学科、社会科学、生产力发展等方面保持物质与精神双重的千丝万缕的联系，科学是探索未知的、开放的、发展的系统和活动，是一种文化的过程①，而技术则是物化了的科学。由此，在公民的生活中无处不需要科学文化，而科学文化的教育价值不仅体现于"科学家和工程师的培养"，更体现于培养具有科学素养的合格公民的需要。与此相应，70 年代后的科学课程的目标进行了必要的修正，"科学素养"的培养成为科学课程面临的首要目标。其次，关于科学本质认识对科学教育的影响。"科学是什么"的问题一直困扰着众多的科学家、哲学家。20 世纪对科学本质的认识，人们已经取得了丰硕的成果，但真正有意识地利用它来指导科学教育实践却是 20 世纪 70 年代后的事情。这一进步在一定程度上弥补了设计科学课程、教授科学课程、学习科学课程的人不知科学为何物的弊端②。但更为重要的是，科学的本质的了解（笔者认为主要是科学观）理所当然地应该成为科学课程的重要内容，没有对科学本质的理解，科学只能是支离破碎、僵化的知识、定理、定律和公式，这无从培养学生的探究能力、创新能力、创新精神和科学精神。对科学的社会、人文理解使科学课程的发展获得了新的动力和生机。

（一）综合科学课程思想的主要内容

1. 综合科学课程的目标。无疑，上个世纪五六十年代结构主义科

---

①　美国学者小摩里斯 N. 李克特的一部科学文化学名著即是以《科学是一种文化过程》命名。

②　可以认为，在 20 世纪的前两次的科学课程的变革中，对科学的认识基本上是科学实证主义的，认为科学是一种静态的知识体系，科学知识的发展主要是通过归纳式的线性积累，归纳法是主要的科学方法。

学课程是以培养科学家、工程师等科技人员为首要目的，那时的科学课程是为培养科技精英而设置的。然而，60 年代即使在美国，中学毕业进入大学的也是少数，其中进行理、工科学习的学生更是少之又少。这便造成大量的中学毕业生所学习的抽象的、远离生活实际的科学知识没有用武之地。20 世纪 70 年代以后，科学教育的目标逐渐转向培养学生的科学素养（Scientific Literacy）。具体地讲，就是培养学生能"由于对自然界有所了解和认识而产生充实感和兴奋感；在进行个人决策之时恰当地运用科学的方法和原理；理智地参与那些与科学技术有关的各种问题所举行的公众对话和辩论；在自己的本职工作中运用一个良好科学素养的人所应有的知识、认识和各种技能，因而能提高自己的经济生产效率"①。在《面向全体美国人的科学》一书的《导言》进一步指出："科学素养包括数学、技术、自然科学和社会科学等许多方面，这些方面包括：熟悉自然界，尊重自然界的统一性；懂得科学、数学和技术相互依赖的一些重要方法；了解科学的一些重大概念和原理；有科学思维的能力；认识到科学、数学和技术是人类共同的事业，认识它们的长处和局限性。同时，还应该能够运用科学知识和思维方法处理个人和社会问题。"② 科学素养概念的提出不是简单地对过去科学课程目标的修正，而是科学教育理念、教育目的的根本转变，即从精英教育向大众教育转变，从教给学生科学知识结构向培养学生科学素养转变。

2. 综合科学课程的内容。由于社会发展的需要和对 20 世纪五六十年代结构课程弊端的反思，人们开始认识到学科中心课程已经不能适应科学教育的需要，必须进行改弦易辙式的变革：首先，在 STS 思潮和科学综合趋势的影响下，人们开始从知识的相关性角度来变革科学课程，综合科学课程、STS 课程大量涌现。比如：在 70 年代，美国出现了《化学跨学科研究法》（IAC）课程、《个别化科学教学系统》、环境

---

① ［美］国家研究理事会. 美国国家科学教育标准. 戢守志等译. 北京：科学技术文献出版社，1999：17.

② ［美］美国科学促进会. 面向全体美国人的科学. 中国科学技术协会译. 北京：科学普及出版社，2001.

教育课程、能源教育课程等，苏格兰出现了《综合科学课程》，英国出现了《纳非尔德科学教学计划》，等等。这些知识都是着眼于打破学科知识之间、科学与技术之间、科学技术与社会之间以及科学技术与学生之间的界限，促进科学内容的综合。其次，随着科学教育研究人员对科学本质认识的深化，他们开始意识到科学课程的综合化不仅是为了激发学生的学习兴趣，联系学生的生活情境，便于学生的学习，更是科学文化本质的体现。于是，对科学文化本质的了解便成为科学课程内容的应有之义，这一点在美国 2061 计划的文件中得到了充分体现。其中，《面向全体美国人的科学》和《科学素养的基准》将科学课程的内容规定为科学的性质、数学的性质、技术的性质、自然环境、生存环境、人体机能、人类社会、被改造了的世界、数字世界、历史展望、通用概念和思维习惯等十二个领域①。而《美国国家科学教育标准》认为学生从幼儿园到 12 年级主要应该掌握的自然科学内容包括：科学中统一的概念和方法，以探究为特点的科学、物质科学、生命科学、地球与空间科学、科学与技术、从个人角度和社会角度看的科学、科学史和科学的性质②。这样，科学课程才能加深学生们对"什么样的东西是科学、什么样的东西不是科学、科学能做什么、科学不能做什么以及科学如何在文化中起作用这一系列问题的认识"③。至此，对科学文化的全面把握、对科学文化进行人文的理解已经成为科学课程必须追求的时代精神。

3. 科学课程的组织与结构。科学课程组织与结构是伴随着科学内容的需要而发展的。在科学课程综合化的初期，科学课程的综合仅仅限于物理、化学、生物（偶尔有地球和空间科学）的综合④，后来发展为科学与技术，科学与社会，科学与技术、社会、儿童生活的广域综合，

---

① [美]美国科学促进会. 面向全体美国人的科学. 中国科学技术协会译. 北京：科学素养的基准. 科学技术出版社，2001.

② [美]国家研究理事会. 美国国家科学教育标准. 戢守志等译. 北京：科学技术出版社，1999：8.

③ [美]国家研究理事会. 美国国家科学教育标准. 戢守志等译. 北京：科学技术出版社，1999：27.

④ 郭玉英，曲亮生. 世界范围内综合科学课程的发展. 课程·教材·教法. 2001（1）.

在综合的强度上也进一步发展。在综合的强度上不同学者有不同分类，比如，有学者将其分为相关课程、融合课程、广域课程、核心课程和经验课程①；有学者认为将其分为并列型课程、结合型课程和融合型课程更为简洁合理，并指出三类课程从 1978 年到 1987 年都存在不同程度的增加②。从综合的"凝结核"来看，可以分为以概念为中心，以生活经验为中心，以主题为中心，以研究方法与过程为中心和以一门学科为中心③。随着人们对科学本质的了解、科学课程观念的发展、理论的演进和课程内容的丰富，科学课程开始更多地围绕探究活动来展开。正如《美国国家科学教育标准》指出的："学习科学是学生们要亲自动手做而不是要别人做给他们看的事情。"④ 在整个《标准》中，探究被赋予了核心地位，成为统帅科学课程内容的主线。值得注意的是，我国的综合科学课程基本上还主要以并列型、学科知识为中心的综合方式为主，具有鲜明的"拼盘"特征。

4. 科学课程的学习方式。20 世纪 70 年代中期，建构主义心理学异军突起，并逐渐成为指导科学教育、科学课程的重要心理基础，影响着科学课程的学习方式。建构主义认知理论是一个笼统的称谓，其内部因角度不同有各种不同的分类。但以下两点一向被视为"建构主义的核心所在：（1）认识并非主体对客体实在的简单、被动的反映（镜面式的反应），而是一个主动的建构过程，这也就是说，所有的知识都是建构出来的；（2）在建构的过程中主体已有的认知结构发挥了特别重要的作用，后者并处于不断的发展之中"⑤。建构主义认知理论的出现不仅促使科学课程学习方式发生根本变革，而且进一步推动了科学课程的综合

① 方红峰. 在综合课程的类型及其设计取向. 学科教育，2000 (5).
② 郭玉英，曲亮生. 世界范围内综合科学课程的发展. 课程·教材·教法，2001 (1).
③ 谢利民，郭长江. 综合理科课程发展的历史、现状与建议. 课程·教材·教法，2001 (1).
④ ［美］国家研究理事会. 美国国家科学教育标准. 戢守志等译. 北京：科学技术出版社，1999：26.
⑤ 郑毓信，梁冠成. 认知科学、建构主义与数学教育. 上海：上海教育出版社，1998：152.

化，美国 20 世纪 90 年代颁布的《美国国家科学课程标准》、《面向全体美国人的科学》、《科学素养的基准》等均是以建构主义理论为指导的。文件中明确表示："科学教学必须让学生们参与以探究为目的的研究活动……将他们目前所掌握的科学知识同他们从多种渠道获得的科学知识联系起来；他们把科学内容应用于新的问题里去；他们要参与解决问题，参与做计划，参与决策，参与小组讨论；他们还要参与跟能动的学习方法在原则上是完全一致的评价活动。"[①] 建构主义认知理论是当代科学哲学催生的产物，它直接反映了科学的一些本质特征，如科学对象的"虚幻"性、科学知识真理的相对性、科学方法的多样性、科学发展的建构性、科学认识的主观性等特点，所以从这个角度来看，建构主义的科学课程学习方式更为科学。总的来看，建构主义的科学课程学习方式主要表现是，降低了学习内容的客观性、真理性，提升了学习主体的主观性、能动性，突出了学习过程的历史性、文化性。笔者认为，历史地分析，杜威的科学探究学习方式较之布鲁纳的发现法更为接近建构主义的思想，这在前文的论述中是显而易见的。另外，建构主义对认知主体认知结构、观念、文化背景的强调使科学课程的跨文化研究成为一个新重点。当然，建构主义学习方式不仅成为综合科学课程的主要学习方式，而且对于分科课程也适用。

（二）简单评价

　　总结起来看，这一阶段科学课程所秉持的科学观有了很大的进步。笔者认为，这一进步主要是因为科学教育和科学课程人员对科学哲学、科学社会学等学科研究成果的吸纳和应用。在 20 世纪，科学哲学的研究经历了逻辑实证主义、证伪主义、历史主义和后现代科学哲学思潮等主要流派和阶段，对科学本质的理解日益丰富、深刻。然而在 20 世纪 70 年代以前，科学课程中的科学依旧是逻辑实证主义的科学，其描绘的科学图景大致是：科学是一种知识体系，知识要成为科学必须经受实证的考验，科学的发展即是知识体系的线性积累，科学方法即是归纳

---

① ［美］国家研究理事会. 美国国家科学教育标准. 戢守志等译. 北京：科学技术出版社，1999：26.

法，科学等同于真理，与科学价值无涉，科技自然地可以为人类带来幸福、为人类指引发展的方向等等。其实，这种科学的本质观在一个世纪前就遭到了深刻的批判，我国 20 世纪初的"科玄论战"就是其反映。然而，自波普尔第一个向实证原则发难以来，如上绝对化的科学本质特征几乎均被否定，被代之以对科学、技术多元的、社会的、人文的理解。正如近百年前，杜威远见卓识地把"科学视为一种生活态度和生活方式，是经验生长的结果，又是经验进一步生长的资源，是人与环境相互作用的产物，又是人与环境进一步相互作用的过程、手段和工具"①。科学是人的科学，在科学中人有其必不可少的位置，人文化是科学的发展方向。显然，科学具有历史性、过程性、情境性、相对性、社会性、价值负载性等等。这些在当代科学哲学的研究中不同程度地得到了印证，也在近来科学课程的发展中得到了体现。

在科学知识、科学方法的理解上，科学课程开始注意到科学知识是动态变化的，科学知识的客观性、普遍性、独立性是相对的。横向上，科学、技术、社会被联系起来，纵向上，科学知识根据科学史（而非简单的逻辑关系）被联系起来。由此，STS 课程和基于科学史建构的课程大量出现。科学方法的原子主义倾向被纠正，整体的、生态的、有机的方法得到关注。科学方法走下圣坛，其神秘、万能的色彩逐渐被淡化，科学方法的局限性、多元性和历史性日益被人们接受。科学内容是丰富的，科学方法是多元的，然而其中所反映的却是世界的"隐蔽性"、综合性和人类认识世界的持久性和复杂性，同时也反映了人与自然交流上的艰巨性。科学内容和科学方法在人类活动和社会这样的一个巨系统上得到进一步融通。笔者认为，这种融通在文化层面既是不断建构、丰富、完善人类科学文化的历史过程，也是人类与自然相互作用、交往、交流、理解，共同繁荣的过程。此中的"拟人"决非出于文采上"修辞"的考虑，而是出于生态伦理上的平等原因。可喜的是，人类的生态意识、伦理意识、可持续发展的观念已经萌生，并在很多的科学课程（如，环境课程、能源课程等等）中见到了它们的影子。

---

①　张华. 经验课程论. 上海：上海教育出版社，2000：89—90.

　　科学文化的内容是极为丰富的，其中科学精神是最为重要又最容易被忽视的一部分。对科学精神的理解至今不尽相同，但几乎都认为对科学精神的认识是发端于美国科学社会学家默顿（R. K. Merton）科学精神气质的提法。他认为科学的精神气质包括普遍性、公有性、无偏见性和有条理的怀疑性等。我国学者在这方面也提出了种种见解①。似乎可以认为，科学精神并不能简单地理解为对科学家行为的规范，也不能简单地理解为科学家的良心或是科学家的精神，而应该是科学文化在精神层面（相对于物质层面）所蕴含的丰富人类思想的一种资源，它内涵于科学文化本身，又可外化于具有科学素养的人的行为和观念。正如李醒民教授所讲："科学精神恰恰体现在与之相应的科学思想、科学方法和科学的精神气质之中。由追求真理这个最初价值逐步得出的一系列价值：独立性、独创性、异议、思想和言论自由、公正、荣誉、人的尊严和自重。这就是科学所塑造的人的价值，它们充分显示了科学的人文精神和文化蕴涵。"②科学精神的课程价值也自然不容忽视，这已经引起了人们的重视，比如《面向全体美国人的科学》中指出："没有批判性思维和独立思考的能力，公民就很容易成为教条主义者和欺诈骗子的牺牲品，成为用简单方式处理复杂问题做法的传播者。"③《科学素养的基准》中要求 12 年级毕业的学生应该理解"在科学中，为什么好奇心理、诚实、开放性和怀疑主义被高度推崇，怎样将它们同所从事科学的方法融合起来，并在人们自己生活中展示这种特性和在其他人的生活中评价它们"④。科学精神在科学课程中的地位将伴随着科学课程的进一步发展而变得更为重要。

————————

①　比较集中的论述可见王大珩、于光远主编的《论科学精神》一书，中央编译出版社 2001 年版。

②　王大珩，于光远主编. 论科学精神. 北京：中央编译出版社，2001：97.

③　[美] 美国科学促进会. 面向全体美国人的科学. 中国科学技术协会译. 北京：科学普及出版社，2001：导言.

④　[美] 美国科学促进会. 科学素养的基准. 中国科学技术协会译. 北京：科学普及出版社，2001：214.

第三章　科学文化的课程价值（上）

　　科学作为人类文化的重要组成部分，在"器物"和"精神"两个方面都发挥着重要作用。这些作用是科学自身功能在具体环境中的体现和发挥，所以，认识科学的功能、价值，应从认识科学本体开始。这有利于我们分清对科学的主观期望——科学之"应为"与科学的实际功能——科学之"能为"之间的区别。在"能为"与"应为"之间，"能为"更具有根本性，"能为"决定着"应为"的范围与深度、质量与数量、时间与空间，同时，通过对"能为"的分析，还便于我们评估"应为"的合理性和可行性。因此，要探寻科学的教育价值和课程价值，必须从了解科学本身开始。换言之，只有我们深入、全面地认识科学这一文化现象，才能对科学提出合理的价值期望。

　　科学作为一种文化现象几乎和人类其他文明的历史一样久远，即便是近代科学也已经有了400多年的历史，然而对科学真正的认识主要是近一个世纪的事。从科学哲学、科学学研究的历史来看，对科学的理解主要是从科学的发展模式切入，而对科学发展模式的研究主要存在两种研究传统：一是内因论，主张应该根据科学内部的发展逻辑来理解科学进步，其特点是把科学的历史当做理性的历史，并且否认外在因素和非理性因素对科学的影响，逻辑经验主义、证伪主义是其典型代表；二是外因论，强调科学所处的历史环境对科学发展的主导作用，如科学共同体的心理倾向、价值取向、社会需要、实验仪器等对科学发展的导向和制约作用，历史主义、实用主义、社会建构主义均不同程度持这种观点。应该说外因论和内因论均有一定的合理性和局限性。这启示我们，对科学的全面理解要坚持内史与外史、内因与外因、本体与环境相结合的原则，系统地分析。一方面要考察科学作为一种不断演进的理论体系所涉及的科学事实、科学知识、科学方法、科学观念、科学精神；另一方面也要认识科学作为"人类文化的精华部分"，它与人类的物质文化与精神文化保持着千丝万缕的联系，比如科学与人文、科学与技术、科学与社会、科学与民主，等等。显然，这种理解方式首先放弃了追求科学本质唯一性的努力，原因之一是这样一个无数科学家、科学哲学家所努力追求而未果的宏伟目标，笔者实在无能为力，况且本研究的主要目的也并非要把科学的本质弄个水落石出；再则，因本研究课题所需，应尽量展现科学现象的容貌，尤其是为我们科学课程研究者所忽视的层面和视角；此外，本章所阐释的科学理解，笔者认为更能反映本人对科学文化的主张，这也是余下研究的基础，因此多少有一点"实用主义"倾向。

我们将结合科学认识中已形成的"硬核"——科学的"本体"研究揭示其存在状态、功能和结构，同时，对科学作一个广泛意义的理解，力求在人类的文化网络中寻找科学的位置，进而了解这个网络的重要节点——科学与其他节点的关系，在这种关系中解读科学的内涵，认识科学的价值，并在此基础上对科学作文化理解。这正体现了杜威的科学人文化的思想，"把科学的各种知识与人类的各种事物结合起来，而不是把它们分割开来"[①]。如此，科学便不再是我们从各个狭隘的视角见到的科学，而是与物质环境、社会制度、生活方式、价值观念等有着根本联系的存在。在这种联系中，我们将会获得科学教育价值和课程价值的客观理解，从而为科学课程的发展提供启示。

一、科学文化：间际的理解

在波普尔的世界Ⅲ中，各种观念就像人只能存在于社会关系中一样存在于文化空间中，科学文化的存在是以与之相联系的各种文化的存在

---

① 石中英. 教育学的文化性格. 太原：山西教育出版社，1999：254.

为前提和条件的。因此，了解科学文化首先需要了解它的"出身"和"社会关系"，这不但是了解科学文化的一种方法，也是科学文化的重要内容。正所谓，"认识通过关系，而不是通过实体来把握自然"①。然而，了解科学文化的"身世"，分析其与各种文化现象的关系绝非易事：一是因为关系错综复杂，千丝万缕难以梳理；二是即使是对同一关系的理解，大家也是见仁见智，难以统一；三是对于关系的取舍、重要性的认识也会因研究者的"背景"和目的有所差异。在诸种关系中，笔者选择了科学与人文、科学与技术、科学与社会和科学与民主四者，其原因首先在于，笔者认为这是科学文化与其他文化关系中最重要的内容；其次是因为这四种关系的梳理对于科学课程理论的建构极为重要。

（一）科学与人文

1. 科学与人文的内涵

从词源分析来看，"科学"一词是地道的舶来品，而"人文"则是纯粹的"土著居民"。"科学"一词最早由康有为译自日文②，意思是由多门学科所汇成的知识。而此前"科学"（Science）多被译为"格致"，取自"格物致知"一语，但"格致之学"也常指物理学，或物理学和化学，或物质科学，所以比较笼统。相比之下，"科学"一词确切地反映了科学的存在状态，有几分形似，但译为"格致"更为传神，更能反映科学的内涵。在汉语中"人文"一词最早见于《易经·贲》："观乎天文以察时变，观乎人文以化成天下"，这里的人文是文明、文化、教化的意思。从汉语的词义分析上并不容易发现科学与人文的密切联系。

在英文中 science 一词基本上是指 natural science（自然科学），但 science 来自拉丁文 scientia，而后者涵义更广泛，是一般意义上的"知识"。德文的科学（wissenschaft）与拉丁文的 scientia 类似，涵义广泛，不仅指自然科学，也包括社会科学以及人文科学。③ 从这个意义

① 吕逎基. 论20世纪科学思想与当代学术思想的一致性. 南京：江苏社会科学，1994（1）.
② 樊洪业，王扬宗. 西学东渐：科学在中国的传播. 长沙：湖南科学技术出版社，2000：191.
③ 吴国盛. 科学与人文. 中国社会科学，2001（1）.

讲，我们现在使用的科学应是英语中的 science，即主要指的是自然科学。"人文"一词主要是指人文学科，它起源于古希腊，意思是为自由的学科、自由人的学科。比如，古希腊著名的四艺包括算术、几何、天文、音乐（声学）四科。耐人寻味的是，为自由而设置的人文学科的内容又均为科学（当然是原始的、萌芽中的科学）内容。从教育、教化这一点讲，古汉语中的"人文"与西方的"人文"也颇多共同之处。当然，中国古代教育的目的强调"克己复礼"，而古希腊的教育则强调培养人的理性，并由此获得自由。我们发现，科学至少在古希腊仍肩负着人文的任务。此后"人文"的内涵不断变迁，人文学科的内容也不断变化，但其中心始终体现着人性、人道以及追求自由的意蕴。

2. 科学与人文源流简考

应该说科学与人文拥有相对独立的含义是近代的事情。科学萌芽的历史相当久远，以至于可以追溯到史前时代。古希腊人在借鉴先驱埃及人和美索不达米亚人所积累的成果的基础上形成了希腊自然哲学。① 爱奥尼亚学派热衷于探索"世界的本源"，在他们眼中，"世界是一个有序的、可预言的世界，事物按其本性在其中运作"②，他们的研究体现了探求客观世界本质和规律的努力、理性思维的运用以及对世界客观性和可理解性的坚信，"尽管这谈不上是真正的科学认识，但却可以见到科学认识所需要的种种品质和特征"③。从智者派的领袖普罗泰戈拉起，情况发生了变化，"人事"逐渐成为哲学研究的中心，"宇宙"渐渐淡出。普罗泰戈拉有一句名言："人是万物的尺度，是存在者存在的尺度，也是不存在者不存在的尺度。"苏格拉底将普罗泰戈拉的以人为中心的原则进行了普遍的贯彻，"真正把关怀、研究和认识人类自己作为哲学的中心主题，并建立起他那个时代所能达到的最系统的以人为中心的哲

---

① ［美］戴维·林德伯格. 西方科学的起源. 王珺等译. 北京：中国对外翻译出版公司，2001：5.

② ［美］戴维·林德伯格. 西方科学的起源. 王珺等译. 北京：中国对外翻译出版公司，2001：29.

③ 肖峰. 论科学与人文的当代融通. 南京：江苏人民出版社，2001：9.

学理论"①。至此，由于人文学科的兴起，人类的知识领域便形成了科学与人文两种传统。在此后的时间里，科学与人文的对立、冲突与融合一直没有停息。

在中世纪，无疑科学发展受到了很大阻碍。科学仍然存在于自然哲学母体之中，但此时的哲学已与古希腊"爱智慧"之谓的哲学有了根本区别，哲学的任务变成了为神学论证的工具，人性被神性取代，古希腊光辉的理性精神被人遗忘，取而代之的是"神启"。应该说，在中世纪，科学文化和人文文化都受到了前所未有的摧残。尽管如此，那时的自然哲学家也做了大量的工作，比如在天文学、医学、光学等方面都取得了进展。正如林德伯格所讲，"中世纪的自然哲学家为17世纪的科学成就打下了基础，铺垫了道路，当一种新的科学框架在17世纪建立起来时，这一大厦包含有许多中世纪的砖瓦"②。

由于早期流传于阿拉伯的古希腊、罗马知识返回故乡，很多有识之士对古希腊和古罗马的文化成就感到震惊。西方人开始大量发掘古希腊和罗马的遗著，"重见天日的希腊和罗马古籍如清新的海风吹进这沉闷压抑的气氛之中"③。希腊人理性的精神、唯物的思想、注重个人价值的理念被"隔代遗传"。由此，人们研究的问题从"天堂"转到"人间"，从来世转为现世，从神转向人。文艺复兴的先驱们以"复兴古典文化为手段，歌颂人性，反对神性，提倡人权，反对神权，提倡个性自由，反对宗教禁锢，赞颂世俗生活，反对来世观念和禁欲主义"④。与其说他们成功地实现了古典文化的复兴，还不如说进行了一次思想的启蒙。文艺复兴在观念、制度、建制上削弱了教会对科学家的控制，为科学家们提供了必要的自由。在人文学者们开辟的自由之路上，科学家们取得了一系列的重要发现，哥白尼提出"日心说"，1543年《论天球的

① 肖峰. 论科学与人文的当代融通. 南京：江苏人民出版社，2001：11.
② [美] 戴维林·林德伯格. 西方科学的起源. 王珺等译. 北京：中国对外翻译出版公司，2001：376.
③ [英] 亚·沃尔夫著. 十六、十七世纪科学、技术和哲学史：上册. 周昌忠等译. 北京：商务印书馆，1997：6.
④ 吴国盛. 科学的历程：上册. 长沙：湖南科技出版社，1997：289.

旋转》出版，为近代科学举行了奠基仪式；1618 年开普勒出版《哥白尼天文学概论》完成"开普勒三定律"，揭示了行星的运动规律；1632年伽俐略出版了《关于托勒密和哥白尼两大世界体系的对话》；1687 年牛顿的《自然哲学的数学原理》正式出版。至此，近代科学初具规模。科学在自然观、世界观、时空观等方面的成果又为人文的发展提供了巨大支持。可以说，在文艺复兴后的一段时间内，科学与人文的发展交相呼应，蔚为壮观。

其中，科学的发展具有相当大的正向加速度，这固然是因为知识发展本身就是成几何增加的，但更重要的原因在于，科学越来越表现出它卓越的实用价值，对科学使用价值的追求成为科学快速发展的一个重要动因，"一旦社会上有某种技术需要，它对科学的发展的推动作用比十所大学还要大"（恩格斯语）。而在获得了功利、理性的特征和实验、归纳、数学演绎等研究方法之后，科学自身发展更如狂泻的洪流势不可挡。以牛顿力学为代表的现代科学大厦经过两个多世纪的建设基本竣工。由于科学在解释自然现象和推动生产力发展方面的巨大作用，科学知识开始被视为人类知识的典范，科学方法被宣称为唯一有效的方法，并且试图向各个领域扩展，正如伽达默尔所描绘的一样，"这一时代是科学的时代，科学正把自己本身和自己的应用扩展于整个世界"①。在科学主义思潮酝酿、发展、扩张的过程中，包括达芬奇、帕斯卡、爱因斯坦在内的很多科学家为维护人文文化的"疆域"做着不懈的奋斗。当然，像狄尔泰、柏格森、尼采、叔本华、胡塞尔、海德格尔以及后现代哈贝马斯、罗蒂、格里芬等人文学者是其主要人物。

科学与人文的分歧、对立、冲突虽然经过了从现代到后现代的历程，但至今也未有一个最终的结论，相信这个结论是永远也不会有的。但据笔者看来，随着科学技术发展极限的逼近、负面效应的不断显露、科学价值无涉神话的破灭、科学可实证性的削弱以及人们对科学活动中非理性价值的认识，科学主义思潮已经日薄西山，而对科学进行人文的理解不仅是关心人、关心生命、关心人的生存状态、关心人的幸福、关

---

① ［德］伽达默尔. 科学时代的理性. 薛华译. 北京：国际文化出版公司，1988：1.

心人的价值的人文思想在当代的呼声和要求，也是科学文化能够健康发展的需要。科学的发展离不开人文思想的指导，同时，在科学的理论中、科学的活动中、科学的方法中也蕴藏着丰富的哲学内涵，而这些哲学营养对人文思想也会有所启示，比如后现代思潮就与后现代科学的发展密切相关。所以，科学与人文之间在保持适当张力的同时将会走向融合，也许这正说明了人类文明的发展在经过了2000多年以后，在上升中完成了一个螺旋，当代文明沿时间轴的下方可能正是古希腊！

3. 科学与人文的区别与联系

无论从科学与人文的语义角度看，还是从科学与人文历史流变的角度考察，均可以认为科学文化与人文文化是人类文化体系中相对独立而又互相依存的两大系统。概括来讲有如下几点：

（1）从科学与人文所关注的对象来看，科学所关注的是自然世界、实体世界、人之外的世界，而人文则是以人的精神世界为研究对象。但笔者认为科学与人文所涉及的对象绝非泾渭分明，因为科学所研究的对象并非与人无关，比如生理学、医学、认知科学等，只是这里的人被假定为"自然的"、"机械的"人，但"自然的"、"机械的"人与"社会的"、"精神的"人是同一个人，因此科学与人文所关注的问题在"人"上出现了"交集"。只是在由"自然—人—精神"所构成的连续的问题域中，科学更加关注于"自然—人"，而人文则集中在"人—精神"上。

（2）从科学与人文研究的目的来看，科学以获得对客观世界的客观认识、解释、预测为目的，其成果是对"客观规律"的掌握，在掌握"客观规律"的基础上，人类还想创造人造的世界。所以科学活动的终极目标是为人的，有的时候是为了人了解世界，有的时候是为了人控制世界，有的时候是为了人创造世界。而人文学科的目的更加明确，是为了"研究人，了解人的本性，关心人在现实生活中的地位，探索人的内心世界的奥秘，构建人的精神和文化价值观念"[①]。可见，在"为人"这个终极目标上，两种文化的目的域又一次重合。

① 杜时忠. 人文教育论. 南京：江苏教育出版社，1999：52.

　　（3）从科学研究与人文研究所采用的方法来看，科学与人文似乎被认为是不可"通约"的。比如文德尔班就强调科学"旨在形成普遍的概念，得出普遍的规律，其采用的也是普遍化的方法，它把个别、特殊之物当作非本质的成分不予考虑；与此不同，历史的文化科学研究的是具有特殊性和个别性的对象的一次性发展，是'个案研究的'，其关心的是个体及其独特价值，所采用的也只能是个别的方法"①。具体而言，自然科学研究追求精确、客观、合乎逻辑，而人文科学更加强调个人的体验、理解和表达，因其追求研究主体情感、经验和价值倾向的表现，所以主要采取一些体验、理解、移情为主的方法。但研究方法的应用有一种新的趋向——方法互鉴。比如，物理学中的光谱分析法已被分析化学视为常用方法，显微成像已被用到了物理和化学中，在自然科学中萌生的"新三论"和"老三论"等横断科学所蕴藏的研究方法已经被社会科学甚至人文学科所采用。所以笔者认为在科学与人文的研究方法上，并没有一条分明的"楚河汉界"，只不过科学研究更倾向于使用数学的方法、实验的方法、逻辑推理的方法、模型的方法等，而人文学科的研究更偏重于利用体验、理解、移情、反省等方法。

　　（4）从科学和人文自身存在的状态来看，科学与人文之间也有所不同。科学是一种人类认识自然、解释自然、预测自然、创造新物质的探索与实践的过程，科学知识、公理、定理、原理、理论是其成果。这些知识被按照一定的标准分门别类地整理出来就是不同门类的科学，即不同学科，也即科学之谓。从大科学观的角度来看，科学技术化所创造出来的新事物也应视为科学的成果。王选院士认为从理论到技术再到产品，凡能做出创造性成绩者，都是一流的科学研究。此外，虽然科学的理论在不断地革命、证伪，但科学发展的连续性则是显而易见的。至于人文，是对人的生存状态的关心、精神状态的反映、时代精神的追寻、人生价值的探讨，其结果既可以文学、历史、哲学等学科形式出现，也可以绘画、雕塑、舞蹈为载体。人文文化的发展常常表现为多头并进的

---

　　①　肖峰. 科学与文化的当代融通. 南京：江苏人民出版社，2001：51.

局面，同时其影响也具有持久性，相比之下革命性、可证伪性要弱得多。

（5）从论证的特点来看，科学与人文也各具特点。科学在其论证的过程中具有鲜明的逻辑性，理性是科学论证的主要特征。而人文学科在其酝酿、形成、阐释、表达过程中多以直觉、灵感、形象思维等非逻辑思维为主，具有鲜明的非理性。但是，这两个特点只是一般而言，并不能绝对化，因为在科学研究中，尤其是在创造性思维中非理性思维是不可或缺的，并起着至关重要的作用。而在人文学科的研究中也离不开理性思维，比如哲学中的思辨、文学中的推理、宗教中的说教都具有明显的理性特征。

（6）从社会功能上来看，科学与人文也各有侧重。简单说，科学（包括技术）是对外的，强调控制，追求效益，属外在价值；而人文是对内的，强调发展人格，陶冶心性，属内在价值。当然，在道德、观念、精神层面上两者是可以融通的。在下文中对此问题还会有所涉及。

总体上看，科学与人文作为人类文化的重要组成部分，固然有着千丝万缕的联系，但我们不能盲目地将其融合，也不能一味地强调两者"不可通约"，唯一可行的是在人文与科学之间保持适度的张力，相互协调，相互促进，共同促进人类文明的发展。然而，我们科学课程的现状却是远离历史，远离哲学，远离艺术……科学变成了物的学问，科学中无人，科学中缺少应有的人文意蕴。有鉴于此，笔者认为，科学课程的人文化、社会化势在必行。

（二）科学与技术

打一个未必恰当的比方，如果说人文与科学似母子，那么技术与科学之间更像是同胞兄弟，儿子长大可能就要成家另过，但兄弟之间可以默契合作。在我国，科学与技术常常是连着使用，称为"科技"。其实科学与技术无论从词义辨析还是从历史考察，均有很大区别，但也有密切的联系。确定两者的内涵，理清两者的关系，对于科学课程的意义重大。

1. 技术的内涵与历史

"技术"在《辞海》里的解释是："①泛指根据生产实践经验和自然

科学原理而发展成的各种工艺操作方法与技能。②除操作技能外,广义的还包括相应的生产工具和其他物质设备,以及生产的工艺或作业程序、方法。"《汉语大词典》的解释是:"①技艺;法术……②知识技能和操作技巧。……③指文学艺术的创作技巧。……"技术哲学家C.米切姆认为,技术由以下四种要素互动组合而成:"①作为对象(人工物)的技术,包括装置、工具、机器、人工制品等要素;②作为知识的技术,包括技艺、规则、技术理论等要素;③作为活动的技术,包括制作、发明、设计、制造、操作、维护、使用等要素;④作为意志的技术,包括意愿、倾向、动机、欲望、意向和选择等要素。"① 以上几种定义有不同,也有相似之处。笔者认为,在本研究中不能将其限定得过窄,这样不足以反映技术的全貌,也不能将内涵无限扩大,这既不必要也不易把握。结合本研究的需要,笔者认为技术包括四个方面内容:①物的方面,包括技术的对象——自然、人工自然、设备、工具等,物外在于人。②技能方面,包括操作方法和技巧等,可以外化为活动(动手、动脑),又可内化为知识("显性知识"、"隐性知识"),技能是内在于人的。③趋力方面,技术作为人的一种实践活动自有它的意愿、倾向、动机等。它一部分内在于人,是活动主体的意愿;一部分蕴含在技术之中,是技术的本性。④工艺方面,即控制物方面与技能方面的整合系统与流程体系。

　　从历史的角度来看,技术的出现远早于科学,其历史可追溯至300万年前的远古时期。那时人类对世界的科学认识尚未开始,还处在"神话时期"。自然力在人类面前强大无比,人类通过仅有的蒙昧的认识能力和实践能力不断地理解世界、改造世界,"为了取得生活必需品,发展出了令我们惊奇不已的技术"②。随着技术的不断积累和对自然界认识的不断深入,人类开始利用自然的各种资源谋求更加舒适、愉快、幸福的生活。这样,在人的意识中,人与自然之间的模糊界限逐渐清晰起

①　刘大椿. 在真和善之间. 北京:中国社会科学出版社,2000:48.
②　[美]戴维林·德伯格. 西方科学的起源. 王珺等译. 北京:中国对外翻译出版公司,2001:5.

来，科学开始发展。一旦科学这台机器得到启动，技术就好像被绑上了助推器的火箭，呈加速发展态势。技术的发展也为科学提供了各种需求和准备，推动着科学更快地发展。如今，人类的实践能力已经远远超过适应环境的需要，其对象从周遭的自然界扩展到从以纳米到光年计的宇宙空间，并且创造了世界上本来没有的人造自然和各种人造物。人在不断认识世界发展技术，技术的进步改变了世界，也改变了人。

2. 科学与技术的互动

从以上对科学与技术的历史分析可见，科学与技术之间具有密切联系，两者是相互促进、互为条件、共同繁荣的关系。具体而言，两者的相互作用表现为"上行"和"下行"两个方面。

所谓"上行"，指的是技术进步对科学发展所起的推动作用。技术作为人类的实践活动，它相对于科学具有一定的独立性。在科学技术史上，常常见到某一项技术已经得到了相当的发展但与之相应的科学研究还很落后的现象，比如瓦特的蒸汽机已经问世，但热力学的研究尚未起步；水力、风力已经为人类造福了几个世纪，但流体力学的研究才开始进行；人们利用中药治病几千年，但至今也没有真正揭示中医理论的奥秘……技术进步促进科学发展表现在多个方面：一是技术的继续进步有赖于对相关知识、原理、规律的了解，这向科学提出了各种实际"问题"，科学的"回答"势必丰富、拓展科学的领域，或深化科学的研究。二是技术的进步为科学的研究提供了必要的工具、仪器、装备。比如，螺旋加速器的发明为粒子物理学的发展提供了必要的手段。三是技术的实践和进步为科学积累了大量的经验和数据，丰富了科学发展的"资源"。四是先进的技术有助于发现常规科学中的"异常"，发现常规科学中的危机，促进科学的革命。比如迈克尔逊干涉仪的发明结束了"以太说"的时代。

所谓"下行"，指的是科学的发展对技术的拉动作用。"下行"作用至少表现在两个方面：一是新科学理论的提出往往为技术的进步提供了理论基础，促进新技术产生。比如，原子物理学、量子力学的发展为核技术指引了方向。二是许多科学理论假说需要实验的检验，所以，为验证科学假说，技术需要革新。比如晶体衍射技术就是为检验"物质波"

假说而设计的。

由以上分析，我们会发现，科学与技术处在一种互动之中，在互动中，两者之间并非泾渭分明，并且其发展过程越来越表现出科学的技术化和技术的科学化趋势。但"科学技术的一体化并不意味着现代技术与现代科学已没有什么差异，也不是说现代科学已是科学技术"①。可以认为，科学和技术因其亲密的"血缘关系"和良好的"协作精神"已经通过应用科学这个中介构成了"科学——应用科学——技术"系统。看来现代汉语中将科学与技术合称科技也不是没有道理。然而，在我们的科学教育和科学课程中并没有反映这种"大科学"的观念，似乎更偏爱"小科学"，科学的技术化一面反映得很少，当然就容易将科学知识化，知识静态化，知识的学习记忆化。这导致在科学技术中的技能、技巧以及科学技术的使用范围、价值取向等等的教育价值、课程价值、教学价值都被忽视了。对此，在《科学文化的课程价值（下）》中，笔者将进行系统分析。

3. 科学与技术的异同

既然科学与技术之间构成了"科学—中介—技术"系统，那就说明科学与技术之间存在着必然联系，同时又具有本质的不同。简要分析其异同有利于我们更全面深入地理解科学和技术，呈现科学文化的课程价值，这符合本研究的主旨。

（1）从科学与技术所面对的对象来看，科学主要面向的是自然界未知领域，是自然而然的世界，科学极力突出对象的客观实在性；技术面向的主要是自然界中已知的世界，是"为人"的世界甚至是人造的世界，强调人对世界的参与、控制、改造，突出主体的能动性。当然凡事不可极端，未知与已知并非绝对，绝对的未知不可了解（甚至不知其存在），绝对的已知又不可能存在，所以有时科学、技术的对象又那么接近，那么一致，比如医学和医术的对象都是人。如果世界、事物、现象可以从认识论的角度视为一个"已知——未知"系统，那么科学的对象更倾向于未知的部分、侧面、角度，技术可能偏重于已知的部分、侧

---

① 陈昌曙. 技术哲学引论. 北京：科学出版社，1999：182.

面、角度。

　　（2）从科学研究与技术实践的目的角度来看，科学研究的目的在于了解、认识、揭示、预测客观世界及其发展，从而获得有关自然界的客观规律，这将直接丰富人的精神世界；技术实践的目的在于利用客观规律干预、调节、控制、改造自然界或创造人工世界、人造物，使其满足人的物质和精神需要，但直接丰富的是人的物质财富。从间接的角度看，无论科学是为满足人的好奇心、求知欲还是了解上帝的意图；无论技术创造的是衣、食、住、行的物资，还是艺术的载体、科学研究的仪器和工具，它们的"终极"目标无疑都是为人的。当然，科学技术的负面效应也在不断加剧，出现了事与愿违的现象，但那与目的无关。

　　（3）从科学研究与技术实践所采用的方法来看，科学研究活动因其以未知世界为对象，揭示客观规律为目的，所以它常采用归纳、实验、数学—演绎、假说—验证等方法；而技术实践是以已知为对象，利用客观规律来调控外物，所以它常用的方法有分析、设计、操作、方案—试验等等。也有学者强调，科学方法具有"从特殊到普遍，从具体到抽象，从整体到分析"的特点，而技术方法是"从普遍到特殊，从抽象到具体，从要素到综合"①。

　　（4）从科学研究和技术实践的成果来看，科学的成果是客观规律，是由"概念、定理、定律、理论"构成的知识体系，当然客观规律客观到什么程度是一个"历史"问题，但科学活动却把"唯一"正确的结果作为追求目标。同时，在科学活动和结果中蕴含着"精神气质"；而技术实践的成果是自然界被干预、改造了以后的状态和人造物，技术活动总希望获得的有效技能、方法、途径越多越好，在技术实践中也体现了"技术精神"。

　　（5）科学精神与技术精神显然不同。科学精神和技术精神是如今的一个时髦的话题，但结论却是仁者见仁，智者见智。笔者认为，科学精神包括求真、平等、自由等三个方面，这虽与众多学者的见解不尽相同，但也并不很矛盾。而技术精神似乎可以包含着对自然的利用、控

---

　　①　陈昌曙. 技术哲学引论. 北京：科学出版社，1999：184.

制、征服的肯定以及对效率、有效性的追求。但似乎人们对科学精神更多的是赞扬，而对技术精神不仅阐释者很少，并且多是诋贬之词。这更多涉及的是科学的价值和伦理的问题，是否恰当姑且不论，但两者的区别是明显的。

（三）科学与社会

无论是科学研究还是技术实践，其终极目标都是为人的。人具有社会性，社会是人的集体，人的发展是一个社会化的过程，因此考察科学的价值，考察科学的育人价值，很重要的方面要看科学的社会功能。由此，我们才能更全面地理解科学的课程价值，改革我们的科学课程，正如贝尔纳所讲："只有能够理解科学的好处的全部意义并且加以接受的社会才能得到科学的好处。"① 但是科学技术与社会之间的关系和作用无疑是极其复杂的，因而，笔者仅仅选择对本研究最为关键的两点加以简要阐述，即科学与生产力的关系和科学与民主的关系。选此两点的考虑有二：一是生产力是社会经济基础的决定力量，民主状况是社会进步程度的重要反映，这两点比较具有代表性；二是在科学教育、科学课程中对两者的关注不足，尤其是后者。

1. 科学与生产力

"科学技术是第一生产力"如同"知识就是力量"一样，曾经让无数人振聋发聩。从这句名言中，我们可以感受到科学技术的无穷力量以及人们对科学技术寄予的厚望。我们知道，生产力决定生产关系，经济基础（占统治地位的那部分生产关系）决定上层建筑。由此来看，这句名言也渗透了科学技术的进步可以推动社会全面进步的含义。其实，科学技术对生产力的作用是复杂的。

首先，科学技术不简单地等于生产力。因为从科学到生产力要经过"科学—技术—生产力"这样一个链条，并且技术有两种形态，即智能技术（潜在技术）和物化技术（现实技术）。科学经智能技术、物化技术转化为生产力是一个复杂而艰难的过程，只有少数的科学知识和智能

---

① ［英］J. D. 贝尔纳. 科学的社会功能. 陈体芳译. 北京：商务印书馆，1982：149.

技术才能完成这一历程。①

其次，虽然科学技术的进步与生产力的发展总体来说是一致的，"但它们又是不平衡的，二者常会有一定的错位乃至相背的情况"②。技术先进，生产力未必发达；生产力发达，技术也不一定先进。

第三，社会的现代化单凭技术的进步乃至生产力的进步是难以实现的，因为生产关系对其具有强烈的反作用，只有生产关系有利于生产力的解放和使用，才能促进社会生产力的发展，正如陈有光先生所言："只进行生产力的现代化，不进行生产关系的现代化，那是畸形的现代化，要受蚁穴溃大堤的历史惩罚。"③

第四，科学技术在促进社会进步的同时，还有惊人的负面效应。

以上简单地列了四条不是很合时宜，但又很现实的关于"科学—技术—生产力—社会"的观点，是出于对改革科学教育和科学课程的考虑。这启示我们，反思科学教育目的，应该使学生不但了解科学技术对生产力的重要制约作用，而且认识到变革生产关系对促进社会发展的重要性，为科学教育"正名"。这里的正名并非说科学教育真正地受到了诬蔑，而是强调针对科学教育的种种批评"证据"不足，逻辑混乱。因为一些批评往往来自这样的逆向推理：综合国力源自于经济实力，经济实力来自于生产力，生产力源自科学技术实力，科技实力来自人才，人才是由教育培养的（当然指的是科学教育）。据此，国力落后，即是科学教育之过。由前述观点可知，逆推不成立。笔者认为，我们的科学教育的的确确有着种种弊端并亟须改革，但这种思想至少有简单化、机械化之嫌疑，以此指导科学教育着实令人不安，因为依此观念很难使人明白教育改革的出路在何方。笔者对"批评"的批评的目的在于提醒人们放弃这种简单的、功利的科学教育理念。如上对科学技术与生产力的探讨简单而偏激，希望这种另类的观点会对科学课程的发展有所裨益。

2. 科学与民主

人们往往认为科学是"反映自然、社会、思维等的客观规律的分科知识体系"，是与价值无涉的，更与民主发展毫无关系。然而，随着科学的发展，科学的技术化以及人们对科学本身的"元勘"，人们发现，科学原来具有如此丰富的内涵，它不但是一种客观的知识体系、探索自然的活动与方法，更是一种社会建制。人们越来越感觉到，"科学—技术—社会"已构成了人类得以栖身、活动，而又无法逃避的"场"。科学的物化改变了人所处的客观环境，进而改变了人的精神状态。"物化"的科学现在随处可见，科学因其强大的"物化"力量备受人类的尊崇，同时也给人们带来了忧虑。如今，科学技术的身影无处不在，"地球上已经很难找到人类没有涉足的地方"。由此，自然与人成为相濡以沫的"共同体"，科学技术成为连接其间的纽带。

物化是科学作用于人类和社会的显性方式，而通过改变人的世界观、社会观、思维方式来改变人类的生活方式，则是其隐性方式。科学能够向社会生活的各个领域渗透，从而转化为社会运行必不可少的原理和规则。科学认识不仅为社会革命、哲学发展创造了物质条件和思想条件，而且制约着和反映着政治变革的方式和意识形态的形式。恩格斯在《路德维希·费尔巴哈和德国古典哲学的终结》中讲道："随着自然科学领域中每一个划时代的发现，唯物主义也必然改变自己的形式。"自然科学的研究活动、取得的成果和由此产生的精神财富，无时无刻不在改变着人们的世界观和社会观，并构成了人类文化的深层结构。正如杜威所言，科学方法构成了民主制度的深层文化心理基础。一个国家确立了民主制度还不够，更重要的是要形成深层的具有民主精神的文化心理结构。

科学缘何可以对社会的民主制度和进程产生巨大影响？这首先取决于科学自身的结构。结构决定功能。狭义地讲，科学应包括科学事实、科学活动和科学理论体系。广义地理解，科学还应包括科学的社会建制和科学的精神气质（我们常说的科学精神）等。其中，科学的社会建制是科学由"自在之物"转变为"自为之物"的结果，是人类有意识探索自然的"机构"，科学共同体是其核心。科学的精神气质主要是，科学家在科学探索活动中所表现出的科学本身所具有的创造精神、求实精神、革新精神、自由精神、审美精神和利用科学文化造福人类的精神。作为一种精神气质的科学凸现了其在真、善、美等方面的追求。当以理性、实证、求真为根本特征的科学气质"迁移"为人们的社会思维方式的时候，无疑会促进追求真理、坚持正义、消除迷信、尊重平等、崇尚自由等民主精神的形成和发展。科学史上无数像布鲁诺、哈维、维格纳那样献身于人类科学事业的科学家，留给后人的不仅是科学的真理，更有其不惧权威、坚持真理、勇于献身的科学精神。在人类的文明史上，是科学精神与人文精神相互辉映，相互补充，相得益彰，共同推进了人类的民主进程。

科学作为人类的探索活动需要民主的社会氛围的支持。科学活动是一种创造性思维的活动，它需要自由的探索、平等的交流、广泛的兴趣，任何权威与迷信的"在场"，都会影响创造活动的进行。人类历史上每次民主制度的发展都会带来科学的繁荣。比如：古希腊民主制度的发展，带来了古代科学的昌明；资本主义民主制度的建立，带来了科学技术的三次大革命；新中国成立后，政治的民主促进了我国科学的极大发展。科学是探索未知的事业，是为人类谋福祉的事业，是开化人类思想的事业，开明的政府、民主的制度莫不因其关心百姓的疾苦而关注科学，这也许就是近代科学与民主相伴相随的根本原因。

二、科学文化：本体的思考

前文对科学与人文、技术、社会的关系进行了考察，目的在于证明科学在人类活动的时空中具有良好的"群际关系"。但这只是展现了科学的"社会背景"，对其"本人"的具体"形象"、"容貌"、"性格"、"品行"，我们还没有看清。鉴于此，笔者想为科学拍一张"近照"，即从科学的内容、特征中了解科学，为科学"画像"。但是，对科学本质的认识至今众说纷纭，莫衷一是，难有定论，对此，笔者依旧从科学教育、科学课程的视角对其进行考察，以挖掘科学的课程资源为主要目的。对于标题中的"本体"二字，只是相对于"间际"而言，有"核心"、"中心"之意，而不是对科学唯一本质属性的追求。可归为科学本体"圈内"的内容很多，如科学知识、科学方法、科学活动、科学观念、科学精神、科学的社会建制、科学伦理、科学道德、科学共同体等等。笔者在其中选择了对科学课程理念最具影响的五个内容，即科学知识、科学方法、科学活动、科学观念和科学精神进行阐释，并提出自己的见解，以期为本书的论点提供足够的支持，也希望对科学课程的变革有所助益。

（一）科学知识

科学知识是科学文化最重要的组成部分，它常常被人们视为真理。科学知识的真理理解对科学教育、教学贻害至深。从形式上来看，科学知识有很多形式，比如科学概念、科学定律、科学定理、科学假说、科学理论等等。这一部分为人熟知，笔者将不再赘述。以下仅对有关科学知识的几个"小"问题进行简要分析，以增加我们对科学知识的了解。

1. 科学知识的绝对性和相对性。科学知识的绝对性和相对性是针对科学的真理性而言的。对于科学真理性的认识在历史上有一个发展过程，就像我们获得真理是一个历史过程一样。逻辑经验主义者十分强调科学的真理性，认为科学即是真理。在他们看来，科学是由命题所构成的知识系统。这些命题必须是已经被证实了的，至少要具有可证实性，并且与其他科学概念、命题"关系融洽"，即保证科学理论的自洽性。可证实性是确立科学具有真理性的判据，也是真理之所以为真理的标准。而证伪主义者认为命题即使千次被证实，但有一次被证伪便标志着命题"合法身份"的丧失，所以证实并不能成为衡量知识真理性的标准，科学知识被证伪只是时间的问题。由此，通过证实获得的科学知识是可错的，只能具有相对的客观性和真理性，并且科学的逻辑起点不再是事实、现象而是问题、问题假设，科学研究的方法由归纳法转为演绎法。历史主义者则认为科学的发展即是范式的更迭或科学革命的过程。范式的更迭是科学共同体科学观念、方法、概念、理论的全面革新，新旧理论之间具有不可通约性。随着范式的更替，科学便丧失了真理性。可见，在历史主义者那里，科学与非科学之间以及科学与科学之间不具有鲜明的界线，相对主义的色彩渐浓。作为后现代思潮重要成果的科学建构主义者走得更远。他们认为"科学知识实际上也是社会建构的产物"①，是"完全由各种社会偶然因素组成的东西"②。科学知识的真理性被进一步弱化。虽然我们不能盲目地认为科学知识的真理性已经丧失，但那种认为科学即是知识体系（尤其是静态的知识体系），即是真理的观念显然已是昔日黄花。科学知识的绝对性是相对的，科学知识的相对性才是绝对的。科学知识尚且如此，遑论社会科学知识。

在我们的科学课程中最多的就是科学知识，这种科学知识的组织俨如科学理论著作一样严整。在科学知识的呈现中，我们找不到其作为一种理论假说的任何痕迹，也找不到其使用范围的有限性，更找不到科学知识背后所蕴藏的批判精神的身影。科学知识仅仅被视为一种工具，一种让学生掌握了以便改造自然的工具和训练学生以便使其成为"工具"的工具。其实，完全可以不是这样。比如尽量介绍一些科学史的知识，使其了解历史的本来面貌：原来科学也是在发展的，原来科学也不是万能的，原来科学家也不是圣人，原来铁匠、木工、纺织工……一样可以做科学研究，原来科学技术还有那么多的负面效应，原来科学知识的利用需要公众决策，原来学习科学知识的目的还是为行使自己的民主权利作准备……这些知识决不应该仅仅作为有利于学生消化晦涩的定理、公式、定律的"调料"，它们甚至是培养学生批判精神、创新意识、创新能力、独立意识、平等观念最重要的内容。科学知识具有许多形态，对其选择和组织是一门科学，更是一门艺术。虽然科学知识的客观性不是绝对的，但其中蕴含了无限的教育价值却是绝对的！

2. 陈述性科学知识与程序性科学知识。严格地说，陈述性科学知识与程序性科学知识并不是外在于人的科学知识的两种形态，而是依据科学知识在人头脑中表征形式的差异进行的分类。过去我们在科学课程的设计中对此并不是很重视，因而，有必要进一步强调。所谓陈述性知

①　赵万里. 科学的社会建构. 天津：天津人民出版社，2002：3.
②　李三虎. 当代西方建构主义研究述评. 国外社会科学. 1997（5）.

识是指用于回答"'世界是什么'的问题"的知识①；程序性知识是指用来回答"'怎么办'的问题"的知识。由此，可以认为陈述性知识的功用在于解释，其实解释的内容不仅包括客观世界，比如什么是原子、物体为什么会运动、进化论的主要内容是什么等等，还应该包括对主体的认知，回答"我是谁"、"我处于什么状态"的问题，如"我"姓什么，叫什么，擅长什么，缺点是什么，性格如何，已经掌握了哪些知识，还有哪些知识有待掌握，学习目标是什么，等等。程序性知识也有两方面的内容：一方面是解决个体"对外办事"问题的知识，这些知识告诉人在什么样的条件下采取什么样的活动（包括动作和动脑）。比如，如果一个物体在地面附近，初速度为零，且只受重力作用，那么可以判定此物体将作自由落体运动。另一方面是"用于支配和调节人们自身的学习、记忆和思维等认知过程的程序性知识，即策略性知识"②，这些知识告诉人如何调整自己的行为，比如怎样调整注意力使自己的精力更集中于所要解决的问题，怎样培养自己的学习兴趣，使自己学习更努力等等。当然程序性知识帮助人解决问题时往往是隐藏在行为之后，就像电脑的"程序"支配机器一样。

对于科学课程的学习来说，两种知识都非常重要，一是因为两者各有分工，相对独立，功能各异，二是因为两者的获得互为条件，相互促进，三是两者共同构成学生问题解决能力的核心。

我们过去主要将知识理解为"客观实体的属性与联系的反映"。它大致与现代认知心理学中的陈述性知识相当。③ 具体反映在科学课程中，至少有以下几个问题：一是偏重陈述性知识，忽视程序性知识。科学课程的主要目的在于传授学科知识结构，以为学生获得了学科结构就能像布鲁纳所讲的那样，在理解、记忆、迁移以及缩小知识间隙方面做到完美无缺。其实不然，因为"是什么"的知识并不必然能告诉我们如

① 邵瑞珍主编. 教育心理学. 上海：上海教育出版社，1997：58.
② 皮连生主编. 知识分类与目标导向教学. 上海：华东师范大学出版社，1998：8.
③ 皮连生主编. 知识分类与目标导向教学. 上海：华东师范大学出版社，1998：7.

何做，"知"并不一定就能"行"。而有关"行"的程序性知识恰恰被忽视了。二是只重对世界的理解，忽视对自身的认知。科学课程往往成了客观世界的照片，更多的是对于自然界的种种描述，其中很难见到人的影子，更难以见到学生的影子，这导致学生的学习始终是"一致对外"，一味地同化，缺乏自我反省，陷入了只知有世界不知有自我的"忘我"境地。三是在学习方式上重识记，轻应用。在科学课程的学习中往往是以识记为主，即便有大量变式练习也是为了更好地理解学习内容。殊不知智慧就隐藏在理解、应用、反思、总结的过程中，而不是在学科结构中。四是不利于学生认知策略的培养。

　　3. 显性知识与缄默知识。科学知识还可以从其可意识程度的角度分为显性知识和隐性知识。人们将"不能清晰地反思和陈述的知识称为'隐性知识'或'缄默知识'，将那种能够明确反思和陈述的知识称为'显性知识'"①。显性知识我们比较熟悉，甚至很多时候我们所讲的知识主要就是指这一类，而缄默知识我们比较陌生，因为这类知识是我们常常获得，常常使用，"却不能够予以明确表述的知识"②。如果我们把头脑中的知识比喻为浮在海面上的冰山，露在海面上的是显性知识，潜在海面以下的就是隐性知识。就两者的比例而言，缄默知识要远远多于显性知识，正如波拉尼所讲，"我们知道的要远远超过我们所能告知的"。波兰尼指出，缄默知识具有不能进行逻辑说明、不能以正规的形式传递、不能加以"批判性反思"等特性，同时他强调，缄默知识在确定科学问题、分析和解决问题、实证和接受某种科学陈述为"客观真理"等方面具有重要作用。由此可见，科学知识的缄默知识成分不但是存在的，而且是很重要的部分。

　　我们可以结合陈述性知识和程序性知识，从"陈述—说明"和"程序—行为"两个维度对显性科学知识和缄默科学知识进行分析，显性知识无疑包含陈述性知识和程序性知识两大类。值得注意的是，一部分陈

---

① 石中英. 知识转型与教育改革. 北京：教育科学出版社，2001：222.
② 瞿葆奎主编，施良方，唐晓杰选编. 教育学文集·智育. 北京：人民教育出版社，1993：118.

述性知识在转化为程序性知识之后，其"显性"程度可能逐渐降低甚至消失。比如对实验仪器的操作技能的获得，在开始使用的时候，整个操作过程会心知肚明，但随着操作技能的熟练和自动化，最后虽然仪器操作顺利，却不能很容易地讲述操作步骤。在缄默知识中同样包含有陈述性知识和程序性知识。其实隐性知识包含着很多解释成分，当然这种解释是属于自然而然的认识，是无法进行明确的逻辑说明的认识。比如，有时候老师问小朋友："在同一座高楼上释放两个铁球，是重的先着地还是轻的先着地？"他们可能会回答："重的先着地。"这个例子是反例，有时他们的回答、认识也有很大的合理性。尽管这样回答的原因可能连他们自己也不清楚，但他们却深信不疑。在缄默知识中，程序性知识也很多，比如我们常常在解完了一道难题之后却想不起来自己究竟是怎样解出来的，很多动作技能和智慧技能只能进行运用却不容易讲清楚。可见，缄默知识有的是正确的，有的是谬误的，有的有利于新知识的学习，有的会阻碍新知识的学习。其实，在显性知识与缄默知识之间并没有一条不可逾越的鸿沟，缄默知识与显性知识构成的是一个连续的系统。隐性知识可以通过使用、讨论、反省等手段使缄默知识显性化，显性知识也可以因为遗忘或自动化程度的加强而转为缄默知识。重视缄默知识的存在，发挥缄默知识的积极作用，缩小缄默知识的负面影响，是科学教学和课程研究的重要内容。

在科学教育中，学生的前科学概念是一种重要的缄默知识，在正式学习科学课程或某一部分内容之前，学生在其头脑中就已经存在了各种各样的先入为主的观念。我们可以以物理课程中的前概念为例进行简要说明①。在学生学习科学物理概念之前已经接触到了各种物理现象，有了丰富的物理体验，形成了很多个别化的经验。这些个别化的经验已经成为其认知结构和态度结构的重要内容。有一些错误的前概念在学生头脑中根深蒂固，很难改变。如有的同学根据其生活经验认为"物体只有在力的作用下才能维持运动"，而这种错误的认识经常会干扰他对新知识的学习。但无论怎样，前概念是我们必须面对的，我们只有发展学生

----

① 于海波. 物理概念教学的基本策略. 现代中小学教育. 2001 (9).

正确的经验，改变其错误的认识，在前概念的基础上才能构建科学的物理概念体系。所以前物理概念的科学化是物理概念教学的必由之路，也是一种有效的教学策略。

4. 分科知识与综合知识。科学知识是以学科的形态存在的，比如物理学、化学、生物学、生理学、地质学等等。但从历史的角度来看，它们诞生于同一母体—自然哲学，只是由于自然哲学的研究越来越深入、细致，以至于科学家不可能全面地驾驭如此庞杂的科学内容，科学研究不断细化，各种学科才相应出现，就像法国物理学家普朗克所说的，"科学乃是统一的整体，将科学划分为若干不同领域。这与其说是由事物本身的性质决定的，还不如说是由人类认识能力的局限性造成的。其实，从物理学和化学，通过生物学和人类学直到社会学科学，这中间存在着连续不断的环节"。分化的目的在于深入研究，但是随着不同科学研究的不断深入，人们发现研究面临着巨大的阻力，克服这些阻力必须借鉴其他科学的知识和研究方法。所以科学的发展首先向纵深渗透，再向横向发展，从点到面推进科学进步。这样，科学势必走向交叉和综合。科学从整体到分化，再到整体，……在周期性的律动中不断前进。

过去我们的科学课程是以分科课程为主。这些分科课程是以不同的科学门类为依据设计的，关注的主要是科学知识的结构和科学研究的方法。其优点是结构完整，逻辑严谨，方便记忆，便于教学，有利于学生尽快成为一门科学技术的专家或专门家，但也有其天生的弱点。首先，学科体系封闭，各门学科课程之间泾渭分明，固守一隅，"老死不相往来"，导致内容重复，方法单一。其次，极力主张学科课程的人似乎过于强调学科结构与认知结构的同一性，认为只要将学科结构传送到学生的头脑中，学生就可以获得相应的科学能力。这种对学科知识结构的盲目追求导致科学的理解静态化，科学素养的理解简单化。再次，分科科学课程不利于吸收最新的科学成果，也不利于学生在生活中运用科学知识来解决现实问题。我们还可以列举出分科课程的很多不足，那种将分科课程视为科学课程之全部的观念显然是不对的，但分科科学课程也有它的优点和不可替代的作用，所以，将来的科学课程结构设计会更加重视分科课程和综合课程的互补性，对其比例、内容、开设时间会有更多的考虑。此外，科学课程的综合化并非仅是科学知识的简单综合，同时也是科学知识与科学方法、科学知识与学生活动甚至是自然科学与社会科学以及人文学科的综合。

（二）科学方法

科学方法是人们对科学认识的一个重要方面，往往不同的科学理解是与相应的科学方法联系在一起的，比如逻辑实证主义所理解的科学方法主要是科学归纳，证伪主义秉持的是逻辑演绎的科学方法，历史主义则走向了科学方法的多元化，到了费耶阿本德那里甚至变成了"怎么都行"。总的来看，随着科学活动的日趋复杂，科学内容的不断丰富，人们已经不再简单地将某一种方法视为唯一合法的，科学方法有多元化的发展趋势。

科学方法也有其层次结构，有学者按其普遍性程度将科学方法分为三个阶次[①]：第一阶次是各门学科所特有的认识和方法，比如物理学、化学所特有的方法；第二阶次是整个自然科学的认识和方法；第三个阶次是自然科学、社会科学和思维科学普遍适用的方法，即唯物辩证法。他还认为按照科学认识的阶段可将科学方法区分为经验认识的方法和理论认识的方法[②]。也有学者将科学方法分为基本的科学方法和综合的科学方法两大类[③]，其中基本的科学方法包括观察、分类、应用数学、测量、认知时空关系、思想交流、预测和推论八种，综合的科学方法包括规定工作定义、提出假设、解释数据、控制变量和进行实验。

科学方法作为科学教育内容一直受到科学教育者的重视。比如，赫胥黎就很重视科学方法的教育价值，杜威甚至认为在科学教育的内容中科学方法是更为根本的。在知识剧增的时代，科学方法被认为是极为重要的教学内容。首先，人们相信科学知识虽然在迅速更新，但科学方法能够维持相对稳定，所以，掌握了科学方法就等于获得了攫取知识的工

---

① 刘大椿. 科学技术哲学导论. 北京：中国人民大学出版社，2000：98.
② 刘大椿. 科学技术哲学导论. 北京：中国人民大学出版社，2000：98.
③ 陈志伟，贾秀英. 中学科学教育. 杭州：浙江大学出版社，2001：214－249.

具；其次，科学方法在一定程度上可以提高人们在学习、生产、生活中解决实际问题的能力，这无形中提升了人们的智能，所以科学方法可以使人变得聪明；再者，科学方法中蕴含着实证、批判、公正、无私等科学精神，而这正是人文精神的重要内容，所以人们还有理由期待科学方法能够使我们的人文状况有所改观。虽然人们对科学方法的课程价值期望极高，但在实际的科学课程中，科学方法并没有得到应有的重视，比如有学者指出我国"传统"的科学课程中"存在着一个非常突出的问题，就是缺乏一般方法的教育"①。这可能是因为外在的科学方法真正转化为学生的各种素养是一个很漫长的过程，许多人等不及，于是不得不放弃这种追求。看来对科学方法的教育，我们还要重新认识，认真对待。

（三）科学活动

科学是人类的一种生活方式和历史活动。无论将其简单地理解为现成的科学知识体系还是特殊的研究方法，都是片面的。因为无论从科学发展史还是从某一项科学发现的个案来看，科学首先是人类认识自然、发现真理的探索活动。

科学作为人类探索自然的过程和活动，可以从两个层面分析：一是从整个科学发展的历程来看，"科学通史"所记录的便是整个科学活动的历程；二是从某一门科学的某一种理论、某一种学说、某一种规律的研究活动来看，"科学的断代史"是对其记录的文本。前者是人类不懈探索自然的历史长河，后者是其中泛起的美丽浪花。追溯科学的发展史，我们可以发现科学活动在不同阶段其研究主体、研究内容、研究方法、研究目的、知识成果等在保持连贯性、继承性的同时又会有所差异。分析不同时期科学发现的案例，会让我们领略科学家们思想的深邃、构思的巧妙、方法的独特，也会让我们感受到科学探索的艰难、曲折和科学家们的奋斗精神。

从宏观的视角来看，科学研究可分为基础研究、应用研究和技术研究。历史最为悠久的是基础研究，其目的在于增加人类对未知领域的了

---

① 余自强. 综合理科课程与科学方法教育. 课程·教材·教法. 1998 (10).

解，为人类积累知识，其结果是导致知识体系的扩展和更新。相比之下，应用研究要年轻得多，应用研究是理论知识转化为技术的中介，它既要考察理论知识的应用前景又要分析技术领域的需求，主要目的是为技术研究作准备。技术研究则是科学技术转化为生产力的最后环节。由此不难看出，从历史的角度来看，科学的发展是一个连续的、发展的、动态的科学活动；从横向上来看，科学是由基础研究、应用研究、技术研究构成的连续系统。

具体而言，科学活动的主体是科学共同体。科学共同体在最初的研究中常常是"单兵作战"，后来随着研究活动的需要，研究人员不断增加，研究也逐渐从"义务劳动"，变成"有偿服务"，研究的目的也逐渐从满足兴趣和好奇心转变为满足社会的需要。从科学活动的内容来讲，科学不但是了解自然、发现自然的活动，也是创造自然的活动。从科学探索思维方式看，科学发现既需要缜密的理性思维，又涉及直觉、猜想、内在动机、文化传统、个人兴趣等非理性和非智力因素，甚至在创造力的形成和运用中，它们将起到至关重要的作用。

然而，将科学作为一种活动的理解，在我们的科学课程研究和设计中并没有得到应有的重视。我们的科学课程多数都是不需要了解历史背景、研究过程、历史局限性的客观知识系统，其中的科学史和实验活动主要是以增加学生学习兴趣、利于学生理解、增加教材可读性等角色出现的，甚至连科学史、实验这样活动性、过程性很强的内容都变成了死记硬背的对象，这不能不说是对科学文化课程资源的极大浪费。活动的理解要以活动的方式进行，科学活动中蕴含的教育因素也需要以活动的方式获得，比如实验设计的能力、实验控制的能力、运用知识解决问题的能力、实践中自我监控的能力等，只有在实际活动中才能得到真正的运用和培养。再比如，合作意识的培养、科学知识的内化、科学方法的习得、科学精神的感受，如果没有学生对科学活动的参与是难以实现的。但学生所需要参与的科学活动不同于科学家所进行的科学研究活动，科学家探索的是人类未知的领域，为的是增加人类的知识，而学生的学习活动是人类已知但学生未知或知之甚少的知识，目的在于发展学生。有学者强调："看不到科学研究活动与科学教学活动的根本区别，将这两者混为一谈，这固然是错误的（当然，对于高层次的高等科学教育而言，又另当别论）。但片面夸大科学研究活动与科学教学活动的区别而否定两者的内在联系，同样是错误的。"[①] 科学的过程性、活动性要求我们重新审视科学课程，同时也告诉我们科学的课程资源孕育在整个科学文化中，如不能全面地理解它、开发它、使用它，就得不到它的全面支持。

（四）科学观念

科学观念不同于科学知识、科学方法和科学活动，它具有更强的主观性，是人的一种主观的态度、看法和评价。对于科学观念的理解可能存在歧义：一是认为科学观念是对科学的观念，即对科学现象的根本看法和态度；二是将"科学"理解为"合理的"、"正确的"，这样的科学观念就是正确的、合理的观念。虽然我们的研究主要是指前者，但明显可以看出，在后者中已经隐含着科学即是正确的、合理的这样一种科学观念的前设。对科学观念，两种不同理解中存在着一定的内在联系，前者对后者的形成起着某种决定作用，这也体现了科学文化课程价值的另一个层面。

科学观念主要指对科学的认识、态度、看法和评价，比如逻辑实证主义者将科学视为自然科学知识体系，并"认为自然科学知识具有严格的客观性、逻辑操作性、经验可证实性"[②]；历史主义者将科学视为科学共同体内部协商的过程和结果；社会建构学者认为科学是社会建构的结果，等等。科学观念并非为科学家或科学哲学家所独有，任何人都会依据个人的知识、经验形成对科学的看法，当然，这并不一定会被其本人意识到。科学观念的形成主要是以一定的科学理论、科学活动过程等为基础的，不同的科学内容会使人产生不同的自然观、时空观、发展观、科学价值观等。比如，康德的"星云假说"和霍金的"大爆炸"理论为人们描绘了不同的世界图景，使人们对世界形成不同的认识；以牛

① 周川. 科学的教育价值. 南京：江苏教育出版社，1998：246.
② 陈海明. 对逻辑实证主义科学观及其原则的分析. 兰州大学学报（社会科学版）. 2001（5）.

顿为代表的经典物理学和以爱因斯坦为代表的"相对论"为人们提供了不同的"时空"的解释，能够使其接受者产生截然相反的时空观；拉马克的"用进废退"说和达尔文的"进化论"为生物界的发展提供了迥异的说明，两种学说的信奉者自然对生物界的发展持不同的观点。此外，发展观上还有决定论和非决定论两种学说，可以认为前者是以牛顿力学为代表，后者是以量子力学、混沌理论等为代表；对于科学的功利主义者如培根、斯宾塞等认为科学是万能的，而一些存在主义者、后现代主义者则流露出了科学的悲观主义倾向。不同时代的人、同时代的不同人因其对科学的不同认识也会形成不同的科学价值观。对自然、时空、发展和科学价值等的认识，有助于人们理解周遭的物质环境和时空框架，有助于人们认识无机界和有机界发展的过程和动力，也有助于人们了解人类之"能为"与"应为"。显然，这为人们形成科学的世界观、人生观、价值观奠定了基础。

使学生形成科学观念是科学教育的重要内容。也许在未来的生活中，学生学到的科学知识、科学方法很少用到，但在他们内心形成的科学观念却能够始终潜移默化地影响其思想、观念和行为方式。科学观念，其实就是对科学的再认、反思，是对科学本质的认识和价值的判断。科学观念的形成受制于科学课程，将科学观念的培养列入课程目标已经成为世界科学课程改革的重要趋势。比如，在美国科学促进学会的《科学素养的基准》一书中可以清楚地看到，从幼儿园到 12 年级课程都有对科学观念方面的要求①；美国国家研究理事会编写的《美国国家科学教育标准》明确要求从幼儿园到 12 年级科学内容标准都应包括从个人和社会的角度看科学、科学的性质等方面的内容②。对科学进行全面理解形成完善的科学观念，已经成为科学课程改革的一项重要内容。在

---

① ［美］美国科学促进协会. 科学素养的基准. 中国科学技术协会译. 北京：科学普及出版社，2001：3—18.

② ［美］国家研究理事会. 美国国家科学教育标准. 戢守志等译. 北京：科学技术出版社，1999：125—252.

这方面，我国科学教育改革也进行了大胆尝试①。

（五）科学精神

"科学精神"已经成为文化舞台上"出镜率"极高而又理解不一的词汇。虽然对科学精神的理解千差万别，但对科学精神的研究发端于美国科学社会学家 R. K. 默顿对科学的精神气质分析却是不争的事实。默顿认为科学的精神气质包括普遍性、公有性、无偏见性和有条理的怀疑性等四个方面。我国著名的科学家竺可桢将科学精神概括为三个方面："一是，不盲从，不附和，依理智为归；二是，虚怀若谷，不武断，不蛮横；三是，专心一致，实事求是，不作无病之呻吟，严谨毫不苟且。"后来，竺老进一步将科学精神概括为"求是"这两个字。仔细分析，竺老的理解与默顿的理解有异曲同工之妙。此外还有数不清的有关科学精神内涵的阐述，几乎每一位研究者都有自己的见解。

不管对科学如何理解，科学是人类文化的重要组成部分，而且是"最灿烂的一部分"却是不容置疑的。对科学进行文化诠释将有利于从总体上，从"人"的角度来认识科学。正如 C. P. 斯诺所言，"科学文化确实是一种文化，不仅是智力意义上的文化，也是人类学意义上的文化"。科学文化的结构可以包括为人的自然层面、器物层面、规范层面、制度层面和价值观念层面，这五个层面既构成了人文活动的层级，又可展示"物质－精神"作用与生成的过程。

由科学文化的结构我们可以发现，科学文化起于自然，止于人的精神世界。可见，科学文化是人类了解自然、认识自然的纽带，同时在科学文化中也已经蕴含了其特有的精神资源。这种精神资源的载体是科学文化，所以其成分也自然是由科学文化的结构来决定。首先，因科学文化起源于自然，而目的又在于了解自然，所以尽量地反映自然的"本真"便成为科学文化的首要特征；其次，"一样"的自然对所有的探索

---

① 我国 2001 年教育部颁布的《科学课程标准》（实验稿）进行了相应的尝试，参见《科学课程（7－9 年级）标准》、《科学课程（3－6 年级）标准》，北京师范大学出版社2001 年版。

者不具有任何歧视性，自然赋予人类与其平等交往的权利；再次，无论是科学探索的终极目的——从必然王国向自由王国的跨越，还是其探索活动的首要条件——思想的自由与解放，都是以自由为特质的。所以科学精神至少应包括求真、平等、自由。

正如爱因斯坦所指出的："科学对于人类事物的影响有两种方式。第一种方式是大家都熟悉的，科学直接地，并且在更大程度上间接地生产出完全改变了人类生活的工具。第二种方式是教育性质的——它作用于心灵。尽管草率看来，这种方式好像不大明显，但至少同第一种方式一样锐利。"① 然而我们的科学教育以往片面强调为提高生产力、经济建设服务，导致科学课程的主要内容是那些有助于我们改造世界的知识、对付自然的方法，却忘记了科学文化中蕴涵着丰富的可供我们改造自身精神世界的宝贵财富，以致浪费了科学文化的课程资源。强调科学精神的培养会给科学课程改革带来新的任务，同时也是一个难题。

---

① 爱因斯坦. 爱因斯坦文集：第三卷. 许良英等译. 北京：商务印书馆，1979：135.

第四章　科学文化的
课程价值（下）

通过上一章的分析，我们已经可以清楚地感觉到科学文化有着极为丰富的内容，它不仅与其他人类文化之间具有千丝万缕的联系，而且在其内部也具有极为复杂的结构。当然，科学文化的含义要远远超出本研究的阐释。前面所研讨的科学文化的课程价值相对来说比较分散，本章将力争对其进行简要概括。

一、科学的文化属性与科学课程发展

对科学文化的认识往往是多角度、多层面的，不同学者对其持不同的理解。有学者认为"科学文化主要指自然科学以及自然科学家的文化态度"①；也有学者指出"作为智力意义上的文化，它主要由科学知识、科学方法和科学精神组成"②；英国学者斯诺则强调，科学文化（scientific culture）"不仅是智力意义上的文化，也是人类学意义上的文化"③；有学者提出，"作为文化的科学首先表现为人的一种独特的生存方式（生产和生活方式），其次表现为人面对自然、面对社会、面对人

---

① 沈铭贤，王淼洋主编. 科学哲学导论. 上海：上海教育出版社，1991：367.
② 杜时忠. 科学教育与人文教育. 武汉：华中师范大学出版社，1998：26.
③ ［英］斯诺. 两种文化. 纪树立译. 北京：生活·读书·新知三联书店，1994：9.

生的独特态度"①；有学者认为"科学不仅仅是个人的事业，而是一种团体或社会的活动，并通过这种活动发挥出潜在的物质、文化功能，从而赢得社会的广泛承认"②；贝尔纳认为科学一词的含义包括"一种建制、一种方法、一种积累的知识传统、一种支持和发展生产的主要因素和构成我们诸信仰和对宇宙和人类的诸态度的最强大势力之一"③；也有学者认为，"科学作为人类文明的标志和文化的内容"，应该包括物质层面、体制层面和科学精神等三个层面④。概括起来看，科学作为一种文化，一种人类认识自然、解释自然、改造自然的实践活动和事业，科学文化至少应该包含"为人的自然"、器物、制度和价值观念层面等内容，而这些层面的理解，实质上就是从技术、社会、人文等方面对科学的认识与反思。

科学课程实质应是以科学为主要文化资源的课程，这就意味着科学课程在科学文化那里已经"继承"了先天的文化基因，因此了解科学文化也有助于认识科学课程的本性，而了解科学文化又要在更为广阔的视野中进行。从科学与技术、人文、社会的角度认识科学，将会引导我们从不同的视角认识科学课程，这有利于揭示科学文化的课程价值，也有利于我们认识科学课程本身。

（一）多视角审视：社会、人文、技术的角度

在上一章，本研究对科学与人文、科学与社会和科学与技术三者之间的关系进行了比较详细的分析，但这并不意味着这四种文化现象是泾渭分明的。实质上，在科学、技术、社会、人文之间存在着密切的联系。从各种联系中审视科学即是从不同视角分析科学，而这种分析也是科学课程所必须考虑的内容。

由图 4—1 可知，科学、技术、社会、人文之间是既相对独立又密切联系的文化现象，它们是人类文化系统中不可分割的组成部分，因

---

① 张钢. 科学文化与近代教育发展. 自然辩证法研究，2000（5）.

② 张钢. 科学文化与法国启蒙运动. 浙江大学学报（社科版），1996（4）.

③ ［英］贝尔纳. 历史上的科学. 伍况甫译. 北京：科学出版社，1959：6.

④ 巨乃岐. 试论科学的层次结构. 科学技术与辩证法，2001（1）.

此，教育传承文化就应当将文化的全貌展现给学生，而不能将科学从这样的文化系统中硬性分离出来。否则，不利于学生掌握科学文化，更重要的是，将科学视为一个孤立的、封闭的个体，一方面使科学文化丰富的内涵急剧减少，缩小了人们的视野，另一方面也失去了为学生提供从多个视角对科学进行反思的机会。

1. 从人文的视角来看，科学本质上就是一种"人文"的活动。古代汉语中的"文"通"纹"，是一个动词，即作标记的意思。这样看来，作为人文活动的科学就是对自然界"作标记"，使自然界人化的过程。过去常有一种误解，认为科学活动的对象是客观物质世界和客观规律，因此科学活动中很少有"人情味"。其实，科学活动的对象主要是客观物质世界，并不能说明科学就"没人性"，因为科学活动的主体是人，科学活动的终极目标也是为人的。正如萨顿所讲，科学的"起源和发展本质都是人性的"[①]。然而，"现代人过于强调科学的'物性'，忽视了科学的'人性'，在追求科学的物用价值时，忘却了科学最本质的价值——对于人精神的价值"[②]。对科学文化精神价值的忽视，必然导致人文精神、人的价值对科学活动导向功能的丧失，最终使科学活动变成"非人"的活动、"异化"的活动。降低科学活动的异化力量、负面效应的根本途径不在于消灭科学，而在于突出人的主体地位，以人文精神指导科学活动。当然，人文精神绝不是极端的人本主义，"为人"目的中的"人"应是"历史"、"全体"的人，不但追求现世全体人的快乐，也要保证后人的幸福，"类"的"可持续"的人的幸福的追求是科学的最高价值。科学是人的活动，是理性活动与非理性活动、个体活动与集体活动、事实呈现与价值追求等的统一，抛开"人"，便不存在科学，抛开"为人"，科学便失去了目标，抛开人的情感和智力，科学便失去了发展的动力。可见，对科学的理解不能忽视人的视角。

科学是"人"的和"为人"的活动。科学课程当然应对此予以充分关注，这一方面是因为科学课程的主要资源是科学文化，对科学文化如

① ［美］乔治·萨顿. 科学史与新人文主义. 陈恒六等译. 北京：华夏出版社，1989：49.
② 辛继湘. 人文价值：科学课程价值取向的必然选择. 教育评论，1998（2）.

此重要的方面不应熟视无睹；另一方面也是科学教育目的的要求，科学教育的目的是"成人"，不但使学生成为掌握一定科学知识、科学方法的"科学的"人，也应当使他们了解作为文化的科学的内容、功能、价值、不足等。这不仅有利于学生确认科学的地位，也有助于其确认自身的地位与价值。在科学教育上，教给学生为什么、在什么情况下、如何去使用科学，比单纯让他掌握一种"工具"重要得多。这有利于未来的科学研究的主力——科学家控制科学的发展方向，也有助于未来社会的主人控制社会的发展方向。

2. 科学与技术的密切关系不言而喻，在汉语中，科学与技术常常被合并在一起称为"科技"。从大科学观的角度来看，科学与技术是合而为一的，并且科学技术的发展也显现出科学技术化与技术科学化的趋势。但在现实生活甚至科学教育中，我们还有两种误解，一种是将科学简单地理解为技术，似乎可以称为科学的"物化"，只见到科学的物质力量的一面；另一种是将科学理解为"空"而"玄"的理论，脱离"生活世界"，似乎可以称为技术的"无化"。"物化"的结果是技术主义和控制主义，一切以功效为目的，这种思想如果被迁移到社会政治生活中可能就为专制、独裁准备好了极好的土壤；"无化"必然导致科学脱离实际，教育界的一个生动例子就是，物理系毕业生不会装日光灯。科学对社会产生影响有两条途径：一是科学直接对人的精神世界的作用，二是通过技术对社会进行作用。如果忽视了第二种途径，那么至少降低了科学价值的二分之一。上个世纪六七十年代有人已经清楚地认识到这个问题①，开始倡导"科学—技术—社会"相结合的观念，即STS。此后，STS教育、STS课程应运而生。

"STS教育中最关键的任务是让学生理解科学技术与社会的相互关系，即科学技术在社会范畴中的作用。"② 科学教育的目标也发生了相应的变化，"STS教育主张科学与社会、科学与实践、科学与伦理的紧

---

① 殷登祥. 时代的呼唤：科学技术与社会导论. 西安：陕西人民教育出版社，1997：170—258.

② 孙可平. STS教育论. 上海：上海教育出版社，2001：61.

密结合，以使学生懂得如何理解与运用科学"①。这样，STS课程中便要广泛地涉及多门科学、技术和社会科学知识，所以STS课程具有明显的综合性、主题性、不确定性和主体参与性。需要指出的是，不应该简单地把STS课程理解为将科学知识联系生活实际而进行的"技巧性"设计，其实STS课程从一个角度反映了科学文化的本质特征，因此STS课程的教学与学习也应该考虑科学课程特征，避免用过去的教学与学习方式来学习新课程，否则会事倍功半。

3. 从社会的角度来看，科学技术既是推动社会发展的主要动力，又是社会建构的结果。"科学技术是第一生产力"（见图4-2），已经清楚地说明了科学技术作为一种"物质"力量对社会发展的重大贡献。除此之外，科学技术还通过精神气质层面对社会的世界观、价值观等方面施加重要影响，在精神领域，科学、技术活动也是重要的生产力，这也许就是贝尔纳所指的"构成我们诸信仰和对宇宙和人类的诸态度的最强大势力之一"②。同时，社会的价值取向、心理状况、政治信念、经费投向等也制约、影响、控制着科学技术的发展方向，所以科学技术也是一种社会建构的过程和结果。社会与科学技术之间是一种动态的互动的关系。

应该指出的是，科学技术并非只有正向的社会作用，很多时候它的社会作用是负面的，常被称为科学技术的负面效应，比如生态危机、环境污染、生物武器、太空大战、伦理危机等等。虽然对科学技术负面效应的认识很不统一，但还是要求每一个研究和使用现代科学技术的人格外小心，他们要站在历史的高度对其所从事的活动进行及时、准确的价值判断。这种判断能力的一个重要来源就是我们的科学教育。国外很多国家在多年前就已经开始开设了诸如"社会中的科学"一类的科学课程。

科学技术对社会影响的途径如上已经论述两种，其实还有一种更为

---

① 唐斌. 论STS教育的后现代意蕴. 教育研究，2002 (5).

② ［英］贝尔纳. 历史上的科学. 伍况甫译. 北京：科学出版社，1959：6.

重要的途径——教育，因为教育是"人类社会文化传承的活动"[①]，传承包括横向的传播与纵向的延承。如图4-3所示，科学文化对社会的种种作用要经由教育活动传播给学生，然后学生进入到社会的各个领域当中，使科学文化发挥其作用。这样解释，科学课程的作用就更加不可小视，在科学课程中更多地对科学文化进行社会解读就更是当务之急。显然，过去学科本位的科学课程对此很难胜任，因而，有必要对原有的科学课程进行改造，以便在培养学生的人文精神（包括科学精神）、社会责任感以及增强学生对科学本质的体认等方面发挥作用。

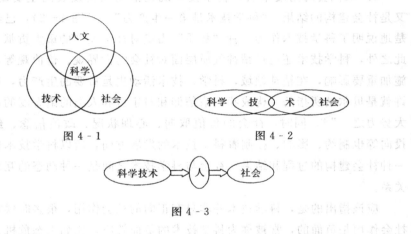

图4-1   图4-2

图4-3

　　（二）内涵丰富：知识、方法、活动、观念、精神

　　本研究一再强调对科学文化要全面理解，只有全面地理解科学，才能使科学的教育资源、课程资源得到广泛的利用。在上一章中已经介绍了作为科学的主要成分（本研究将其称为本体）又不为科学教育、课程领域所重视的一些内容。从整体看，将科学视为一种人类认识、解释、创造自然，与自然"对话"的实践活动更为科学。在这种实践活动中，科学共同体是活动的主体，科学知识是活动的结果，科学方法是探究活动的"工具"，在整个科学活动中所蕴含的精神气质就是科学精神，如

---

　　① 胡德海. 教育学原理. 兰州：甘肃教育出版社，1998：281.

上几者必将导致人们对科学产生不同的态度、观念、想法，也会由此产生或影响人们对世界、自然、人生的态度、观念、想法，这便是科学观念。比较而言，科学知识、科学方法更为人们所熟悉和器重，往往被视为科学的核心部分，科学共同体、科学精神、科学观念则处于科学文化的边缘地带。处于边缘地带的原因一方面是没有引起人们的重视，另一方面是因为它们不是科学活动的主要目的，更多的是以"副产品"的形式出现的。将科学作为一种社会实践活动符合马克思的实践观的宗旨①。为简要说明问题，请见图4-4。

当然，科学文化中的各种成分并不是支离破碎的，它们在整个科学活动的结构中处于不同的层面，起着不同的作用。科学文化是一个历史的过程，是人类的重要实践活动，历史性、发展性、情境性等是其重要的特征。由图4-4可见，科学实践活动有两层含义：一是科学作为人的"类"活动，是人类探索自然、构造"自然"、形成自我的历史过程；二是科学作为科学家的发明和发现的具体活动。前者是滚滚洪流，后者则是一朵美丽的浪花，但两者因量的差异而存在着质的不同。对于科学教育来讲，两者的作用也会有差异。

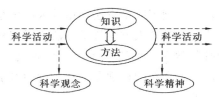

图 4 - 4

从历史的角度看，科学是一个发展的过程，是人类与自然相处的一种方式。伴随着科学的发展，人类自身也在不断发展，科学的发展水平在一定程度上可以表征人类的发展进度。值得强调的是，科学的发展不是存在于真空中，科学的发展也要有相应的土壤（见图4-4），它是以一定的文化为背景的，其中包括科学知识的基础、科学方法的积累、科学观念的背景等等。正所谓"历史、传统和成见并非人类理性的限制，

---

①　邱慧. 实践的科学观. 自然辩证法研究，2002（3）.

而是本质上理性有限的人进行理解和解释的前提"①。科学活动离不开社会，科学的过程是社会建构的过程。由此我们可以想到，对于本质上是一种实践的、历史的、过程的科学，我们还将科学课程的主要内容局限于科学知识或学科结构就严重浪费了科学文化的教育资源。其实如果将科学理解为一种历史的过程，那么以"记忆"、"理解"、"说明"为主要方式学习就变得难以胜任了，因为将科学作为一种历史现象后，在这种历史过程中所包含的"故事"、观念、精神、思想的教育价值不通过体验、感悟、移情的方式是难以体验到的。科学教育、科学课程的任务绝不是或不主要是对个别科学片段、零散的科学知识的掌握，因为这只是让他们获得了有限的"对物"的了解，而不是对科学文化的理解。活动性的事物有过程性的特点，对过程性文化的学习需要不同于简单知识学习的方式，就像驾驶或手术的学习不可能通过死记硬背一样。

同样，对科学文化教育资源的利用也经历了一个发展的过程。在科学课程的"合法化"阶段，人们主要是从功利的角度强调科学知识的作用，比如培根说"知识就是力量"、斯宾塞认为科学知识可以为公民的完满生活服务等等。在科学课程的"活动化"阶段，人们除考虑到科学知识的实用价值外，更看到了科学方法在培养人的思维方式等方面的重要作用，杜威甚至认为在教育人方面科学方法更具有根本性。虽然科学课程"结构化"阶段科学课程的进步不大，但随之而来的对"学科结构"课程的反思却带来了全新的科学课程观，旋即科学文化的诸多内容开始进入教育这一视野。

从宏观上来看，科学的发展是科学共同体对科学进行社会建构的结果，具体科学成果是科学家进行知识建构的成果，学生认知结构的获得是学生知识建构的成果，这分别是科学社会学、科学知识社会学、建构主义心理学等领域近年来比较一致的看法。从中可以看出某种偶然性，但如上的回答会让我们相信其中存在着某种必然的联系，其根源在于科学文化的活动性、过程性、情境性等等。那么科学文化的这些特性对科

① 曾晓强，盛晓明. 自然科学的经验基础与实践科学观. 浙江大学学报（人文社会科学版），2002（1）.

学课程的发展将有何启示呢？

（三）对课程发展的启示

过去，我们科学教育、科学课程发展与建设的缺失之一就是对科学文化认识不够全面。片面、狭隘的科学理解导致片面狭隘的科学教育和科学课程，最终教育出"单向度"的人。这里的单向度有两种含义：一是片面的智力发展的人，缺失道德、情感等非智力因素的培养；二是即使在智力的发展中，我们也是急功近利地培养其记忆、逻辑思维能力等，忽视想象力、非逻辑思维能力的培养以及观念的解放，致使学生创新意识和创造力不高。那么，本研究对科学文化作如上理解之后，对科学课程发展有哪些启示呢？或者说对新科学课程能提供哪些建议呢？这里先作简要介绍（因为在后面的研究中还将进一步展开）。

1. 科学课程的目标。科学课程主要依据课程目标设计，科学课程的目标的来源，基本上是教育目标的细化。其中可能存在一对矛盾，一是法定的教育目标、课程目标科学课程无法达到，二是课程能够胜任的教育目标、课程目标又可能未进入教育政策、课程文件制定、规划、设计者的视野。对于科学课程而言，就存在上述矛盾。一方面科学课程目标要求学生理解科学知识、掌握科学方法、能够解决一定的实际问题，培养学生的创新能力和创新意识等。目前科学课程真正起到的作用显然没有达标。另一方面，科学文化在培养人的批判精神、怀疑精神、公民意识、科学观念、创新意识、创新能力等等方面的价值没有受到人们的充分重视。这些矛盾的解决首先要搞清楚科学文化在教育中的"能为"，然后才能科学地分析"实为"的问题和构想"应为"的理想。

本研究对科学课程抱有一种美好的理想，希望"能为"均成为实践中的"应为"，而"应为"又会变成"实为"。通过如上对科学文化的分析，我认为有理由相信科学文化的课程能够达到这样一些目标。一是掌握科学知识，当然并不只是对定义、概念、定律、公式、原理的记忆，还包括隐性知识、科学史知识、科学社会学知识等等。二是掌握科学方法，目前科学教学中的科学方法被狭隘化为"解题方法"，其实科学方法具有非常广泛的内容，比如观察的方法、控制变量的方法、测量的方法、误差分析的方法等等。这些方法在以"纯"掌握为主要目标的科学课程中用处不大，所以不太被重视。三是获得科学能力，包括获得科学知识、掌握与使用科学方法的能力，选择、运用科学知识、科学方法解决实际问题的能力，科学学习与活动中的元认知能力以及协作的能力等。四是形成科学观念，科学观念或科学观是人对科学的本质认识，有理由相信，它会像科学方法一样具有较强的迁移能力。科学观念帮助人们形成的"科学的观念"会成为指导人行事的重要指南，所以科学观念的培养至关重要，国内外对此已经开始关注，但似乎还只是一种理念，如何体现科学本质已经成为科学课程研究的重要课题。五是养成科学精神，对科学精神的理解尽管不一，但最为重要的是求真、自由、平等等内容。

2. 科学课程的内容。对科学文化进行如上分析之后，我们能感觉到科学文化是科学课程的主要文化资源，科学文化不仅包括作为科学核心部分的科学知识、科学方法，还包括科学观念、科学精神等。此外，对科学的社会理解、人文理解都是科学课程应该予以体现的内容。当然，如此理解也提高了选择科学课程内容的难度。同时，课程的内容与目标、形态关系密切，内容是实现目标的手段，单凭分科课程、活动课程、综合课程等形态的课程都不太可能实现如上目标。但科学知识、探究活动、实验和试验、科学的社会理解、人文理解等内容是不可缺少的。

3. 科学课程的形态。科学是人类实践的活动之一，活动性、过程性、发展性、建构性是其重要特征，科学文化的课程应对此予以充分的反映。科学文化的发展是一个渐进发展的自组织系统，在此过程中不断生成并获得意义。科学课程与此类似，但我们常常将课程视为各种课程文件、教材、教科书等。其实，课程从课程的理想到课程文件到实践有很多个层次，比如阿卡就将课程分为六个层次：理想的课程、形式的课程、感知的课程、操作的课程、经验的课程、获得的课程等等。此外，课程实施、教学过程中的课程与课程的理想和课程文件差别很大。事实上，课程并非可以完全预设，它是在不断设计、控制、调整的课程活动中逐渐生成的。可见，课程实施是一个他组织与自组织、预期与调整、自由与控制相统一的过程，如果篡改一句存在主义的名言可以表述为

"课程存在先于本质"。课程是以一种过程、活动的形式存在的。如果将课程简单理解为课程文件，那么势必要降低课程的灵活性，限制师生的积极性、主动性和创造性。

4. 科学课程的学习方式。本研究所说的学习方式是指学生学习活动的主要程序、形式和特征，学习方式的选择和确定由科学观、知识观、科学的价值观、学生观、教育观、学习观等决定。对如上因素的不同理解会在学习方式的主张中得到体现。在历史上，科学课程的学习方式经历了漫长的发展过程，在科学课程的"合法化"阶段，古典人文课程的学习方式被移植到科学课程的学习中，加之对科学知识作用的过分强调，科学课程的学习几乎变成了死记硬背。难怪赫胥黎悲叹："旧的古典教育方式的幽灵已经进入新的科学教育方式的机体内。"① 在科学课程的"活动化"阶段，人们认识到科学方法的实用价值和教育功能，为了适应对科学的新认识，加之当时学生观、教育观的影响，以"主动作业"为主的科学课程学习方式应运而生。在科学课程的"结构化"阶段，科学本质被认为是学科结构，科学的价值被工具化，科学教育的价值即是培养工程师、科学家，这样以获得学科结构为目的的"发现式"学习备受推崇。在科学课程的"综合化"阶段，科学的本体观、价值观、形态观、习得观以及科学教育的目的观、价值观都发生了很大的变化，由于后现代思想的冲击，科学价值的有限性、科学认识的多元性等特性被人们关注，科学课程的学习方式也由此向"建构主义"学习方式过渡。当然，各种科学课程学习方式的发展具有连续性、不可割裂性，并且不同的学习方式自有其价值，在特定的历史条件下发挥着自身的重要作用。即使在今天，我们也不能用非此即彼的态度对待各种学习方式，因为它们具有一定的合理性，对于特定的学习内容、学习者和学习目的有着不同的价值。

5. 科学课程的评价。科学课程的评价问题历来是理论研究与实践操作的难点。目前科学课程评价至少存在两点不足：一是由于我们狭隘的科学理解，导致我们科学课程评价的狭隘化，将科学素养的评价简单

---

① ［英］赫胥黎. 科学与教育. 单中惠，平波译. 北京：人民教育出版社，1990：188.

化为科学能力的评价，将科学能力的评价简单化为科学知识的评价，将科学知识的评价进一步简单化为对科学概念、定理、理论等的记忆和僵化的应用。科学文化课程对于培养学生的非智力因素、创造力、价值观念、责任观等等方面的内容很难进入评价的视野，最终导致学校、教师、学生对科学课程价值的理解狭隘化，影响科学教育的效果。二是科学课程的评价主要以总结性评价为主，只以片面的结果来考量具有丰富内容的过程性的课程。这种评价会严重失真。因而，对科学课程的形态、科学课程的教育价值、科学课程的学习方式有重新理解的必要。科学课程评价要全面考虑学生科学素养的内容，关注科学课程的全过程，这样才能充分体现课程评价的积极作用。

二、科学文化课程价值的层次结构

以科学文化为主要内容的科学课程具有多方面的教育功能，对于实现教育目标具有广泛、积极的作用。一种文化作为课程的价值主要在于育人，科学课程在育人的价值上可表述为四个层面，即：开发、促进学生的智力、能力、技能的形成和发展；培养学生合适的世界观、自然观、价值观、发展观、人生观和科学精神；培养、提高学生的道德水平；培养学生的审美意识、审美情感、审美情操和审美能力。

（一）智力、能力、技能层面

人类的智力、能力和技能并非是抛开各种内容的人体器官的功能，它们的发生、发展与特定的内容密切相关。狭义地讲，智力包括注意力、记忆力、思维能力、想象力，它们的发展水平由遗传和后天因素决定。遗传是"生物基因"的继承，而后天学习则是文化上的"社会基因"传递。就后天因素来讲，对人类文化的学习是一个重要因素。比如：有学者已经证实，在适当的时机，采用适当的方法可以促进儿童守恒能力、传递推理思维能力的发展[①]；也有学者进行了有效的提高学生

---

① 陈英和. 认知发展心理学. 杭州：浙江教育出版社，1996：67—71.

智商的试验研究①；还有学者在利用物理课程培养学生的观察能力、形象思维能力、科学思维能力和实验操作能力等方面进行了探讨②。广义而言，智力就是人对外办事和对内调控自身行为的能力。这种能力是以人的知识为基础的，包括陈述性知识、程序性知识（包括策略性知识）。科学知识在这三个方面都能为人的知识扩充提供帮助，比如，科学知识既可以让我们了解周围的世界和人自身的结构、特点、功能（陈述性知识），也能让我们了解客观事物和人自身的很多因果规律，从而增加了人对外办事和调控自我的经验（程序性知识和策略性知识）。有学者强调，"科学知识作为支点，其力量无穷，不仅是改造世界的支点，而且也是改造人本身的支点，是促进人发展的力量源泉"③。

科学方法作为科学的精华部分备受人们垂青的原因之一，是它可以教人们如何去做事，正如丹皮尔所讲，科学方法"不但可以应用于纯科学原来的题材，而且在人类思想与行动的各种不同领域差不多都可应用"④。在某种意义上讲，获得了科学方法就是获得了"为人处事"的方法，可见科学方法的智育价值之重大。

技能主要是指动作技能，但动作技能并不表示其中没有智力的因素。有研究表明，学生物理实验能力中的动作技能与学生的智力水平、元认知能力、各种知识准备之间存在着一定相关性，并且随着动作难度和复杂程度的增加，相关的程度会随之增加，正所谓"心灵手巧"，只有"心灵"才能"手巧"。⑤ 可见科学课程在开发、培养、提高学生的智力、能力和技能方面是具有重要作用的。

（二）观念精神层面

不同的文化背景可以使人形成对科学的不同看法，不同的科学文化也可导致人们对科学的不同印象，而不同的科学观会使人们形成不同的世界观、价值观、发展观、人生观。比如，以牛顿力学为代表的经典物

---

① 林崇德，辛涛. 智力的发展. 南京：江苏教育出版社，1998：22－23.

② 姚文忠主编. 物理教学及其心理学研究. 杭州：杭州大学出版社，1991：87－120.

③ 周川. 科学的教育价值. 南京：江苏教育出版社，1998：87.

④ ［英］丹皮尔. 科学史. 李珩译. 北京：商务印书馆，1975：283.

⑤ 于海波等. 物理实验能力的认知分析及相应教学策略探讨. 物理通报，2000（5）.

理学向人们描绘的世界图景是，世界就是一架大机器，只要人们确定了某一时刻世界上各个物体的运动变量，那么便可以预测随后任意时刻和地点的物质的物理状态。甚至人也被当作一部机器。这种机械决定论的思想告诉我们，世界的未来是由过去决定的，世界的发展可以用力学公式精确地预测（当然物理量的采集和计算过程是极为复杂的），其实不过是一种"高级"宿命论的逻辑。依此逻辑，世界发展的轨迹已经确定并且是不可改变的，甚至人的种种行为都是由"前世"确定的，人的主体性、主动性、创造性荡然无存。同时，机械决定论也隐含着对物质力量的极度夸大。随着量子力学、非线性力学、混沌理论等自然科学的发展，这种决定论的思想已经在自然科学内部被颠覆，世界发展的既定轨迹是不存在的，尤其是由具有主体性、主动性、创造性的人所构成的人类社会更主要是一个自组织系统。正因如此，人作为人的价值在其中才会得到充分的体现。但这种机械决定论的思想似乎在社会科学、社会生活中，甚至在科学课程中还大有市场。科学可以教人以陈旧的科学观，也会授人以积极、进步的科学观。然而在现有的科学课程中显然对此还没有足够重视。

科学文化中所包含的平等、自由、求真等科学的精神气质，对于培养学生真正具有社会责任感、批判精神、公民意识、民主观念、献身精神等等品质更是不可多得的课程资源。

（三）道德规范层面

科学并不像有些人认为的那样与物质工具同样具有价值中立性，它负载着价值，是事实与价值的统一体。有学者指出，"科学作为一种社会性的认知活动，如同道德活动一样，也包含着两种因素：善的因素和恶的因素"①。既然科学中包含着善和恶两种因素，那么这两种因素就会随着科学文化的获取而浸入学生的心灵，但教育、教学是使学生为善的活动，所以，科学课程要尽量抑其恶，扬其善，发挥道德教育的功能，实现学校的道德教育任务。"爱科学"本身就是我国基础教育的德育重要目标之一，此外科学课程还有利于学生对辩证唯物主义、历史唯

---

①　周川. 科学的教育价值. 南京：江苏教育出版社，1998：113.

物主义观点的了解，也有助于学生明辨是非和自我管理能力的形成。

　　科学文化的多个方面都蕴含着道德教育的资源。首先，在科学活动的主体——科学家的学习、生活和研究中就蕴含着丰富的道德教育价值。历史上多数科学家都具有学习勤奋、生活俭朴、能够为科学事业献身的高尚品德，而且对人类未来的发展走向，对人类社会的正义、和平、民主也极为关心，甚至不遗余力地为之奔走。比如，二战期间匈牙利物理学家希拉德建议罗斯福赶在德国法西斯之前造出原子弹，希望原子弹能够给世界带来和平，但在二战即将结束的时候，他认识到原子弹的极大破坏性，于是他又建议罗斯福总统不要使用原子武器。同样，爱因斯坦、居里夫人等著名科学家不但关心科学的发展，更关心人类的幸福，也许这就是爱因斯坦所讲的"人类终极关怀"。随着科学技术力量的急剧增强，科学技术的负面效应越来越大，科学共同体的道德判断能力不仅决定着自身的行为也关乎社会的决策。从这个角度来看，科学家的良心也是社会的良心，公民社会良心的形成即是道德的养成。

　　其次，科学活动的过程蕴含着道德教育的营养。科学史的学习，科学发现过程的了解，不但可以让学生认识科学产生的背景、科学运行的特点、科学发现的动力，而且可以使他们知道，科学发展、发现是一个极其复杂、曲折、艰辛的过程，没有坚强的意志、自我牺牲的精神、勇于探索的品质不可能进行科学研究。同时，科学的发展是不断批判旧理论，形成新认识的过程，在科学中不存在"亘古不变"、"四海皆准"的理论，合理的怀疑、批判的意识、求真的精神、平等的观念才是科学不变的精髓。对科学活动过程的了解必然对学生道德水平的提高有所助益。

　　再次，"知"是"行"的前提，"知识即美德"（苏格拉底语）。具备相应的科学知识是在"科技"社会中顺利进行道德判断的前提。同时，各种科学知识的积累也有助于人们提高判断的能力。不具备起码的生物学、遗传学知识的人难以作出"克隆人"会给社会带来伦理危机的认识，没有基本的生理学知识的人也难以理解死亡界定方面的争论，缺乏必要的生态学、气象学、化学常识的人很难认识到大工业生产与洪水泛滥竟会有内在联系。一个人没有基本的科学知识，就会缺乏有关科学技术道德判断的种种意识和能力。一个民族不具备基本的科学素养，那么它就难辨善恶真假。因而，开发科学文化的道德教育资源、发展科学课程具有历史的紧迫性。

第四，科学方法、科学观念、科学精神对道德教育作用显而易见，不赘述。

(四) 审美层面

科学美的探讨已经有相当长久的历史了，但至今甚至对于科学是否具有美这样的基本观点也未统一①。笔者认为对其应持肯定的态度：科学能够给人带来美的感觉、美的享受。作为科学文化特殊形态的科学课程在培养学生审美意识、审美情感、审美情操和审美能力方面具有特殊的作用。

揭示科学美及其依据是一个艰难的课题，在这里试图用三个比喻加以简要说明，三个比喻分别代表科学美的一个方面。

一是"素描与科学"。面对丰富多彩的世界——高山流水、鸟语花香、日月星辰……人们用各种方式对其描绘，进行理解，其中"素描"、"科学"是两种迥然不同的方式，但两者之间又具有极为相似的方面。首先，素描与科学的对象皆为外物，是与画家或科学家相对独立的客体。其次，素描与科学对对象的描绘同时具有逼真性和近似性，逼真是相对的，近似是绝对的，素描中蕴含着艺术家的情感和价值追求，绘画是一种创造；科学的结果亦然，科学具有真理性是指它与客观事物及规律具有一定的一致性，但科学活动无法彻底、全面、正确地揭示自然的奥秘，科学活动永远只能是"进行时"，科学知识同样具有相对性。再次，素描与科学的表达方式均是间接的，素描通过线条来表达世界，科学主要通过科学符号来解释世界，两者用各自的"媒介"构造出了一个"新世界"。科学家为世界画得"像"与艺术家的素描作品一样能够反映

---

① 不久前在我国哲学界进行了一场有关科学是否具有美的争论，好像至今没有取得共识。详情可参见《哲学研究》近五年刊载的相关文章，如：潘必新《"科学美"质疑》《哲学研究》1997 第 12 期，徐恒醇《科学美的形态特征和范畴界定》《哲学研究》1998 第 3 期，潘必新《科学家谈科学美》《哲学研究》2001 第 11 期。

自然的美丽。科学成果就是一幅美丽的山水画。

二是"外语与科学理论"。有人认为只有能够直接刺激人的感官的事物才能使人产生美感，而科学多是定义、概念、数学公式等抽象、冷酷无情的符号，所以无美可言。其实不然，拿讲故事来说，我们用母语讲述一个优美的爱情故事或一篇精彩的演讲，很容易就能感受到语言的优美，但如果用生疏的外语来表达同样的内容可能就感受不到语言美的存在。倘若外语的熟练程度达到了一定水平，这种语言美的体验会与母语一样。科学其实也是一种语言，一种叙事方式，当我们能够熟练地掌握之后，这种语言以及用这种语言所讲述故事的美就会被我们感受到，而无需将其转换为感官的直接刺激。科学这种"语言"本身就是美的载体。这种载体主要是科学理论，人们认为这一层面的科学美包括简洁美、对称美、和谐美、奇异美等等。

三是"音乐与科学活动"。音乐是由许许多多的单音组成的，单独来听，估计不会听出什么美感来，但将其巧妙地组合起来，"噪音"就变成了"乐音"，这种美体现在过程中、活动中。科学在其探索活动的过程中也散发着美的气息，居里夫人曾经说："科学的探讨和研究，其本身就含有至美，其本身给人的愉快就是报酬，所以我在我的工作中得到了快乐。"①

以上从三个方面揭示了科学美的存在，其实科学的美远不止如此。在感受、体验、欣赏这些科学美的过程中，学生的审美意识、审美情感、审美情操和审美能力就会得到相应的培育和发展，因此，在科学课程中尽量增加科学美的内容有利于美育目标的实现。

三、科学文化与科学课程文化建设

前面已经用大量的篇幅讨论了科学文化的课程价值，但科学文化与

---

① 刘大椿等. 在真与善之间. 北京：中国社会科学出版社，2000：145.

科学课程之间并非是线性的决定关系，即科学文化对科学课程的作用并非单向、直接和必然的。可以说，科学文化与科学课程之间的关系非常复杂，借用图4－5可以简要说明科学文化与科学课程之间的关系，一方面，科学文化与科学课程之间的作用是相互的，两者之间相互影响，相互渗透，互为条件。另一方面，两者之间又保持着相对的独立性。同科学文化一样，科学课程也是文化的一种形态，它有自身的价值、特征、动力、形态和发展规律，科学文化不可能也不应该取代科学课程文化，否则就会使科学课程文化虚无化，科学课程变成科学的"普及本"、"缩写本"，其结果是科学文化的势力过度"扩张"但又无力"统治"——科学文化的课程价值并非科学文化自身可以直接实现；同时，科学文化对科学课程具有直接的约束作用，科学文化决定着科学课程的"能为"，没有科学文化，科学课程将是无源之水、无本之木，科学课程需要不断地在科学文化"母体"中吸取营养才能健康发展。

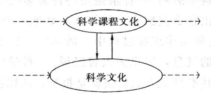

图 4 - 5

（一）科学课程是一种文化

科学课程不是一种静态的文本、教化的工具，也不是科学文化的直接"映射"，它具有鲜明的文化性。科学课程作为教育文化、社会文化、科学文化的"共生物"，与这三者保持着密切联系，但科学课程并不能由三者简单地"叠加"来产生。事实上，科学课程具有自己的发展轨迹、存在特征和价值追求。只有将科学课程理解为一种相对独立的文化，我们才能解释历史上科学课程与教育文化、社会文化、科学文化不能如影随形、亦步亦趋、同步发展的现象，也只有如此，我们才能赋予科学课程主动、积极、创造性地自我发展的使命。与其他文化之间保持必要的张力，是科学课程文化健康、迅速发展的必要条件。

纵观科学课程的发展历史，科学课程从没有掌控过自己的命运，其表现是科学课程丧失自身的主体地位，变幻不定地以各种外在文化的目标为旨归。中世纪科学成为神学的婢女，很多科学研究的目标乃是为了解释上帝的伟大。在那时流行的"师徒制"的科学教育中，"科学课程"的目的无非是教化人们对上帝的虔诚以及对上帝无比"神力"的敬畏。但那时甘冒天下之大不韪者毕竟有之，例如，达·芬奇竟不顾罗马教会的反对解剖了约 30 具尸体，绘制了许多人体解剖图①。可以想象，达芬奇带徒弟或以解剖图示人的时候，他绝不会告诉人："上帝在用泥造人的时候造的是如此精致。"探求世界真相这一科学目标也常会成为科学教育、科学课程的目标。随着科学文化霸权地位的奠定，科学的实用性被人们认识到，于是为未来的成人生活作准备成为科学课程的追求目的。此外，为社会培养建设者、为社会培养接班人不断进入人们的视野，至今成为主流的科学课程的价值取向。在忘记自我的时候，科学课程常常听命于人。但科学课程文化确实应该复归自我，其依据与可能性主要有以下几点：

科学课程并不能由科学文化单向决定，科学课程是对科学文化的选择与创造的结果。科学文化是以科学知识、科学方法为核心动态发展的探索活动，以及由其产生的科学观念、科学精神与社会、技术、人文等文化现象相互纠缠在一起的文化形态，显然，育人、成人不是其主要目标，但它却蕴含着育人、成人潜在的价值。为实现这一价值，必须对其进行有目的的选择，并再创造。从科学文化到科学课程的过程是其负载育人功能的过程，也是对科学文化进行"深加工"的过程。在这一过程中，科学课程的发展具有自身的目标和能动性。

科学课程有自身的发展逻辑，新课程的产生是对旧课程的批判、扬弃和发展。科学课程是一个发展的历史过程，是对已有的科学课程优点的继承、不足的修正，是对美好未来的预言和践行。回顾科学课程的历史，可以发现，科学课程是在不断对已有的科学课程进行批判、修正的过程中发展的。比如，科学课程的"合法化"阶段，科学知识的功利价值被无限推崇，科学方法、科学活动的价值不被重视，这一不足在科学

---

① 吴国盛. 科学的历程. 长沙：湖南科学技术出版社，1997：293.

课程的"活动化"阶段得到弥补，但留下的遗憾是科学知识的研究还较为肤浅，科学课程的"结构化"阶段在这一方面又做了大量工作进行改进，等等。可见，科学课程具有自我完善的特征。

科学课程与社会文化之间往往被认为隔着一个中间层面——教育文化。那么教育文化与社会文化之间应该是什么关系？社会文化是社会现存的文化，是主流文化。教育文化与其具有互动性，但教育文化并非必然受制于社会文化，因为迄今教育文化的存在使命是明确的，即"成人"。成人可"成"现在社会需要的人，这表示教育文化对社会文化的屈从；成人也可以"成"教育文化中理想的人，这体现着教育文化对社会文化的反叛与超越。科学课程文化也是如此，它可以为现代社会培养建设者，也可以为未来社会培养缔造者，可以只传授已有的知识并消灭其批判、反思的勇气和品质，也可以培养他的反思、怀疑、批判、创新的意识和能力。科学课程可以驯服于社会文化，也可能超越现有的主流文化。当然超越是艰难和冒险的，但也是可能的。

综上所述，科学课程"是一种具有自律自主及自为性文化品质的建构性文化"[①]。

（二）科学课程文化的形态

科学课程的形态可以有很多的理解，如：分科课程、学科课程、活动课程、综合课程等，也可以理解为理想的科学课程、形式的科学课程、操作的科学课程、经验的科学课程、获得的科学课程等，还可以理解为显性的科学课程与潜在的科学课程。这里只想对显在的科学课程与潜在的科学课程略说几句，原因是国外对这些内容非常重视，而我国又比较薄弱，其他一些内容在后面还会涉及。潜科学课程是与形式化、合法化的科学课程相对应的，是没有被形式化、合法化的科学课程形态。

潜在课程的研究已经有十年以上的历史了，但这股热潮似乎已经刮过，如今它们留下的痕迹只能在"过刊室"中找到，对科学课程潜课程形态的探讨更是不多见。其实潜科学课程的作用非常重要，像科学的缄默知识、科学课程的社会理解、科学精神、科学的价值观、科学的本质

---

① 姜德刚，郝德永. 当代课程的文化建构使命. 高等教育研究，2001（6）.

观等往往属于"非形式化"的科学课程。如果将形式化的科学课程等同于科学课程，那么非形式化的课程资源就会被浪费掉。据调查，现在教科书被视为学习和教学的主要依据，因为这是考试范围的反映。

"合法化"与"形式化"略有不同，"形式化"的都是"合法"的，但"合法"的未必都"形式化"了，而"非合法化"的却必然不可能被"形式化"，但这不意味着"非合法化"的科学课程没有课程价值。其实"非合法化"的科学课程具有明显的教育价值，比如在苏联"李森科生物学"盛行的时候，西方的遗传学被视为非科学的，但这样规定的"非合法化"并不能抹煞遗传学的科学价值和教育价值，"德意志物理学"也是如此。这样的问题并非只是在极端的社会时期存在，很多科学文化的特性因为不符合某种意识形态的要求常常被"遮蔽"起来，使其悄悄地被"非合法化"，比如对科学负面效应在国家亟须发展生产力的时候可能被淡化，在一个集权社会，科学与民主、科学与人文之间的密切联系可能被"遗忘"，在一个阶级对立的国家可能科学的"意识形态"特征会被抹杀，等等。但这些对于培养一个具有自觉意识、批判精神、创新观念、自由思想……的社会公民来说，无疑是从另一个角度浪费了科学文化的课程资源。可能对那些"非合法化"的科学课程的显性化就需要科学课程的超越精神的存在。

（三）科学课程文化的特征

已经对科学课程文化的一些特征进行了论述，这里再作一个小结。

1. 教育性。科学课程具有直接的教育性，这是科学课程的根本属性。科学课程存在的价值就在于它有育人的功能，能够从智力、能力、技能、观念、精神、道德规范等层面上促进人的发展。

2. 开放性。科学课程不是一个封闭的系统，它具有开放性的特征。科学课程要不断地从科学文化中吸取新的营养，从时代精神中获得新的发展目标，从社会文化中获得新的规范，从教育文化中获得新的意义……同时，科学课程还会以不同的形式对各种文化施加影响。

3. 动态性。科学课程不是静态的、僵化的存在，科学课程存在于不断的发展中。同时，课程本身主要是一种以课程的主要目标为导向，在教师与学生交往中不断生成的过程性活动。课程活动的进行是教师与学生不断确立目标、修正目标，不断评估、反馈、调整、控制行为的过程。

4. 局限性。科学课程要受到多个方面的制约，比如，科学文化的发展水平，学生的身心发展状况，社会主流观念的影响，教育目标的控制等，都制约着科学课程作为"下位"文化的发展方向和内容，这也决定了科学课程文化发挥积极性、主动性、创造性的艰巨性。

5. 超越性。虽然科学课程文化的发展从来没有真正地超越各种制约文化，但并不表示科学文化始终要寄人篱下，始终要唯社会文化的马首是瞻。从科学课程文化的本性来看，它具有一定的超越特性，这种特性的表现程度如何，一方面要看制约文化的强度，另一方面要看科学文化主体的能动性。

6. 自组织性。科学课程文化的开放性、各种文化以及内部作用的非线性、远离平衡态和涨落出现的可能性，决定了科学课程是一个具有自组织特性的系统，其运行与发展将具有鲜明的自组织特点。科学课程一定程度上可以进行自我复制，自我激发，自我定向，自我反馈，自我调节，最终实现自我超越。这也说明科学课程作为一种文化形态具有一定的主体性和能动性。

第五章 科学课程反思与展望：科学观维度

科学课程发展是文化演进的过程。制约科学课程发展的因素很多，但科学观是其中最重要的因素之一。科学观对科学课程发展的制约体现在两个方面：一是科学观作为对科学的本质认识将直接影响人们对科学文化课程价值的理解，从而影响科学课程的定位，进而影响科学课程的目标、内容、形态和学习方式等的确定；二是科学观的培养本身就是科学课程的一个重要内容。基于此，我们可以认为科学观是变革现有科学课程，展望和建设理想科学课程的"阿基米德"点。然而，以往我们对科学课程所隐含的科学观及科学观的教育都没有给予必要的重视，这是造成科学课程不能适应时代要求的一个重要原因。所以，梳理科学观与科学课程的发展历史，认识两者的内在联系，分析其作用机制，并据此对科学课程的发展提出设想，具有明显的理论价值与实践意义。

一、科学观的内容及其对科学课程的影响

科学观的内容至今尚无比较严格的界定，但主要指人们对科学根本、概括的认识是比较明确的。为了便于说明问题，本研究将科学观分为两个层次：一是指把科学整体作为对象，即对科学的"全景印象"；二是对科学内部组成部分的根本认识。

（一）科学观的第一个层面

人们对作为一个整体、系统的科学的认识并非简单、笼统、单一的，而是具有多角度、多层面的特点。因此，本研究将科学观的第一个层次又细化为科学本质观、科学发展观、科学价值观、科学习得观等四个方面。特别说明的是，这四个方面未必已经穷尽了人们对科学进行透视的角度。同时，这四个角度也未必在同一个层面上，暂列此四点的原因首先是笔者的视野有限，难以从更高、更宽的视域中对其进行概括和分析；再则也是本研究的目的所致，笔者认为从这四个方面对科学观进行分析会给科学课程发展以比较全面的启示。

1. 科学本质观。科学本质观是人们对"科学是什么"问题的"本质"回答。遗憾的是，在这个问题上，至今也没有令人满意的答案。不过，人们的种种尝试倒是丰富了我们对科学的认识，也为我们探求科学的本质作了知识上的准备。历史上，具有非凡、持久影响的基础主义认为，"科学是唯一的知识、永恒的真理"，"是客观实在的正确表象"和人类"文化中最有价值的部分"[①]；逻辑经验主义者认为科学就是自然科学知识体系，自然科学知识具有"严格的客观性、逻辑操作性、经验可证实性"[②]，是一切知识的典范，"这是立足于培根以来的归纳法基础之上的一种科学观"；波普尔对此不以为然，他认为证实并不能保证科学知识一劳永逸地成为真理，"科学认识不可能达到真理，只能向真理不断地逼近，真理是可望不可即的"[③]，科学只能是人们为解决问题而提出的假设；也有人强调科学是人类探索自然界的方法；还有学者提出科学是人类探索自然的认识活动，科学方法是活动的手段，科学知识是其成果，所以"科学是一种研究科学的过程和研究成果的混合物"[④]；小李凯尔特认为科学是一种文化过程，斯诺提出科学文化是人类最重要的两种文化之一，等等。对科学是什么问题的回答几乎有无穷多个答

① 江天骥. 科学主义与人文主义的关系问题. 哲学研究，1996（11）.
② 陈海明. 对逻辑实证主义科学观及其原则的分析. 兰州大学学报（社科版），2001（5）.
③ 葛恒云. 论假说在科学发展中的作用. 江西社会科学，1997（7）.
④ 欧阳钟仁. 科学教育概论. 台北：五南图书出版公司，1988：3.

案，我们很难给出一个大家都能接受的标准答案，科学发展史也昭示这种答案只能是追求的目标。

不过，探求科学本质的艰难并不应该成为科学教育、科学课程对其漠不关心的借口。因为漠视、不关心科学本质观不但不能消除它对科学教育、科学课程的影响，反而会使落后的、过时的、狭隘的科学本质观乘虚而入，渗透到科学课程和教学中，削弱、歪曲科学文化的课程价值，影响科学教育的质量。这种情况在我国比较明显。目前，据我们对中学理科教师和学生的调查，将科学视为真理、知识体系或高深的理论是科学本质观的主流，然而这种科学本质观早已被公认为是一种过时的科学观。将科学视为真理无疑会影响学生的批判精神、怀疑精神、提出问题的意识和能力的形成，进而影响其主体意识和创造能力的培养。

2. 科学发展观。科学发展观是指对科学发展主体、动力、过程、机制、结果等方面的总体认识。其实，科学发展观与科学本质观是密切联系的，两者之间相互依存，互为表里。对科学发展的认识是一个不断探索、深入的过程。归纳主义的科学发展观认为科学知识即是真理，"科学知识的增长乃是指观察的积累，或是指通过归纳所得并经由观察证实的真命题及其集合的积累"[①]，由此，科学的发展是一种发端于观察和经验止于科学知识（真理）永远向前的线性过程。"这种线性累积观合乎直观，也是上个世纪 80 年代初中国大众对科学的普遍期待。"[②]然而，这种归纳主义的科学发展观早就受到了波普尔的质疑和颠覆，他认为证实并不能保证科学知识永久的合法地位，可证伪性才是科学知识的根本属性，据此，波普尔提出了"猜想与反驳"的反归纳主义方法论。根据波普尔的理论，科学发展模式应为"P_1—TT—EE—P_2"，即人们针对问题（P_1）提出尝试性理论（TT）进行解决，尝试性解决方案必须要经受批判性讨论或实验检验（EE），检验出的分歧引发出新的问题（P_2），科学就是在"问题——假说——证伪——新问题"中不断发展的。库恩认为科学的发展是在不断的科学革命中进行的，他的科学

① 王晓林. 证伪之维. 成都：四川人民出版社，1998：62.
② 刘大椿主编. 科学哲学通论. 北京：中国人民大学出版社，1998：41.

发展模式是"前科学——常规科学——危机——科学革命——新的常规科学",在革命中科学共同体的科学范式发生更迭,从而改变科学家"观察整个世界的概念之网",甚至"范式的变更使世界本身也变了"①。近年来,学界对科学发展的影响有了进一步的研究,科学社会建构的动力、过程、特点成为关注的焦点。

科学发展观是科学观的重要方面,直接影响科学教育和科学课程理念。比如,线性累积的科学发展观进一步强化了科学本质的真理观,科学就是客观知识体系,就是真理,那么科学课程就应该大量地罗列系统的科学知识,并且对这些科学知识要不加批判地无条件接受。"猜想与反驳"的科学发展观提醒我们要在科学教育、科学课程中培养学生提出问题、解决问题、批判思维等方面的能力。科学发展的革命观要求科学课程要"及时更新、改革教学内容;教科书应融合知识的逻辑、实证、心理三个层面,建立统一的知识结构;有机吸取科学史和科学哲学的知识等"②。

3. 科学价值观。科学价值观是指人们对科学在满足人的需要方面的基本态度和认识,是人对科学"功用"的基本看法。近代科学诞生之后,在科学的价值问题上人们一直争论不休,并且愈演愈烈。③这反映了科学作为一种复杂存在,其功用也是复杂的和多面的。"近代实验科学之父"培根有一句名言——"知识就是力量",这里的知识指的就是科学知识。培根认为科学知识"是掌握自然奥秘的巨大手段,是通过认识而驾驭自然的巨大力量","是改革社会的力量","是人自我完善的重要手段"④,"自然科学的唯一目标就是更坚决地建立和发展人类优于自然的力量和统治"⑤,对此,培根充满信心。斯宾塞"根据当时社会的

① [西德] W. 斯台格弥勒. 科学哲学中的革命. 自然科学哲学丛刊, 1980 (1).
② 徐学福. 库恩的课程思想. 广西师范大学学报(哲学社会科学版), 1997 (3).
③ 近日在因特网和报刊上爆发了一场由卢风、赵南元、刘华杰、何祚麻、方舟子等教授、学者参与的有关生物技术价值、伦理等问题的激烈讨论,显示了对科学技术价值的不同认识.
④ 杨芳. 论培根关于知识的价值观. 贵州师范大学学报(社会科学版), 1997 (4).
⑤ 孟建伟. 论科学的人文价值. 北京: 中国社会科学出版社, 2000: 59.

需要，提出最有价值的知识就是科学"①，认为科学知识可以为公民的生活作准备。杜威同样强调科学在人类社会中的重要价值，不同的是他更加重视科学方法。逻辑经验主义者更是将科学知识视为一切知识的典范，认为科学知识应该覆盖一切其他知识领域，同时他们认为科学几乎可以解决人们所面临的一切问题。在将科学的工具力量无限夸大方面，归纳主义者、实证主义者、逻辑经验主义者的主张极为相似。另一方面，从近代科学诞生之日起，很多人文主义者就对它的价值和负面作用开始表示怀疑和忧虑。卢梭早在 18 世纪中叶就指出，科学是从"我们的罪恶中诞生的"，"就其效果而言，它们更要危险得多"②，他认为科学不但无助于"敦风化俗"，而且"是道德的最凶恶的敌人"③。法兰克福学派的马尔库塞认为，虽然科学技术给人类带来了一个"富裕社会"，但同时也把人变成了"单向度"的人，使人"丧失了对现存社会否定和批判的原则这一第二向度"④。进入 20 世纪后半叶，科学技术的负面效应日益显现，这已引起了世人的警惕。科学技术是一把双刃剑，它既能给人类带来幸福，也可能在瞬间毁灭人类。人类在发展科学与应用科学技术时必须小心谨慎，走好这根高空钢丝需要非凡的判断能力和控制能力。

　　不同的社会环境会孕育不同的主流科学价值观。社会主流的科学价值观直接影响着科学教育、科学课程政策的制定者，并通过他们来控制科学教育和科学课程的价值取向。由此，科学价值观影响科学教育目的、科学课程目标、科学课程内容的制定和选择。比如，一个亟须经济高速发展的社会常常会强调科学的正面效应、工具价值，所以会将科学知识的获得和使用作为科学课程的主要目标；而追求社会可持续发展，追求公民素质全面提升的社会，会对科学的负面效应给予足够重视，并兼顾科学文化在思想观念和道德层面的课程价值，尽量挖掘科学课程的

---

①　田本娜. 斯宾塞课程论述评. 课程·教材·教法，1983（5）.

②　卢梭. 论科学与艺术. 何兆武译. 北京：商务印书馆，1997：21－22.

③　刘大椿. 在真与善之间. 北京：中国社会科学出版社，2000：152.

④　高亮华. 人文视野中的技术. 北京：中国社会科学出版社，1996：66.

育人功能。同时，科学价值观也是科学课程的重要内容，科学课程有义务使学生明白科学的利害善恶，这是将来学生能够正确、全面认识科学的需要，更是学生成为一名合格社会公民参与社会决策的需要。在更多时候，科学观的传递是以潜课程的形式进行的。据我们调查，在科学是否具有负面效应的问题上，多数学生认为科学不具有负面效应或是不能确定，而多数教师认为目前的科学课程不含有这方面的内容。

4. 科学习得观。科学习得观是指人们对科学文化能否习得以及如何才能有效获得的基本看法。与科学观的其他三方面相比，科学习得观更容易受到教育工作者的关注，它往往是科学观在教育领域中的集中体现。科学习得观的形成涉及人们对科学本质、科学形态、科学价值的理解和学习心理的认识。一定意义上讲，科学本质观、形态观可以告诉人们科学中什么可以学，科学价值观能够指出科学为什么值得学，学习心理则说明科学应该如何学。但"可以学"、"值得学"与"如何学"三者之间存在着密切的联系。从不同的科学本质观、形态观出发，人们能够获得不同的科学认识，从而制约科学学习观。比如逻辑实证主义者认为科学即是真理，是静态的知识体系，显然真理是值得学习的，并且这种学习会使人一劳永逸，所以对于这种科学只需记忆便可以了。当然，特定的科学价值观、学习观会在科学学习内容的选择过程中起到过滤作用，只有通过了这两层过滤的科学内容才可能进入科学课程。比如，"以太说"虽然是学生能够接受的，但它不符合目前的科学价值观；而"广义相对论"虽然符合科学价值观，但又难以被学生接受，所以二者都不能成为中学科学课程内容。

历史上，在科学课程的"合法化"时期，科学知识几乎被视为科学的同义词，科学知识的价值被绝对化，于是科学学习要学习百科全书，要死记硬背。杜威认为，科学包含科学知识和科学方法两个主要部分，并且他认为科学"知识决不是固定的、永恒不变的……，它始终有待于再观察、再检验、再证实"[①]，因此，对这种动态的、过程性的科学，

---

① [美]琼·福克斯. 约翰·杜威：布鲁纳与杜威的学说比较. 施良方译. 教育研究，1981 (1).

他积极地倡导用活动的方式——主动作业的学习方式来学习。上个世纪中叶结构主义思潮兴起，人们认为科学就是由科学概念所构成的严密的、静态的知识结构，科学方法只是获得这个结构的手段。受此思潮影响，一时间结构学习理论盛行，其代表人物布鲁纳积极提倡"发现法"，主张学生进行探究式学习，但发现目标仅仅是为了获得知识结构。布鲁纳狭隘的科学理解几乎没有超越逻辑实证主义、功利主义的科学本质观和科学价值观，与杜威相比较也是明显的落后。这也是结构主义科学课程改革失败的主要原因之一。证伪主义、历史主义打破了科学的客观性、静态性、累积性、价值中立性等方面的神话，加之后现代主义的推波助澜，科学的情境性、过程性、动态性、相对性、主观性等特征被发现，人们认识到科学是一种以社会和个人为主体的建构过程。同时，受这种科学观的影响，建构主义学习理论得到发展，并成为目前在世界范围内非常看好的一种科学学习方式。

（二）科学观的第二个层面

科学作为一种文化系统具有复杂的内部结构，其核心是科学知识与科学方法，但科学知识与科学方法处在不断的更新和演进之中，表现出科学的历史活动特性。由此，对科学知识、科学方法和科学活动的认识也是科学观的重要部分。人们的科学知识观、科学方法观和科学活动观对科学教育和科学课程的定位、开发、设计、评价具有直接影响。

1. 科学知识观。科学知识观是指人们对科学知识的形态、功用等方面的根本看法。在前面的研究中已经对科学知识观作过零散的分析。从形态上来看，有几种具有代表性的科学知识观：（1）认为科学知识是具有完整体系、逻辑严密的知识体系，科学知识是对科学世界的真实反映；（2）认为科学知识是一个动态的发展过程，是人与自然进行"对话"的结果，它具有个别性、主观性、发展性的特点；（3）认为科学知识是人类或个人凭借已有经验来说明、解释、预言自然界的假说，这种科学知识观强调科学知识发展的建构性特征；（4）科学知识"并非是合理认识的必然结果，而是一种偶然的知识"，"科学理论就是人类创造出的一种隐喻"①，科学知识的发展就是"隐喻的扩展和变迁"②。从科学知识的功用、价值角度来看，科学知识观可以包括：（1）认为科学知识具有无限的价值，可以解决人类的一切问题，"知识就是力量"；（2）认为科学知识与价值无涉，它只是对客观世界认识的结果，与意识形态无关；（3）认为科学知识蕴含着价值观念和意识形态的成分；（4）科学知识功用有限，世界上很多问题科学知识没有也无法涉及，等等。

从对科学知识观的简要介绍中可以看出，人们对科学知识的根本认识存在诸多分歧。作为以科学为主要文化资源的科学教育和科学课程，会自觉不自觉地受到科学知识观的影响，因而，科学知识观的分析研究对于科学教育者非常重要，更何况目前我们科学教育的实际任务就是科学知识的传授。对科学知识的理解应该是全面、客观的，科学知识只能是人类认识自然的阶段性成果，虽然科学家始终以揭示世界的本性和规律为己任，但这只能是局外人对科学家的极大期望和科学家奋斗的终极目标，科学家能做的只是不断的努力，力求更好，其成果不过是科学发展长河中的一朵浪花。理想与现实的差距永远存在，但将理想等同于现实恰恰是以往我们思维方式上的误区。

2. 科学方法观。对科学方法的认识也有许多分歧，比如有人认为科学方法是获得科学知识的工具，只要掌握了科学方法就等于掌握了开发科学宝藏的武器；有人认为科学方法可以改变人们的行为方式，因此可以迁移到生活的各个领域；有人认为获得了一种科学方法就等于获得了一种思维方式；有人认为科学方法具有普适性，它可以迁移到社会科学甚至人文学科的研究中，并据此提出了"政治科学"、"历史科学"等概念；也有人认为科学本身没有什么固定的方法可言，试验、臆想、神话等都可能成为其研究的方法，因此认为科学的研究方法就是"怎么都行"（费耶阿本德语），等等。不同的科学方法观对科学进行了不同的定

---

① ［英］巴里·巴恩斯. 科学知识与社会学理论. 鲁旭东译. 北京：东方出版社，2001：译者前言.

② ［英］巴里·巴恩斯. 科学知识与社会学理论. 鲁旭东译. 北京：东方出版社，2001：74.

位，总体来看有两个极端：一个是科学方法万能论，另一个是科学方法无能论。不同的科学方法观都会在这条两点之间的线段上找到自己的位置。至少可以认为极端的科学方法理解是错误的。科学方法万能论认为科学方法无所不能，包治百病，它不但可以解决科学问题，而且可以解决社会科学和人文学科的问题。事实上，对象的本质差异已经导致了研究方法的根本不同，并且复杂性科学已经证明，在巨系统的研究中，以往的科学方法已经显得势单力薄，"凭经验"、"协商"① 已经成为科学研究方法的一种补充，可见科学方法也有"人文化"的趋势。科学方法无能论、虚无论也不可取，虽然科学历史上人们采用的科学方法多种多样，但不能因此就否定科学方法没有价值或科学方法就是"怎么都行"，科学方法所取得的巨大成就即是明证。

目前科学课程中科学方法的内容并不多，而对科学方法的批判性内容几乎等于零。在实际的教学中，科学方法往往被简单化为解题方法，学习解题方法的目的是提高解题技巧应付各种考试。科学史的学习和科学研究案例的分析往往被视为"讲故事"，激发学习兴趣，其中科学方法的内容几乎被略去。据我们调查，很多中学生和教师认为科学史内容教学的目的仅在于提高学生的学习兴趣和拓展知识面。此外，科学方法几乎被"固化"为几个阶段，变成了"八股"式的科学方法。其实，科学研究是理性与非理性共同存在的过程，尤其是在创造性的学习中更缺少不了非智力因素的参与②，科学方法应该被创造性地利用。同时，科学课程实践还存在着将科学方法与科学知识、科学活动相分离的倾向，认为科学方法是可以脱离科学知识、科学活动独立存在的，希望通过讲授的方式把科学方法传授给学生。然而，"皮之不存，毛将焉附"，这样授人以"渔"无异于"画饼充饥"。

3. 科学活动观。科学是人类探索自然的活动。对科学活动的根本认识、态度、看法就是科学活动观。科学活动的主体主要是科学共同体

---

① 成思危主编. 复杂性科学探索. 北京：民主与建设出版社，1999.

② 于海波等. 学生创造力的非智力因素分析及其在物理教学中的培养. 现代中小学教育，1999（12）.

和科学家，但并不止于此，吴国盛教授在其著作《科学的历程》中便揭示了科学发展的另一种传统——工匠传统。由于对科学的无尚敬仰，我们往往将科学的研究者也神化了，认为只有科学家才能进行科学研究。其实不然，比如：爱因斯坦在做出巨大科学发现的时候还只是专利局的一名职员；康德作为哲学家提出了详细的"星云假说"。科学家从事科学活动的动机也各不相同，爱因斯坦将其概括为三个层次：一是满足个人的求知欲，二是满足个人功利的需要，三是出于对人类的终极关怀，为人类谋取幸福。可见，科学家也并非不食人间烟火的圣人。人为地拉开科学家和普通人之间的距离，只能使学生对科学家增加陌生感，对科学增加敬畏感，这显然无助于培养学生的求知欲和探索精神。当然，科学研究的道路布满荆棘，真正要取得科学成就必然要克服千辛万苦，付出非凡的努力。

科学文化作为一种教育资源，不仅包括科学知识和科学方法，而且包括科学的过程和活动。但是，使学生获得、掌握科学文化，增加学生科学素养，单凭说教、记忆、理解、操作是难以奏效的，比如在科学教学中培养学生的科学观念、科学精神和人文精神，就需要了解科学史，参与科学活动（当然是简化了的科学活动），了解科学的价值，在这一过程中进行"移情"、"体验"、"反思"。科学文化很多课程价值的实现需要关注科学的活动性、过程性、情境性，否则会事倍功半。

二、科学观的后现代转向与科学课程发展

随着科学"元勘学科"的发展，人们对科学的认识也在逐渐发生变化，后现代科学思潮是其中一股重要的力量。但我们以往的研究"多侧重从其否定、摧毁之层面着手，而对其建设性的内涵则重视不够"[①]。其实，对后现代科学观应该以一种辩证的态度对待，既要关注它在突破

[①] 赵树峰. 论后现代主义科学观的合理性及现实意义. 武汉大学学报（人文社会科学版），2000（4）.

科学主义者的静态、绝对、僵化、霸权的思维框架方面的贡献，也要看到后现代科学观在很多方面走向极端，犯了"过犹不及"的错误。对于科学教育、科学课程而言，目前我们对后现代的东西不是了解得太多了，而是相反。认真地分析后现代科学观的源流与内涵，我们会发现，这种思潮绝非空穴来风和恣意编造，它多是对现代科学的负面效应和狭隘认识的批判与反思，这对我们全面理解科学文化，反思当前科学课程中"科学观"的"合理性"与"合法性"具有积极的意义。

（一）后现代科学观的基本内容

根据批判的视角和激烈的程度差异大致可以将后现代科学观分为两类，即激进的后现代科学观和建设性的后现代科学观。前者以波普尔、库恩、费耶阿本德、罗蒂和利奥塔等人为代表，其主张的共同点是对科学理性和科学真理属性的否定。按照波普尔的观点，科学始终是一种大胆的猜想和假设，而不是关于世界的真理体系，"他彻底抛弃为科学主义所推崇的确实性理想，主张科学的任何层次上都没有经验的确实性"[①]，提出科学发展的证伪原则。库恩认为科学理论不过是科学共同体协商的结果，范式之间具有不可通约性，由此，库恩将情境性、相对性、不确定性、主观性色彩引进科学领域。比较而言，费耶阿本德的革命更为彻底，他认为"科学家在进行科学活动时，并非总是遵循理性的原则"[②]，科学研究的方法也是多种多样，并不存在一种永恒的、"广谱"的科学方法，他提出一个振聋发聩的口号——"怎么都行"。当然，费耶阿本德的本意在于强调"根据科学的实践来选择最适合的方法，其中包括用非科学的方法来充实自己，以免让某种预设的成规变成了僵死的教条"[③]。以大卫·格里芬为代表的建设性后现代主义学派"更多关注的是人与世界、人与自然的关系问题，而且很大程度上是从科学的层面出发讨论问题的"[④]。"建设性的后现代主义者反对现代哲学中的二元对立

---

① 赵树峰. 论后现代主义科学观的合理性及现实意义. 武汉大学学报（人文社会科学版），2000（4）.

② 殷正坤. 科学哲学中的理性主义和非理性主义. 哲学研究，1987（10）.

③ 殷正坤. 科学哲学中的理性主义和非理性主义. 哲学研究，1987（10）.

④ ［美］大卫·格里芬. 后现代科学. 马季方译. 北京：中央编译出版社，1998：2.

和还原论"①，因为二元对立和还原论思想所导引出的世界观必然是机械论的世界观，他们信奉由怀特海的后现代有机论和整体论结合而生的整体有机论。同时，"建设性后现代主义反对现代世界观的人类中心主义"，"强调人与自然的同一，并预言以人性与自然的'同一性'为旨归的后现代世界观将帮助人们走向'完美的人性'"②。可见，建设性的后现代主义力主消解现代科学观中的事实与价值、真理与道德、目的与手段等二元对立的局面，同时充满了人文关怀和对人类未来的忧虑，对科学观的变革具有深远的影响。

由于基本观念的差异，后现代主义对科学的认识也有所不同。但总的来看，也存在着很多相似之处，至少可以概括如下几点：

1. 贬斥科学理性。后现代主义者认识到，科学研究不仅需要实证、数学和逻辑等理性方法，还需要非理性的研究方法，尤其是在创造性的活动中非理性方法更为重要。费耶阿本德甚至提出"怎么都行"的方法论原则，当然，"怎么都行"的目的在于强调用多种方法来完善、丰富科学方法体系，他说："如果我们要支配我们的物质环境，那么我们一定要使用一切思想、一切方法，而不仅仅使用其中的一部分。"③

2. 反基础主义、本质主义。后现代主义对笛卡尔以来的基础主义持否定态度，认为"事物并没有固定的本质，人们的认识绝不能找到一个固定的阿基米德点"④，即无法为科学认识找到一个可以衡量其合理性、确定性的标准。后现代主义强调对事物认识的多元主义，认为不同理论是从不同角度对事物的透视，但他们之间是"平权"的，就像波尔的互补原理所揭示的那样，不同的理论自有其价值所在。由于承认多视角、多层面透视世界的合理性、平权性，后现代主义者自然地否定事物唯一本质的存在，转而寻求全面的诠释、说明和理解。

3. 否定真理的存在。对待真理的问题后现代主义者的意见并不统一，但对其存在持否定态度是主流。自从近代科学得到迅猛发展以来，科学就总是被人们视为"正确"、"合理"、"客观"、"真理"的同义词，

① ［美］大卫·格里芬. 后现代科学. 马季方译. 北京：中央编译出版社，1998：5.

② ［美］大卫·格里芬. 后现代科学. 马季方译. 北京：中央编译出版社，1998：9.

③ 刘辉. 后现代主义对科学中心地位的颠覆. 科学技术与辩证法，1998（4）.

④ 洪晓楠. 后现代主义科学哲学及其启示. 理论月刊，1999（1、2）.

人们逐渐在真理与科学之间画上了等号。其实，科学绝非真理。这几乎是从波普尔、库恩到费耶阿本德、范弗森、罗蒂等的一致看法。

4. 关心科学与人文的融合。由于后现代主义认为科学与艺术、宗教、美学之间并不存在本质的差异以及后现代主义对科学的霸权地位和负面效应所持的批判态度，后现代主义者主张科学与人文走向融合。后现代主义"把科学看做是人类的历史活动，强调科学与其他文化的联系，特别是与人文文化的联系，强调人的价值取向在科学活动中的作用"①。

其实后现代科学观的内涵是极为复杂的，比如：后现代科学强调"心与物的融合，社会秩序与自然法则的统一性；强调有机的自觉的因果关系"②。可以简单地用表格的形式对现代与后现代主义之间的区别加以概括③：

现代	后现代
机械	有机
控制自然	尊重自然
疏离于自然	重新融进自然
惰性物质	自性物质
决定论	非决定论
可逆时间	非可逆时间
不可改变的秩序	混沌
还原主义	复杂性
确定性	可能性
不可调节的客观性	诠释学
绝对的时间和空间	相对论的时空连续系统
独白的视角	多重的视角（互补性）
价值中立	价值责任

---

① 肖峰. 论科学与人文的当代融通. 南京：江苏人民出版社，2001：43.

② 蔡仲. 后现代科学与中国传统科学思想. 科学技术与辩证法，1999（3）.

③ ［美］斯蒂芬·贝斯特，道格拉斯·斯科纳. 后现代转向. 陈刚等译. 南京：南京大学出版社，2002：298.

（二）后现代科学观对科学课程改革的启示

其实，后现代科学观并非空穴来风，后现代科学观兴起的主要动力之一就是来自科学的内部。也就是说，否定人们对科学现代理解的恰恰是科学本身。比如，热力学第二定律、进化论、相对论、控制论、信息论、非线性力学、混沌理论、复杂性科学、耗散结构论、协同学、生态学、格德尔不完全定理等，都在不同程度上揭示了科学主义科学观的狭隘性和后现代科学观合理的一面。就像近现代科学给科学课程带来了巨大冲击一样，科学的后现代理解也会给科学课程带来深刻的变革。为了揭示这种革命的可能性和可行性，在此简单列举几点后现代科学观对科学课程革新的启示。

1. 科学课程中科学知识的定位。过去，在我们的科学课程中多将科学知识视为静态的知识体系，视为真理。据我们的调查，目前中学理科教师和学生主要还持这种观点。无论是从证伪主义、历史主义的角度来看，还是从后现代主义的立场来考察，科学知识都绝非真理。有必要还科学以本来面目，科学不过是人类与自然交往、交流、对话的方式之一。因此，科学课程中应该相应增加使学生了解科学知识相对性的内容。

2. 科学课程中科学方法的定位。科学方法一直被认为是实验、数学等理性方法。其实，在科学史上有无数个案可以证明非理性因素在科学活动中的重要作用。同时，科学方法也需要不断地丰富和发展，很多在以往被排斥于科学方法之外的方法将来可能进入科学研究。再则，科学方法也绝非万能，科学方法有其适用范围，随意地扩大科学方法的适用范围不仅无助于解决问题，甚至会得出错误的结论。科学课程应该消除学生对科学方法的迷信，这有利于学生更深刻地了解科学，树立合理的科学观。

3. 科学课程目标的定位。科学知识、科学方法的重新定位并没有降低科学文化的教育价值，相反，增加了科学课程的任务。后现代文化崇尚多元和互补，即对同一事物力争多视角、多层面地分析和理解，而不强调某种理论的解释是唯一科学的。科学的多元理解无疑会丰富科学文化的课程价值。这就要求科学课程不仅要丰富学生的认识，还要培养学生相应的鉴别能力。与此相应，科学课程有必要调整过去狭隘的培养目标，转向培养学生的科学素养。

4. 科学课程形态的定位。后现代主义强调发展的有机整体观，否定了机械决定论的发展观。这在一个侧面启示我们，科学课程也并不是一个机械发展的过程，而是自主的、有机的、发展的、不断生成的过程。多尔强调"这种开放的、互动的、共同的会话是建构后现代课程的关键"①。其实这种不断的生成、发展、活动的课程形态思想早在杜威那里就有所体现，只不过被大家连同"洗澡水"一起泼掉了。

后现代主义科学观对科学课程的启示与要求远不止于此，这里仅举几点以示说明。虽然对后现代主义的评价不一，但它毕竟为我们思考问题提供了新视角，我们至少可以用后现代兼容并蓄的态度来对待后现代主义。

三、科学观对科学课程制约机制分析

从上述分析中，我们已经可以清晰地看到科学观与科学课程之间具有密切的联系。在一定历史条件下，主流科学观对科学课程具有制约作用。但这种制约并非是线性、机械和必然的，科学课程的规划、开放、设计、实施、评价具有一定的独立性、自主性、能动性，揭示科学观对科学课程的制约机制，有利于科学课程工作者认识科学观的内涵及其课程价值，便于其在科学课程发展中提高自我意识，做到清醒、正确、合理地选择、利用、渗透相应的科学观。

（一）科学观与学生各种观念的形成

在科学教育中科学观的内容常常是以潜课程的形式存在，具有一定的隐蔽性，往往不容易被师生意识到。但正确科学观的教学对学生形成科学的世界观、自然观、时空观、发展观、人生观具有特殊重要的

---

① ［美］小威廉姆 E. 多尔. 后现代科学观. 王红宇译. 北京：教育科学出版社，2000：11.

意义。

科学是人类了解自然，与自然交流、对话的方式之一。从科学的角度看，世界势必会使学生获得一定的有关世界的态度、观念和看法，所以科学首先会使学生形成一定的世界观。科学可以让学生形成什么样的世界观，一方面取决于科学"能"向我们呈现什么样的世界观，另一方面还取决于我们需要选择什么样的世界观。近代科学发展经过了几百年，不同的历史阶段、不同的科学学科、不同的学派观点都隐含着不同的世界观，因此从"能"呈现的角度来讲，科学可以"有求必应"、"按需分配"，比如牛顿力学，可以作为"世界是物质的，物质运动是有规律"之世界观的依据，也可以因其无法揭示"第一推动力"的来源而成为宗教经文的注释；在"测不准原理"的解释中，爱因斯坦向来认为"上帝不是在掷骰子"，坚持决定论的思想，而海森堡却认为"平常所谓的因果性不复存在"①。可见，在同一问题的不同理解中蕴含着迥然不同的世界观。科学文化视野下世界的多面性、复杂性为科学课程的规划者、实施者提供了多种选择的可能，这要求科学课程的规划、设计、实施者要具有较强的辨别能力。从这一角度来说，科学课程工作者决定了科学课程中的世界观取向，也决定了学生个人世界观的发展方向。以上两个例子足见科学课程在学生形成世界观方面的重要性。

自然观涉及人对自然的理解以及人对人与自然关系的认识。人对自然对象化的理解主要是世界观，前文已经述及。在人与自然关系的理解上，古希腊人"首先把自然作为一个独立的东西加以整体的看待；其次，他们把自然界看成一个有规律的、其规律可以为人们把握的对象；再次，他们创造了一套数学语言力图把握自然界的规律"②，"他们注重的是说明和理解自然，而不是支配和改造自然"③。到了培根时代，人们的自然观开始急剧发生变化，培根首先提出人要征服自然界。此后，西方科学发展一直以追求科学的工具化、技术化为目标，人与自然的关

---

① 邓昭镜主编. 物理学中的辩证法. 重庆：西南师范大学出版社，2001：81.
② 吴国盛. 科学的历程. 长沙：湖南科学技术出版社，1997：104－105.
③ 吴国盛. 科学的历程. 长沙：湖南科学技术出版社，1997：106.

系走向对立和断裂。人类对自然的控制欲望常常是科学技术发展的原动力之一，但随着人类对自然控制力的增强，人们发现自然的反抗在加剧，人们无法摆脱自然的种种报复行动，于是人类作出妥协，寻求与自然和解，并提出了"可持续性发展"的理念。不管怎样，用人与自然和谐相处的理念革新人与自然割裂、对立的理解是一个进步。在这一方面，我国古代就有"天人合一"的思想。传统儒学自然观强调，人与天是相通的、天人关系是和谐的，并在宋代正式提出"天人合一论"。对自然进行理解，科学只是途径之一，并且仅仅通过科学来认识自然往往会走入人、物两分的陷阱，所以，理解自然、树立正确的自然观不能脱离科学技术的人文理解和反思，否则人类只能妄自尊大，并将自己击败。遗憾的是，我们的科学教育、科学课程中还不同程度地散发着科学主义自然观的气息，科学技术仍被视为改造自然的工具，这种南辕北辙的策略只能使我们与目标渐行渐远。

在科学理论中隐含着的对时空及其关系的理解，会使人们形成不同的时空观念。迄今为止，有两种具有代表性的时空解释，一种是以牛顿力学为代表的绝对时空观，另一种是以爱因斯坦相对论为代表的相对时空观。相比之下，绝对时空观更符合我们的生活经验和我们对周围世界的感性认识，所以也较容易被人们接受。这种时空观认为，空间与物质的分布和运动没有关系；时间均匀流逝，与物质无关；空间、时间脱离物质而独立存在，总是一成不变的。与其相对，爱因斯坦揭露了同时性的相对性，根据相对性原理和光速不变原理这两个基本假设，建立了狭义相对论的时空观，明确指出时间和空间都与物质的运动有关，时间和空间是相互联系的，应统一为四维时空。爱因斯坦又进一步在广义相对论中揭露了时空与物质是相互作用的，物质的分布及其运动周围的时空发生弯曲，而弯曲的时空又反过来影响物质的运动。相对时空观对绝对时空观是一个补充和突破，它揭示物质、时间、空间和运动之间存在着普遍的联系。在中学科学课程中主要涉及的还是绝对时空观的内容，但适当介绍相对时空观还是很有必要的，这并不在于让学生掌握新的理论形成科学的时空概念，而在于通过两种时空观的比较，培养学生不迷信观察、经验，不盲从权威，不唯书唯上的、合理的怀疑精神、批判精神和创新的意识。

科学是对自然界的说明、解释和预测，其中一个重要的任务就是描绘世界在时序上的变化规律。虽然发展观的形成并不单纯依赖科学的指导，但无疑，科学所描绘的发展图景是最容易为人们所接受的。为了让学生能够获得对世界及其发展的全面理解，也为了使学生对科学本身有一个辩证、批判的认识，有必要让他们了解科学中所蕴含的发展理念。在科学思想史上有多种发展观，择其三者以示说明，一是机械决定论的发展观，二是热力学第二定律的发展观，三是自组织理论的发展观。机械决定论的发展观可以说是影响力最大的发展观，它至今仍具有广阔的市场。机械决定论发展观的直接理论依据是牛顿物理学，在对牛顿物理学实践方面，拉普拉斯几乎发挥到了极致，他将宇宙视为一个大机器，并断言"事件的现在状态可以完全地以精确度去掌握；所有将来的事件都将与现在事件同一；因此，所有将来的事件都能够被准确地预测"①。由此看来，物理规律就是世界发展的全部规律，世界的未来是由其初始条件即目前状况决定的，即便是人的旦夕祸福也不例外。"这就是历史所说的'拉普拉斯决定论'，或称为'宇宙宿命论'。"② 但这出现了一个难题，即系统的初始条件具有无限性，是难以穷尽的，"考虑到第 N 个因素，而无限多因素总会给我们推出第（N＋1）个因素，来干扰和破坏有限个因素 N 所建立的牛顿方程"③。首次对机械决定论发起猛烈冲击的是热力学发展观。热力学认为，世界运动、变化并非是可逆的、守恒的、永恒的，因为宇宙是沿着熵增的方向发展，从有序走向无序，最终达到"热寂"状态。这种认为宇宙最终结局将是彻底混乱的观点给人们带来了极度的悲观情绪。但随后混沌理论、非线性理论、"老三论"、"新三论"的诞生为人们提供了新的希望，其中有代表性的自组织理论认为，开放的系统是动态的、自发的、变化的和进化的，世界既不

① ［美］斯蒂芬·贝斯特，道格拉斯·科尔纳. 后现代转向. 陈刚等译. 南京：南京大学出版社，2002：264.

② 赵红州. 大科学观. 北京：人民出版社，1988：14.

③ 赵红州. 大科学观. 北京：人民出版社，1988：16.

是按照僵化的"宇宙宿命论"运动，也不会循着毫无希望的"热寂规则"发展。由以上三种发展观可见，第一种是盲目乐观并且最为有害的，因为它不但教人消极待事，还为此提供了"充分"的理由；第二种虽然也不科学，但因为生活中能够理解和应用的人极少，所以危害性也较小；第三种是迄今为止最为科学、合理的，对培养学生的主动性、积极性和创造性都很有利，并且这一思潮已经形成了一定的影响。同时，由如上分析可以发现，在科学内部并非是逻辑严密、高度统一的，几乎在每一种有关世界的态度上都存在着分歧。这才是真正的科学，科学走下神坛，才能发挥其更大的教育价值、课程价值。

很多人都知道人生观培养是道德教育的内容。但客观、全面的科学观的培养同样有利于科学人生观的形成，这也是科学课程、教学具有德育功能的一个重要体现。如上所述，科学课程在培养人的世界观、自然观、时空观、发展观等方面具有特殊的作用，而如上观念的形成又会促进学生相应人生观的确立，因为人对自身的"定位"需要一定的"参考系"，各种"观念矢量"便是"参考空间"的重要维度。换言之，对世界的了解影响着对自身的认识。相比之下，一个持守辩证唯物主义世界观、"天人合一"自然观、相对论时空观、有机和谐发展观的人，较之一个坚持唯心主义世界观、"人定胜天"自然观、决定论时空观、机械决定论发展观的人，对人类、对社会、对自身会有不同的定位，继而在人生追求、价值取向等方面也会有所区别。科学价值并非中立的特点在科学教育上有着明显的体现。

（二）科学观对科学课程的制约机制

以上用大量篇幅论述了科学观的主要内容及其对科学课程的影响以及科学观养成对培养学生宇宙观、自然观、时空观、发展观和人生观的作用。这种作用是如何实现的呢？我们可以概要地从科学课程规划、设计和实施等角度进行简要的阐释。如图 5－1 所示，科学观可以分为两部分，一部分是科学观Ⅰ，指课程工作者自身所具有的科学观念，这部分科学观往往被课程工作者无意识地渗透到科学课程的设计和实施中；另一部分是科学观Ⅱ，是作为科学文化的课程资源存在的，与科学知识、科学方法、科学精神等资源一样有待被纳入到科学课程之中。

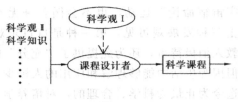

图 5-1

首先，科学观Ⅰ与课程工作者的教育观、学生观、课程观、教学观等等一样，是其进行课程研究和实践的背景性观念。科学观对科学课程的影响是全方位的，并非只涉及与科学观培养直接相关的内容。课程工作者具有各自对科学的理解，这种理解将在科学课程的规划、设计、实施的各个层面和角度得到反映，并且这种作用是难以回避的。所以课程工作者需要经常、积极地对自己的科学观进行反身自省、反思、总结和检讨，从而做到对自身科学观有一个清醒、明确的认识。只有如此，才能使自己的科学观显性化、明确化、科学化，从而用积极的科学观来影响和引导学生。试举一例进行说明，可能有的课程人员坚持科学本质的真理观、科学发展的线性累积观、科学习得的记忆观、科学价值的中立观等，虽然这些观念他本人也未必清醒地认识到，但在科学课程的研究和实践中，这些观念却会得到明显的反映，这个人可能会以科学知识体系的获得为科学课程目标，以教师讲授为主要教学方式，以记忆和练习为主要学习方式，而对科学文化的社会价值、人文价值、个人价值不予关注，对科学课程的动态性、过程性，对学生的文化背景，对学生认知过程的建构性特征视而不见。这个例子在现在的科学课程研究和实践中是比较有代表性的。

其次，科学观Ⅱ与其他各种课程资源一样，有待选择和利用。但科学观与科学知识、科学方法等又有明显的区别，因为科学观具有复杂性、多面性、个别性、情境性和不确定性。从前面有关科学观的论述中可知，它不但包括对科学的整体认识，而且包括对科学系统中各种"构件"的理解，具有明显的复杂性。同时，不同的科学理论隐含着不同的科学观，即使同一科学理论从不同角度进行解读也可能得出对科学不同的"印象"，因此科学观又具有多面性和歧义性。此外，科学观具有个别性、差异性，即很难找到具有完全相同的科学观的两个人。由于个人的知识背景、文化信仰、价值取向等差异，对科学的理解也不尽相同，所以科学观往往是个人的科学观。再则，无论是"类"的人还是"单个"的人对科学的理解都是一个发展的过程，尤其在科学与"科学元勘"发展异常迅速的今天，人们对科学的认识也在千变万化之中，因而科学观也具有不稳定的特点，等等。鉴于此，清醒地认识科学观，并能将其合理、恰当地引入科学课程无疑是一个艰难的课题。简单地说，对科学观的选择，要结合教育目的、课程目标和教学目标来进行，而这些目的、目标的制定无疑要考虑社会、学生、文化发展的状况、需要和特点。但正如前文所论，科学课程本身也是一种文化，这种文化的终极目标是育人，培育具有全面科学素养的人。从这个角度来讲，育人是根本目的，其他目标是次要目标。这也体现了科学课程文化自我定位、生成和发展的文化特性。

其实，科学观Ⅰ和科学观Ⅱ具有密切的联系，两者之间常常相互作用，相互交流，相互影响，往往科学观Ⅱ要转化为科学观Ⅰ才能发挥其课程价值，科学观Ⅰ又制约、影响着对科学观Ⅱ的选择和利用。

第三，图中的科学课程设计者并不专指课程文件的设计者。其实科学课程分为多个层次，比如理想的课程、正式的课程、实施的课程、经验的课程和获得的课程等等。这些科学课程的计划和实施都需要相应的设计者，但课程设计者通常指的主要是正式的科学课程的设计者。这种基于学科课程狭隘理解的课程主体观，现在已经受到越来越多的批评，课程设计主体的多元化正在成为世界课程发展的一个重要趋势。

由本章分析可见，科学观是影响、制约科学课程的重要变量，对科学观的全面认识与合理选择是科学课程建设的重要任务。同时，科学观也是科学课程的重要内容，忽视了科学观的教育价值，科学课程目标将难以实现。但是，科学观对科学课程的制约并非简单、直接和线性的，它具有复杂的内在机制。对科学观与科学课程变革关系的分析使我们对科学观、课程观、教师观、学生观、教学观获得了深刻的认识，为科学课程的发展提供了一定的启示，这也是本章研究的主要目的所在。

第六章　科学课程目标革新：
科学素养理想

　　前五章探讨了科学课程的历史嬗变、科学的文化特性、科学文化的课程价值以及科学观与科学课程发展的关系，目的无非是希望能够改善和改变目前人们的科学课程理念，进而实现我们的科学课程理想。然而理念、理想毕竟是思想、观念上的东西，将科学课程理念、理想转变为现实，首先要将其转化为课程行动的目标。因此，有必要沿着我们的分析思路简略、概要地提出基本的、主要的科学课程目标。这不但可以进一步明确我们的科学课程主张，也可以将此前抽象、晦涩的论述稍稍落到实处。目前，国际科学教育界对科学课程目标的探讨主要集中在"科学素养"问题上，所以本章研究将结合科学课程目标的世界发展趋势展开。

一、"科学素养"概念提出的前提性假设

　　科学课程目标是对科学文化课程价值的主观选择。它既受限于科学课程的"成人"功能，同时也取决于人们对科学课程的总体要求，因此科学课程目标的确立是主观与客观、"能为"与"应为"相互作用的结果。科学课程目标确立的过程实际就是价值选择和权衡利弊的过程。当前，选择科学课程目标有三个问题不容回避也难以回避：一是要培养全面发展的人还是"单向度"的人；二是要培养合格的社会公民还是所谓

的"人才"；三是科学课程的培养对象是全体学生还是个别学生。对这三个问题进行理性的回答将为我们科学课程目标的选择指明方向。

（一）培养全面发展的人还是"单向度"的人

培养全面发展的人几乎是世界科学教育的共同口号，然而这个口号恰恰反映了现实科学教育没有重视学生全面发展的事实。从科学课程发展的角度来看，在 19 世纪中后叶科学课程的"合法化"阶段，科学课程要为成人的生活作准备，科学课程的任务是培养能够适应大工业社会的劳动者。这种技术主义、原子主义的科学课程观和将人塑造成社会这个巨型机器的一个零件的课程目的观，在后来泰勒的科学课程设计"目标模式"中得到了充分的体现。上世纪中叶的学科结构课程改革，将科学家、工程师的培养作为科学课程的首要目标。然而，这种功利主义、工具主义的科学课程目的并没有得到很好的实现，正所谓欲速则不达。究其原因，很重要的一点在于，这些课程目标观将人原子化，以为学生像机器一样可以拆分，可以按照不同的需要分别定制。然而人毕竟是人，是整体的人，任何无视人的整体性、和谐性的教育行为只能限制、阻碍，甚至扭曲学生发展。

促进学生个性全面发展，不仅是我国教育界的口号，也是世界教育的发展趋势。在《学会生存》中，作者对目前的教育现状批评道："为了训练的目的，一个人的理智认识方面已经被分割得支离破碎，而其他的方面不是被遗忘，就是被忽视；不是被还原到一种胚胎状态，就是随它在无政府状态下发展。为了科学研究和专门化的需要，对许多青年人原来应该进行的充分而全面的培养被弄得残缺不全。"[①] 他进而指出："把一个人在体力、智力、情绪、伦理各方面的因素综合起来，使他成为一个完善的人，这就是对教育基本目的的广义理解。"[②] 全面发展教育、素质教育理论是我国教育理论界的主导教育思想，以此思想为指

[①] 联合国教科文组织，国际教育发展委员会. 学会生存. 北京：教育科学出版社，1996：193.
[②] 联合国教科文组织，国际教育发展委员会. 学会生存. 北京：教育科学出版社，1996：195.

导，我国教育事业和教育改革取得了巨大进步。我国1986年《教育法》明确规定，基础教育应该"使儿童、少年在品德、智力、体质等方面全面发展，为提高民族素质，培养有理想、有道德、有文化、有纪律的社会主义建设人才奠定基础"。由此可见，促进学生个性的全面发展是当代教育的主要目标，这是不争的事实，也是今后发展的必然趋势。

既然是一种思潮、理念和趋势，那就标志着这种理想至今尚未完全实现。为了实现这一教育的根本目的，科学教育、科学课程应当如何作为？这既为科学教育、科学课程的发展锁定了目标，也为科学课程具体设计、实施和评价提供了标准。但是须要澄清的是，单凭科学教育、科学课程无法实现人的全面发展之重任。换言之，把学生全面发展的希望寄于科学教育、科学课程一身的人，要么是不了解科学课程教育价值的有限性，要么就是没有诚意或信心来实现这个宏伟蓝图。我们只能期望科学教育、科学课程完成分内的职责。那么，科学教育、科学课程是否已经为促进学生的全面发展尽到全力了呢？回答是否定的。造成这种局面的原因之一是，能够促进学生发展的很多科学文化的课程资源被浪费了，比如科学价值、科学观念、科学精神方面的培养向来得不到重视。此外，科学课程人员在课程活动中没有独立地位和意识，难以主动、积极、创造性地完成课程和教学任务。

然而，科学课程目标没有充分体现出科学文化的课程价值，并不等于科学课程在发展学生个性上无所作为。其实，科学文化中蕴含着丰富的课程资源，这些资源对于学生全面、和谐的发展具有重要价值。我们在前面已经分析了科学文化的"际"理解与"本体"解释，揭示了科学课程的许多教育功能，并且所揭示的科学文化的教育功能只是冰山一角而已（但即使这些也常常被人们轻视和忽视）。这就启示我们，造成人"单向度"现象的原因不在于科学文化本身，而在于片面地理解了科学文化；不在于是否重视科学教育，而在于将科学教育和课程当成了教育的全部。由此可见，促进学生的全面发展是科学教育和科学课程的重要目标，同时也是其历史使命。

（二）培养合格的社会公民还是所谓的"人才"

基础教育中科学教育目的存在着两种明显的取向，即培养合格的社会公民还是所谓的"人才"，科学教育目标的不同定位将直接影响和决定科学课程目标体系建构取向。毋庸置疑，培养合格社会公民的科学教育目的与培养所谓人才的科学教育目的具有显著的差异。培养合格社会公民的科学教育，着眼于全体学生，强调全体学生基本科学素养的培养，目的在于培养符合社会要求、能够进行正常社会生活、履行社会义务的社会公民。而所谓人才的培养则不然，人才是"为了社会发展和人类进步，进行创造性劳动，在某一领域、某一行业或某一工作上作出较大贡献的人"①。基础教育中培养人才，就是培养中小学生在某个领域、行业或工作中的一技之长，显然这不符合基础教育的根本目的。一般而言，培养专门人才是职业技术学校和高等院校的任务。过早地在基础教育中确立培养人才的目标，只能使科学课程的内容狭隘、呆板、僵化、艰深，最终导致学生视野狭窄、兴趣不足、创造力不高。由此看来，科学课程的根本目标就在于培养学生的科学素养，使其成为社会的合格公民。

那么，合格的社会公民需要具有什么样的科学素养呢？这是众多科学教育工作者所关心的。美国著名的科学教育家柏比认为，科学素养的内容包括："第一，每个公民在其个人的生活中应该知道、评价和使用科学技术，理解并欣赏科学技术在日常生活中的应用；第二，每个公民应该在一定程度上理解科学技术与社会的关系，比如如何使用资源，如何控制人口增长，如何保持环境质量，如何合理使用技术；第三，每个公民应该把科学技术看成是人类共同的事业，理解基础研究与应用研究之间的关系、技术发展与社会进步的关系、社会问题与科学技术之间的关系，每个公民只有精确地理解科学技术在社会中的意义，才可能对那些与科学技术有关的事务进行决策；第四，每个公民应该初步了解在科学技术的背景中参与民主过程的途径和方法。"② 仔细分析柏比科学素养的主张，可以发现，他极力强调公民应当对科学、技术、社会、民主以及它们之间的关系有一个比较明确、清晰的认识，并能在社会生活中

---

① 王通讯. 人才学通论. 天津：天津人民出版社，1985：1—2.
② 孙可平. STS 教育论. 上海：上海教育出版社，2001：128.

运用这些认识解决那些与其公民职责密切相关的问题。其实，这些主张的提出并非主观臆断，这一方面是现代社会生活的需要，另一方面也是科学文化课程价值的反映。回顾前文中对科学文化属性的分析和科学课程文化价值的阐释，就会发现这些主张也是顺理成章、理所当然的。

由此看来，科学教育和科学课程要为自身准确地定位，做到有所为，有所不为。有所为，是要培养学生的全面科学素养，使其能够达到社会生活的要求；有所不为，是指科学教育和科学课程应该放弃唯我独尊的姿态，承认自己在很多领域中难有作为，放弃狭隘的科学观和教育观，避免造成更多的"单面人"，放弃急功近利的念头，不要妄谈培养所谓的人才。

（三）培养对象是全体学生还是个别学生

其实，在上述问题解决之后，此问题的答案已经很明白——基础教育中科学教育的对象是全体学生。我国 2001 年颁行的《科学课程标准》（实验稿）中指出"科学课程要面向全体学生"，"这就意味着要为每一个学生提供公平的学习科学的机会和有效的指导"[①]，"无论学生存在着怎样的地区、民族、经济条件、文化背景的差异和性别、天资、兴趣等方面的差别，科学课程均为每一个学生提供公平的学习科学的机会，这是由义务教育的性质所决定的"[②]。当然，面向全体学生并不是搞平均主义，搞"千人一面"，"面向全体学生，还意味着照顾学生的个体差异，使每一个学生学习科学的潜能得到充分发展"[③]。由此看来，面向全体学生有两层含义，一是面向"学生的全体"，即"一个都不能少"的意思，要考虑到"面"，考虑到学生的共性和公平性；二是面向"全体中的个体"，要考虑到"点"，看到个性和差异性。两方面结合起来就是促进每一个学生的全面发展。前者是基本要求，是学生发展的"平台"，意味着每个学生都要达标；后者强调发展的可能性，是学生成才的"阶梯"，意味着每个学生都有发展的独特性。但无疑前者是科学课

①　科学（3—6年级）课程标准（实验稿），北京：北京师范大学出版社，2001：2.
②　科学（7—9年级）课程标准（实验稿），北京：北京师范大学出版社，2001：3.
③　科学（7—9年级）课程标准（实验稿），北京：北京师范大学出版社，2001：3.

程的"重心"所在。

三个问题的结果现在已经显而易见，科学课程要以面向全体学生、全面发展学生为目标，为把学生培养成合格的社会公民作准备。其实，这三个问题的答案也就是科学素养的三个前提性假设，即假设科学课程在实现如上三个教育目标方面具有自己独特的价值。当然，科学课程的目标不能像根本目的那样空泛、笼统、模糊，精致化了的科学课程的目标便是"科学素养"。

二、科学素养的历史考察

经过半个世纪的发展，"国际科学教育界普遍认为，在基础教育，尤其是义务教育阶段，科学素养教育应是学校理科教育的重要目标"[①]。在历史上，第一个使用科学素养这个词的是美国教育家、科学家科南特，但他并没有明确界定科学素养的内涵。此后美国著名科学教育家赫德在一篇题为"科学素养：它对美国学校的意义"的文章中，"把科学素养解释为对科学的理解及其对社会经验的应用"[②]。20 世纪 50 年代以来，科学素养的讨论一直备受人们的关注，但在不同的历史时期，科学素养被人们赋予了不同的含义。对科学素养的发展史进行简要回顾，有利于我们全面了解科学素养的内涵和发展趋势。

（一）50—60 年代："科学素养"概念的合法化

在 50—60 年代，学科结构课程理论兴起并风靡世界，相应的科学课程目标也是此间科学课程理论的集中体现。但因为科学素养在当时尚属新生事物，还未引起人们的足够重视，其理想也未被课程实践所采纳，这就造成了不仅课程目标的制定缺乏科学素养理论的支持，也使科学素养理论得不到实践的机会，难以被承认。因此，有人认为这一时期

---

①　Bybee，R & Deboer，G. Goals for the Science Curriculum. In：Handbook of Research on Teaching and Learning. Wasshington，DC. 1993.

②　丁邦平. 国际科学教育导论. 太原：山西教育出版社，2002：162.

"是'科学素养'概念合法化的时代"①。

　　50—60 年代科学课程的总目标，就是培养社会需要的科学家和工程师。这在当时科学课程的内容中得到了充分体现，凡尔赛把 60 年代学校中"最有价值"的科学内容的特点总结如下：②（1）死记硬背大量的事实、概念和方法，这些东西并没有显见的社会用途，但由于这些科学事实能够使显见的社会用途得以确定，因此也应该学习；（2）内容中有许多概念是人们不熟悉的，而且科学用途也没有被验证，这些概念具有在学习过程中帮助探索科学及日常生活的功能；（3）这些概念是由高水平的科学家确定的，在学校学习的学生不具备科学家那样的抽象水平及丰富的知识，而且在学习过程中进行推理所受的限制，课本也没有明确指出；（4）课程内容包括科学知识的基本体系，它是用实例和事件来说明这一体系，而不是用科学知识来阐明生活经验和科学的社会应用；（5）它把科学教育在实际活动中的作用减少到只是增进概念的学习，而不是成为一个学习基本技能并在应用科学知识解决真实社会问题中获得信念的源泉；（6）它在处理概念的理解时以量取胜；（7）它把（1）到（6）中缺少的平衡，那些内容和意义及科学原则的学习放到高等教育或职业教育中去；（8）它通过概念和原则的选择来决定其"知识价值"，这些概念与原则是不断增长的抽象知识的逻辑起点，它是继续学习科学所必需的。由此可见，当时的科学课程目标的选定主要考虑的是两个因素，一是教育的总目标——为"综合国力"增长和经济建设服务，培养足够的社会需要的科学家和工程师；二是科学文化中的科学知识，并且考虑的是静态科学知识结构，逻辑性是其考虑的重点，脱离学生的"生活世界"是其致命弱点。由此推演出的科学课程的主要目标便是将学科结构教给学生。

　　以上学科结构课程改革运动的主张并没有被所有人完全接受，比如赫德就是其中非常著名也是非常重要的一员。赫德认为，"理科教育的

————————
　　①　梁英豪. 科学素养初探. 课程·教材·教法，2001（12）.
　　②　王素. 科学教育的目标与课程发展. 外国教育研究，1993（4）.

目标就是抚育一个优秀的公民"，"……优秀的社会公民应该具有科学素养"①，而科学素养就是"理解科学及其在社会中的应用"②，有人将其视为"把科学技术与社会的关系作为重要问题的第一人"③。60年代中期，美国威斯康星大学科学素养研究中心的佩勒等人对100篇文章的主题进行统计分析，得出的结论是，科学素养研究涉及六个方面："（1）科学和社会的相互关系；（2）科学的伦理；（3）科学的本质；（4）概念性知识；（5）科学和技术；（6）人文中的科学。"④ 有学者将60年代科学素养的特点概括为四点："（1）鉴赏科学的社会、历史发展；（2）了解现代科学的精神；（3）理解和欣赏科学的社会和文化关系；（4）认识到科学的社会责任。"⑤

可以说，在50－60年代，对于国际科学教育目标主要有两种主张，一种就是得到公众、政府和多数学者支持的结构课程运动的主张，这一主张处于主导地位，掌握话语霸权；另一种是一些学者所持的处于弱势地位的"科学素养"主张，但随着结构课程运动的日渐衰微，这种主张不断得到重视。其实，科学素养理念的提出是科学教育范式的一次重要转变，是科学教育和课程观念的一次革新。这次革新发端于50－60年代，但至今仍未完成，在我国则刚刚开始。

（二）70年代：科学素养阐释期

人们在对50－60年代科学课程改革失败的原因进行反思时，发现了科学课程目标定位的偏差，同时也认识到了科学素养的价值所在。在这一时期，众多学者试图阐释、说明、丰富科学素养的内涵，所以也有人将70年代称为"认真解释的时代"⑥。

随着50－60年代科学技术的迅速发展，其负面影响日益暴露，同时，学科结构课程运动的结果也难尽人意，这引发了人们对科学主义科

---

① 孙可平，邓小丽．理科教育展望．上海：华东师范大学出版社，2002：201.
② 魏冰．"科学素养"的探析．比较教育研究，2000年增刊.
③ 梁英豪．科学素养初探．课程·教材·教法，2001（12）.
④ 魏冰．"科学素养"的探析．比较教育研究，2000年增刊.
⑤ 丁邦平．国际科学教育导论．太原：山西教育出版社，2002：163.
⑥ 梁英豪．科学素养初探．课程·教材·教法，2001（12）.

学课程的反思与变革。美国70年代的教育改革体现在两个方面：一方面是针对国内经济的"生计教育"，另一方面是矫正学科结构运动偏颇的"回到基础"教育①。这次改革明显反映了科学教育目的的转向，比如1971年联邦教育总署在设计生计教育模式时，为生计教育下的定义是："生计教育是一种综合性的教育计划，其重点放在人的全部生涯，即从幼儿园到成年，按照生计认知、生计探索、生计定向与生计准备、生计训练等步骤逐一实施，使学生获得谋生的技能，并形成个人的生活方式。"② 从生计教育的定义可以看出，教育的目标似乎从专注于科学知识结构的传递转向了"人"，转向了学生本身，学生的主体地位得到了一定的承认。至于"回到基础"运动，有学者将其概括为"美国新保守主义思潮的又一次周期性地出现"③，"'回到基础'似乎并没有达到预期的目的"④。也有学者持不同意见，认为在包括"回到基础"在内的一系列运动中包含着三个共同的目标："（1）素质与个人发展相结合；（2）参与国家和世界贸易；（3）有效地参与民主化的政治活动。"⑤ 这三个目标的实现，既非要素主义意义上的"回归基础"所能胜任的⑥，也非学科结构科学课程所能实现的，这需要科学课程一次范式的转变。由此，在70年代又孕育了一场科学课程的变革——科学课程综合化。在这次变革中，科学课程的目标相应地开始转向。比如，1971年全美理科教师协会阐述的理科教学目标是："为了促进科学扫盲，各门科学课程必须考虑包括合理的思维过程、科学技术的社会发展、从科学引申出来的价值标准在内的科学的种种概念及其体系以及科学诸过程之间的

---

① 陆有铨. 躁动的百年. 济南：山东教育出版社，1997：422.
② 梁忠义主编. 七国职业技术教育. 长春：吉林教育出版社，1990：126－127.
③ 陆有铨. 躁动的百年. 济南：山东教育出版社，1997：428.
④ 陆有铨. 躁动的百年. 济南：山东教育出版社，1997：435.
⑤ 孙可平. STS教育论. 上海：上海教育出版社，2001：35.
⑥ 对于"回到基础"中的"基础"一词有很多种理解，有人认为是基础学科、基本技能，但有不同认识，《科学素养的基准》认为"基础"如果能够包括科学推理、科学家描绘世界的原理、技术世界如何与科学和社会相互联系等等方面内容，那么"走向基础"也是可取的。

平衡。有科学素养的人才能将科技成果运用于人类的福利。"①　70 年代
中期，俄亥俄州立大学的肖尔特等人对当时的科学素养研究进行了概
括，认为有七个主要特点，即"科学本质、科学概念、科学过程、科学
的价值、科学与社会、对科学的兴趣、与科学相联系的能力"②。到了
70 年代末，综合科学课程的发展在个别国家也有相当的规模，其课程
目标具有一定先导性和代表性，比如苏格兰（1977 年版）的科学课程
目标包括："（1）关于周围世界的知识；（2）概念和原理；（3）客观地
观察；（4）科学思维的能力；（5）对科学文化的意识；（6）对科学的兴
趣和从中得到的欢愉。"③

　　70 年代是科学课程两次剧烈变革中间的反思、过渡时期，也是新
的科学课程改革的孕育和生成阶段，这些在科学课程目标上都得到了体
现。然而，就像大规模的科学课程改革尚处于孕育期一样，未来的科学
素养的"模样"还处在"显像"之中。

（三）80 年代：科学素养的实践期

　　70 年代对科学素养的种种解释在 80 年代逐渐找到了用武之地。随
着科学素养的主张不断深入人心，科学素养的内涵不断被深化、细化，
并成为科学课程实践和改革的指南。

　　1982 年，美国科学教师协会发表了题为"科学—技术—社会：80
年代的科学教育"的年度报告。报告指出，科学和技术影响着我们生活
的各个方面，是我们个人福利和社会福利的中心，我们周围存在着有关
生产食品、水、房屋、衣物、医疗、运输和各种能源等一系列可以显示
科学和技术重要意义的例子。报告进一步指出 80 年代科学教育的目的，
就是让所有的公民都能够对科学和技术进行全面的理解，由此规定了科
学素养的基本成分包括五方面的内容：（1）科学、技术过程和探究技
能；（2）科学和技术知识；（3）在个人和社会决策中应用科学和技术的
知识和技能；（4）对科学和技术的态度、价值观以及对科学和技术的评

---

①　钟启泉. 国外"科学素养"说与理科课程改革. 比较教育研究，1997（1）.

②　丁邦平. 国际科学教育导论. 太原：山西教育出版社，2002：163－164.

③　余自强. 科学课程论. 北京：科学教育出版社，2002：60.

价能力；（5）在与科学有关的社会问题上研究科学—技术—社会之间的相互作用。有学者将其与 60—70 年代的科学素养的内容进行比较之后认为，该报告提出的科学素养有两个特点："（1）强调'技术'并把它放在与'科学'同等的地位；（2）强调与科学、技术有关的个人决策和社会决策。"①

　　1985 年，美国科学促进会发起了有关科学、数学和技术教育改革的长期规划。在全国科学技术委员会的资助下，科学促进会聘请了 400 多位著名的科学家、教授、教师以及科学、教育机构的负责人，用近四年时间完成了题为"2061 计划：面向全体美国人的科学"的文件。文件中规定的科学课程包括"科学的性质、数学的性质、技术的性质、自然环境、生存环境、人类机体、人类社会、被改造了的世界、数学世界、历史展望、通用概念、思维方式等十二个方面的内容"②。无疑，该报告的"中心思想是要说明，在一个有科技素养的社会中，全体公民都有必要对科学技术有一定的理解，并养成对科学技术的思考习惯"③。报告对科学素养下了如下定义："认识科学、数学和技术是具有力量和局限的相互依赖的人类事业；理解科学的关键概念和原理，熟悉自然世界并认识它的多样性和统一性，并为个人和社会目的而使用科学知识和思维的科学方法。"④

　　其实，以培养学生的科学素养为目标发展科学课程并非美国一家。比如，英国 1989 年正式颁布的《国家科学课程》中指出，科学教育的任务是"使学生理解科学概念；训练科学研究方法；建立科学和其他知识的联系；理解科学对社会的贡献；认识科学教育对个人发展的贡献；认识科学的本质"。澳大利亚维多利亚的一门 12 年级毕业证书课程列有如下四个目标："（1）学生应该获得能够增强自己对自然环境的意识和理解的知识；（2）学生应该认识科学知识的性质和局限性；（3）学生必

① 魏冰. STS 与理科课程改革. 比较教育研究，1999（2）.
② [美] 美国科学促进会. 面向全体美国人的科学. 中国科学技术协会译. 北京：科学普及出版社，2001：Ⅻ.
③ 孙可平. STS 教育论. 上海：上海教育出版社，2001：113.
④ 梁英豪. 科学素养初探. 课程·教材·教法，2001（12）.

须获得跟技术的、社会的、经济的发展有关的科学的文化重要意义和局限性的理解；（4）学生应该很好地被授予有关物理科学在社会中的应用。"①

80 年代，国际科学课程发展的一个明显趋势就是科学课程的综合化，STS 课程是其中非常重要的一种类别，该课程流派强调，理解科学、技术的本质，了解科学、技术、社会之间的内在联系，主张在社会背景下认识科学和技术，关心社会现实问题，等等。虽然具体的科学课程千差万别，但这些时代精神都在科学课程基本目标——科学素养中得到了充分的反映。

（四）90 年代：科学素养的深化期

80－90 年代科学课程的发展保持了很高的连贯性，也许这是因为科学课程的范式已经顺利地实现了转变，余下的工作只是进一步丰富、发展和深化。但 90 年代的科学课程在凸现科学本质方面似乎比 80 年代所作的努力更多。

90 年代，美国科学素养的发展基本上是沿着 2061 计划的第一份报告《面向全体美国人的科学》思路展开的。有关科学素养的文件主要有两个，一个是《美国国家科学教育标准》，另一个是《科学素养的基准》。两个文件先后被科学技术文献出版社和科学普及出版社译成中文，在我国科学课程的改革中已经发挥了重要的作用。

其中，《美国国家科学教育标准》是美国国家科学院在美国教育部和国家科学基金会的资助下，从 1991 年 8 月开始研究的。1995 年 12 月 6 日，美国历史上第一部科学教育标准正式出台。可以说，《美国国家科学教育标准》"是把《面向全体美国人的科学》中造就高科学素养的未来人才的那些基本原则具体化成了实施方案"②。文件指出，科学素养"是指了解和深谙进行个人决策、参与公民事务和文化事务、从事

---

① 梁英豪. 科学—技术—社会（STS）问题初探. 外国教育资料，1990（5）.

② ［美］国家研究理事会. 美国科学教育标准. 戢守志等译. 北京：科学技术文献出版社，1999：译者识语.

经济生产所需的科学概念和科学过程"①，"有科学素养就意味着一个人能识别国家和地方决定所赖以为基础的科学问题，并且能提出有科学技术根据的见解来"②。该文件将 K－12 年级的科学素养分为八个领域，包括"统一的过程与概念、作为探究的科学、物质科学、生命科学、地球空间科学、科学与技术、从个人和社会的视角所见的科学、科学的历史和本质"③。

《科学素养的基准》是另一份描绘科学素养蓝图的重要文献。2000年 11 月，美国科学促进会教育顾问 James Rutherford 来华访问，在题为"2061 计划与科学素养"的报告中，他对科学素养的研究历程作了如下回顾：④

第一步，为了设定努力的范围，我们定义了成人的科学素养。在这里，"成人"指 18 岁左右的年龄，或者学生们参加工作的年龄，或者进入技术学校或上大学的年龄；而"科学素养"则包括以下几个方面：一套关于世界如何工作的科学观念（scientific ideas），对科学如何工作的熟悉以及一些科学的思维方式。从内容上看，科学素养涉及科学、数学和技术以及它们之间的关系和它们在日常生活中的应用。

第二步，我们聚集来自不同领域的专家，组成了讨论组，请他们就科学素养的内容提出推荐。我们要求专家们对每一条推荐项目提出令人信服的理由，然后共同来选择，确定了一套经过平衡的、内部一致的、合理的科学素养的清单。

第三步，专家小组提出的科学素养清单被送到十几个科学协会和教育协会审查，数百名学者参与了这项工作。经过反复修订后，形成了最终的报告，即《面向全体美国人的科学》（《Science for All Americans》）。

---

① ［美］国家研究理事会．美国科学教育标准．戢守志等译．北京：科学技术文献出版社，1999：28.
② ［美］国家研究理事会．美国科学教育标准．戢守志等译．北京：科学技术文献出版社，1999：29.
③ ［美］国家研究理事会．美国科学教育标准．戢守志等译．北京：科学技术文献出版社，1999：125－254.
④ www. cast. org. cn/11gjjw/02xxgz/001. htm

该报告于 1989 年由美国科学促进会发布。

从 1989 年开始，美国科学促进会花了四年时间，提出了一套从幼儿园到第 12 年级（K－12）的特定学习目标。这一过程与上面提出科学素养的过程是一样的。只不过这次的讨论组主要由有经验的小学、中学和中等学校的教师组成。此外，一些熟悉数学和科学教育的认真研究文献的认知科学家，大学中的科学家、数学家、工程师和科学教育者也提供了必要的支持。这一阶段的成果是《科学素养的基准》（《Benchmarks for Science Literacy》，于 1993 年出版）。

《科学素养的基准》在科学的性质、数学的性质、技术的性质、自然环境、生存环境、人类机体、人类社会、被改造了的世界、数字世界、历史展望、通用概念和思维习惯等十二个方面，提出了从幼儿园到 12 年级的科学素养标准。

在英国，《国家科学课程标准》的建立颇为曲折，争论也经常发生。比如，1988 年英国科学课程的目标有"理解科学观念、训练科学方法、建立科际联系、理解科学对社会的贡献、理解科学对个人发展的贡献、认识科学的本质"等六个方面。到了 1995 年，科学课程的目标又被划分为试验与调查科学、生活和生命过程、物质及其性质和物理过程四个组块[①]。

随着美、英等国科学课程改革的不断推进，他们所持的"科学为大众"、科学教育要培养全面发展的人、科学教育要以培养合格的公民为目标、科学课程要反映科学的本质、科学课程要体现科学文化的内涵等等主张逐渐被多数国家所接受。

但从科学素养主张的沿革来看，它既是"环境"的产物，同时也是自己"命运"的"主宰"，它不仅反映制约因素的诉求，也会为自身的发展、取向探索道路。所以，结合我国具体情况提出适合我们国情的"科学素养基准"，既必要也可能。

---

① 胡奇志. 英美两国理科课程改革的一些特点及其启示. 比较教育研究，2000（4）.

三、科学素养的定义与特征

前文论述了科学素养概念提出的前提假设，澄清了科学素养思潮发展的历史脉络，从中我们已经能够比较概要地领会到众多学者有关科学素养的基本主张和科学素养的主要内容，但为了深入理解科学素养的内涵和特征，我们有必要对其进一步深入剖析。

（一）科学素养的定义

迄今为止，并没有一个令所有人都能接受的科学素养定义，似乎人们在前提假设基本一致的情况下对不同的理解表示了充分的宽容和大度。更多学者是采用描述的方法来"定义"科学素养，力图通过对其所主张的科学素养的内容的呈现来说明科学素养概念的内涵。比较具有代表性的是赫德对科学素养内容的描述，他认为一个具有科学素养的人应该是：[①]

◇ 能够在一致性中辨别出差别；

◇ 能够辨别出人类的哪些生活经受着科学技术的影响；

◇ 知道在社会背景中的科学常带有政治、司法、伦理和道德方面的解释；

◇ 了解科学研究中的科学方法；

◇ 应用科学知识积累的本质，做一个永无止境的先锋；

◇ 认识到科学研究者是知识的生产者，而每一个公民是知识的使用者；

◇ 认识到涉及科学和技术的决策中的界限、危机、有限性和可能性。

◇ 知道如何去分析和加工信息以生产超越数据之外的知识；

◇ 认识到科学概念、法则和理论并不是一成不变的，而是在必要

①　孙可平，邓小丽. 理科教育展望. 上海：华东师范大学出版社，2002：250—251.

的时候会发生质的变化，它们会生长和发展；

◇ 知道在个人和社会背景中的问题可能不只是一个"对"就能回答的，尤其是当问题包含有伦理、司法和政治行动时；

◇ 认识到因果关系是不能被画出来的，理解研究的重要性，其成果是科学家好奇心的结果；

◇ 认识到全球经济极大地被科学和技术的发展所影响；

◇ 认识到什么时候文化、伦理、道德专题会涉入科学—社会问题之中；

◇ 认识到什么时候人们不会有足够的数据去测定和理性地决策或形成可信的判断；

◇ 从宣传中能够区别出证据，从小说中区别出事实，从看似没有道理的东西中看出意义，从观点中获得知识；

◇ 能够看到作为需要从不同领域自然科学和社会科学领域中合成科学—社会和个人—公民问题；

◇ 认识到科学素养是一个获得的过程、分析的过程、合成的过程、解码的过程、评价的过程和运用技术在人类社会背景中成就的过程；

◇ 认识到科学和技术以及科学、技术和人类事物之间的共生关系；

◇ 认识到科学方法的现实性，在这种方法中，科学和技术为人类适应大自然服务，也为丰富人的个人资本服务；

◇ 认识到科学—社会问题是通过合作而不是个体来解决的；

◇ 认识到有关科学—社会问题的暂时的解决可能随后产生另一个相关的问题。

◇ 认识到对问题的短期或长期的解决不可能有相同的答案。

从赫德的描述中，我们能够感觉到，赫德希望为人们列举他认为科学教育能够实现并且应该实现的教育目标。这势必涉及一个问题，即科学素养是指科学文化和科学课程的客观功能还是指人们对科学教育的主观愿望，或是兼而有之。对这个问题的回答直接影响着人们对科学素养的定义。我们认为，科学素养的确定是人们对科学文化课程价值的选择，即是对科学文化成人价值的遴选。所以，科学素养是以科学文化的育人功能为前提的，以学生的可发展性为基础的，以教育者的目的为主要导向的基本目标系统。科学文化的育人功能决定着科学文化在育人方面的"能为"，超出了"能为"的"疆界"，科学文化无能为力；过小地估计"能为"的领地则会导致资源浪费。科学文化的育人功能是对人而言的，是对学生而言的，一切教育活动都是为了学生的发展，学生的可发展性是一切文化教育功能得以发挥的基本保障，同时，学生发展的基础和极限制约着科学文化教育功能的起点和终点。教育者的教育目的无疑具有一定的主观性，但它也受社会环境、个人好恶以及文化的教育功能、教育观念等很多因素的影响，对于科学教育目的的制订者来说，无疑要考虑科学文化的结构、特点和功能，无视科学文化育人功能的教育目的只能是痴人说梦。结合科学素养的三个前提性假设，我们可以简单地把科学素养理解为：为把全体学生培养成全面发展的个体、社会合格的公民，科学文化可以实现的、符合学生学习规律的科学课程目标。

（二）科学素养的特征

虽然人们对科学素养的定义千差万别，对其内容的概括也各有千秋，但总体来看，人们对科学素养的认识具有一定的一致性，这种一致性投射到科学素养的主张上便构成了科学素养的共性特征。可以简单地概括为以下几点：

1. 基础性。科学素养是对中小学，尤其是义务教育阶段学生的最基本的要求。在这一阶段形成的科学素养将对学生的一生产生重要影响，对于不再从事自然科学学习的学生来说，他们获得了对自然、社会、科学、技术的较为完整的认识，掌握了自然科学最基本的概念、方法和技能，同时形成了适当的科学观，养成了基本的科学精神，这将使学生终生受益；对于继续学习科学以及将来从事相关工作的学生来说，科学素养同样重要，虽然科学素养的要求往往较低，但它主要强调的是基本概念、方法、观念、精神等方面的要求，其中相当大的一部分是价值观、自然观、人生观等非智力因素，这部分因素对于学生进一步的科学学习和工作都至关重要。

2. 丰富性。人们对科学素养的研究往往没有一个僵化的框架或范畴，这就使得研究者可以依据各自的出发点、研究路径得出不同结果，比如有学者强调对科学的社会理解，在社会视野中考察科学素养的内涵；有学者主张 STS 的科学教育思想，在"科学—技术—社会"框架中描述科学素养；也有学者以打破单纯以系统科学知识的传授为科学课程目标的、陈旧的课程观念为出发点，建构丰富的科学素养内涵等等。研究视角、研究方法和理论基础的独特性，是科学素养能够形成多元理解的必要条件之一，由此产生的科学素养的"丰富性"则是其经久不衰的一个重要原因。

3. 公平性。科学素养说的一个前提性假设，就是科学教育要面向全体学生，要把所有的学生培养成合格的社会公民。因此，科学素养的制定必须考虑到全体学生，使绝大多数学生能够达到科学素养的要求。这些学生既包括有志于科学事业、将来想从事科学研究的学生，也包括决定将来从事其他行业工作的学生；既包括智力出众的学生，也包括智力水平一般的学生；既包括科学课程成绩优秀的学生，也包括科学课程成绩较差的学生。

4. 开放性。科学素养并不是一个封闭、静止的体系，它具有开放性特征。科学素养的定义和内涵会随着人们对科学本质、教育本质认识的深化和社会环境的变迁而发生变化。人们会因"时"、因"人"、因"地"去选择和革新科学素养，不断增加新内容，删除过时、陈旧的项目。科学素养因其开放性而具有很强的吐故纳新的能力，也因其开放性所以具有不断发展的动力。就像世界著名的操作系统 UNIX 一样，因为其开放性，任何人都有权对其了解、使用和改进，但必须公开修改后的源代码，才发展得异常迅猛，对 WINDOWS 构成了威胁。纵观西方科学素养说的发展历程可以发现，科学素养的解说尽管众说纷纭，但始终在对不同意见的尊重和理解中互通有无，在分歧的交流中互相补充，开放性是其良性发展的动力源泉。

5. 操作性。科学素养并不是空而又玄的、抽象的科学课程目标。因为科学素养的研究从其开始就很关心科学课程和教学实践，所以能够联系实际，具有很强的操作性。以美国的《国家科学教育标准》和《科学素养的基准》为例，前者涉及 K－12 年级八个领域的标准，每个领域都深入浅出，不但有具体目标，还有具体实施的建议；后者涉及 K－

12年级十二个领域的标准，各领域的标准在每一个年级中都被详细地分解，非常细致、全面，同时还有大量的实例和建议，具有非常强的操作性。值得注意的是，《国家科学教育标准》的研制用了4年多时间（1991．8—1995．12），《科学素养的基准》的研制也用了约4年的时间（1989—1993年），并且还在不断的完善中。可见，要制定出一种对实践真正具有指导意义的科学素养标准绝非易事，不具有一定操作性的科学素养标准只能是形同虚设。

四、反 思 与 构 建

（一）对科学素养的反思

前文已经对科学素养提出的前提假设、历史渊源、内涵和特点进行了扼要的论述，目的无非在于完善这一思想，建构更为科学的科学素养理论和标准体系。回顾科学素养理念的历程，我们可以从三个问题上对其进行必要反思。在反思中，我们可以认识到以往的不足和未来的发展方向。

1. 长期与短期。目标有长期和短期之分，对于科学教育、科学课程的主要目标——科学素养来讲，也是如此。长期目标考虑的是学生长时间乃至终身的问题，而短期目标考虑的是目前、时下的问题。无疑，两者都很重要，不能偏废。但我国目前的科学素养标准（我国还不大习惯这么称呼）更多是急功近利地强调短期目标，比如知识的掌握、解题能力的训练等等。科学课程目标的短视效应与教育目的的急功近利关系密切，过分强调"快出人才、出好人才"，只能以牺牲个人的全面发展为代价，造出一批"速成零件"，最终会影响社会的"人才结构"和人才的"素质结构"。对于人才来讲，其终身受用的不是知识、解题方法，而是各种能力、意识、观念和精神。虽然对于后者的培养往往是长期、艰难的，并且对这些素质的确认也非常困难，但这些不应该成为培养学生"长期素养"的障碍。

2. 社会与个人。其实，社会与个人的关系，就是国家与公民、集体与个体的关系。教育尤其是基础教育作为一种特殊的公益事业，无疑要兼顾社会和个人的利益。那么，在科学教育、科学课程目标的制定中，社会与个人是一个什么样的关系呢？在通常情况下，社会的要求与个人的追求有很强的一致性，因为社会的要求往往是以一种强势、主流的文化来体现，个体要融入其中就必须遵守"规则"，符合要求；同时社会的需求也是社会个体意愿的"叠加"，体现了多数个体的呼声。但社会毕竟不同于个体，社会的要求有时也未必得到社会多数个体的肯定（当然，这里的"肯定"一词指的是在获得了"完全信息"之后的认可，被蒙蔽状态下的表态当然不能算），所以，在社会与个人的目标上常常会出现"层析"的现象。造成这种现象的主要原因是，构成社会的每个个体都是一个完整的、具有自我意识、能够自我完善和革新的个体，每个个体都是一种个体文化的载体，更是其文化的创造者和完善者。从整体、长期的角度看，个体文化的多样性、活跃性决定了社会文化的丰富性和发展性，所以，理解、尊重社会个体的独立性，实质就是赋予了社会发展更大的动力。为此，有必要重视学生的自我意识、批判精神、怀疑精神、理性思想、创造能力的培养。事实上，这些是我们常常忽略的领域。对学生个体的尊重实际上是对社会命运的重视。

3. 资源与利用。任何一项事业都需要一定的资源，科学教育也是如此。科学教育目的、科学课程目标在一定程度上反映了对科学课程资源的理解与定位，也影响着对科学课程资源的选择和利用。广义地讲，科学文化、实验设备、多媒体设备、教室、教师、学生、各种信息载体等都可以被视为科学教育的资源。对于科学课程开发，科学文化资源、教师、学生、实验设备等是不可或缺的资源。值得指出的是，这里将教师和学生划为课程资源范畴主要指的是教师和学生的潜在的、隐含的有利于课程活动进行的潜能，而这种潜能不是自然而然就能发挥作用的，它需要呼唤和挖掘。过去，我们对科学文化的课程资源挖掘得不够，浪费了很多资源，表现在科学课程目标的制定上就是目标狭隘、简单、机械、僵化等。其实，对科学课程目标确定的一个重要前提就是要深入剖析科学文化，充分利用科学文化的课程资源。比如，科学文化在培养学生创新的意识和能力，自由、平等的观念，理性、求是的精神，热爱和平、关心社会的情操等方面具有丰富的资源，但这些资源常常被忽视，所以在科学课程的目标中往往难觅其踪迹。科学文化的课程资源是科学课程得以建立的主要基础，因而，科学课程目标的确立要以此为根基。

（二）科学素养的构建

人们一直试图为科学素养思潮寻找可靠的理论基础，并希望能够构建一个完备、自洽的标准体系。比如，梁英豪先生认为科学素养应该包括科学知识、技能，科学方法和思维方法，价值观，解决社会及日常生活问题的决策，创新精神，科学、技术及其相互关系，科学精神，科学态度，科学伦理和情感等十个方面。[①] 我国最新的《科学课程标准》中将科学课程的目标规定为：科学探究，科学知识与技能，科学态度、情感与价值观，科学、技术与社会的关系等四个方面。[②] 众多学者和教育行政部门所制定的科学素养标准，都是力图全面地反映科学课程的教育价值，培养全面发展的学生。但科学素养的制定无疑是非常复杂的工程，它不但涉及教育的总目标、科学教育的目的，还关涉到学生的年龄、社会的需要、科学文化价值、地区之间的文化差异、学生的志向和兴趣爱好等因素。因此，思考与设计科学素养标准的时候要从多角度、多层面考虑问题，这样才能比较全面、细致地提供科学课程的标准。为此，笔者认为可以从四个维度来思考和构建科学素养的标准体系，这四个维度包括学生的年龄维度、素养层次维度、科学文化资源维度和社会需求维度。如图6－1所示，可以用一个四维时空的图形来对此进行描述。这里的文化资源、素养层次、社会需求三个维度相当于三维立体空间的X、Y、Z三个坐标轴，而年龄或年级维相当于时空间的时间轴。粗略地可以认为，每一个点（x，y，z，t）都对应着一个科学素养指标。随着时间（年龄）的推移，这些指标也将发生变化。下面分维度进

---

① 梁英豪. 科学技术素养初探. 课程·教材·教法，2001（12）.
② 科学（7－9年级）课程标准. 北京：北京师范大学出版社，2001：8.

行简要阐述。

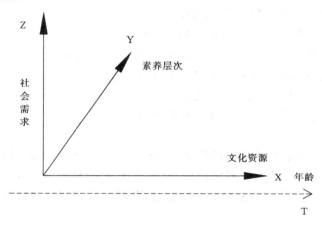

图 6-1

1. 科学文化资源维度。科学文化资源是科学课程存在的基础，因此，科学文化资源对于科学素养标准将具有"硬性"的约束作用。科学文化资源决定了科学文化的课程价值，从而限定了科学课程在成人功能上可能完成的"任务"，因此，科学文化资源在"科学素养空间"中决定着科学素养的可能项目。对科学文化资源进行考察的价值在于，一方面，科学素养标准的制定有据可依，避免凭空想象、主观臆断；另一方面，了解、挖掘科学文化的课程价值，避免遗漏或者片面强调科学文化的课程价值，有利于制定全面的科学素养标准。根据对科学文化课程价值的分析，我们认为科学文化在智力、能力、技能层面，观念精神层面，道德规范层面，审美层面等四个领域具有重要的课程价值，那么相应地，我们就可以在这四个方面进行细划并获得相应的素养要求。依此思路，试举例进行分析。

（1）智力、能力和技能层面的科学素养标准。智力、能力和技能的获得与各种科学知识的习得、练习和应用，与各种实践、探索活动，与对行为、活动的监控和反思关系密切。由此，这一层面素养的标准至少要涉及如下各方面：

◇ 获得主要科学概念、定理、定律等。

◇ 掌握科学发展的基本历史知识。

◇ 意识到科学缄默知识的存在。

◇ 能够用科学概念解释一般的自然现象。

◇ 能够用所学知识解决生活中所遇到的简单问题。

◇ 能够简单说明科学和技术对社会的意义。

◇ 能够用科学的方法思考问题。

◇ 具备一定的试验和实验操作的能力。

……

（2）观念、精神层面的科学素养标准。前文已经述及，科学文化对于学生形成科学观念、科学精神，乃至塑造人的整个精神世界都具有独特的价值，所以，在这方面科学文化有理由提出自己的目标要求。试举几例：

◇ 形成适当的科学本体观。

◇ 形成适当的科学价值观。

◇ 形成适当的科学发展观。

◇ 形成适当的科学习得观。

◇ 形成适当的宇宙观。

◇ 形成适当的自然观。

◇ 形成适当的时空观。

◇ 形成适当的发展观。

◇ 形成适当的人生观。

……

（3）道德规范层面的科学素养标准。在创造科学文化的主体——科学共同体的科学实践和社会活动中，在科学活动的过程中，在科学知识当中，在科学方法、观念、精神中都蕴含着丰富的道德教育资源，这在前文已经论及。那么，就有根据提出道德规范方面的科学素养要求。比如：

◇ 培养学生求真务实的精神。

◇ 培养学生理性批判的精神。

◇ 培养学生勇于创新、不惧艰险的精神。

◇ 培养学生尊重事实、尊重科学的精神。

◇ 培养学生热爱和平的精神。

◇ 培养学生尊重他人、善于合作的精神。

◇ 培养学生不迷信权威、勇于探索的精神。

……

（4）审美层面的科学素养标准。在第四章中，我们已经论述了科学美的存在及其教育价值。具体到科学素养标准中应该至少涉及以下几个方面：

◇ 培养学生在科学文化中发现美的意识。

◇ 培养学生在科学文化中发现美的能力。

◇ 培养学生在科学文化中体验美的能力。

◇ 培养学生在科学文化中鉴赏美的能力。

◇ 培养学生创造美的能力。

……

以上四者之间绝非相互分离毫无关系，而是存在着密切的联系，正如库恩的范式那样，科学知识、方法、观念之间密切联系共同构成科学共同体的世界图景。在学生的头脑中也是如此，一定的科学知识、方法和活动支持了一种科学观念和道德规范，同样，一种观念与道德规范又会对一定的科学文化的内化与生成起过滤和导向作用，因此，四者是相互联系、相互作用、相互制约的关系。割断其间的联系，只会使科学素养标准变得支离破碎，失去整体优势，进而降低其价值。

2. 科学素养层次维度。这个指标主要从总体上对科学文化掌握的程度进行区分。国外有学者对此进行了深入研究，将科学素养划分为五个层面："（1）科盲，即有些人因为年龄、发展阶段或智力缺陷等因素的影响成为科盲，这些人可以说完全缺乏科学素养。（2）名义上的科学素养，即了解某一术语、问题或话题是属于科技方面的，除此以外所知甚少。在这个层面上的人，其科技素养属于最低层次。（3）功能性的科学素养，具有功能性科技素养的人会使用科技术语，但局限在一定的范围，如测验时解释一个术语，读报或收听电视节目。（4）概念和程序的科学素养，这是指理解某个学科及其研究方法和过程的关系。在这个层次上的人理解了学科的结构和产生新知识、新方法的程序。（5）多层面科学素养。"① 对科学素养的不同层面进行划分，有利于"因材施教"，区别不同的对象，制定合适的培养目标，采取合适的对策。

3. 科学素养社会需求维度。社会需求维度主要考虑的是时下社会对科学教育的主要要求。社会需求对科学文化的教育资源起选择、过滤和重新配置的作用。社会的需求常通过"正当"途径控制"合法"的标准的形成，如国家各种科学课程文件的制定，包括科学课程计划、课程标准、教科书等等的规划与编制。有时社会的需要也通过"地下"渠道影响"非合法"的标准的产生，比如社会对科学的误解、对科学功用的曲解、对科学不正确的企盼、对科学学习方式的错误认识等等，都会潜移默化地通过教师、家长、学生、各种宣传来影响"实际"的科学素养标准。对科学素养的社会需求进行全面分析可以分清社会的长期目标与短期目标、正确目标与错误目标、显在的目标与潜在的目标，有利于构建科学、合理的科学素养体系。

4. 科学素养的年龄（时间）维度。科学素养的发展是长期的，甚至是终身的过程，因此，科学素养的内容应该具备连续、持久和稳定的特点。学校科学素养标准的制定显然要考虑不同年级、不同年龄学生的特点。随着年龄的变化、时间的推移，文化资源、素养层次、社会需求三个维度的要求和起点都会有相应的变化，这也正体现了时空第四维度的意义。对于年龄维度的考虑有利于保持科学素养标准的整体性、连续性和发展性。

---

① 丁邦平. 国外科学教育引论. 太原：山西教育出版社，2002：168.

第七章　科学课程理想形态：
　　　　多元复合与有机生成

本研究利用五章篇幅阐述了有关科学课程的发展历程、文化资源、课程目标等一些基本问题，那么科学课程的存在样态究竟是什么样呢？这涉及科学课程的形态问题。"形态"一词指的是"事物的形状和表现"[①]，科学课程形态指的就是科学课程存在的形式和状态。决定科学课程形态的因素很多，比如，学科知识体系的逻辑结构、科学文化的内涵、儿童的心理发展状况、儿童认知的心理逻辑、科学课程的目标等等。对这些问题的深入分析有助于确立正确的科学课程形态观，更有利于我们整个课程观念的革新，是变革、构建理想的科学课程的必然要求。

一、科学课程形态的回顾与反思

（一）历史上几种主要的科学课程形态

回顾科学课程的发展历程可知，科学课程的发展主要经历了科学课程的"合法化"、"活动化"、"结构化"和"综合化"等几个主要阶段，几乎在每个阶段都有一种占主导地位的科学课程形态，不同的科学课程

[①]　现代汉语词典（修订版）．北京：商务印书馆，1996：1410．

形态是其科学观、课程观、习得观、学生观、教师观等的集中体现。在科学课程的"合法化"时期，科学课程的主要内容是科学知识，因此，科学课程的主要形式就是经过简化了的各门科学以及由这些科学所构成的百科全书。在这一时期，科学课程的形态就是承载着这些具有严密逻辑结构的各种教科书。在科学课程的"活动化"时期，以杜威为首的学者们认识到科学方法的重要作用，加之其对"经验"和"思维"的全新阐释，使科学课程具有了动态性、过程性、发展性的特征。同时，杜威还非常重视将课程内容联系社会生活现实，这又使科学课程具有很强的综合性。总的来看，"活动化"是这一时期科学课程的主要发展趋势，对课程形态的理解不再局限于学科中心的科学课程，科学课程变成了以探究知识、获得经验为主要目的的主动作业。在科学课程的"结构化"阶段，科学几乎被狭隘地等同于科学学科，科学课程的任务就是为教师和学生呈现科学知识的结构。虽然学科结构主义者也很重视学生的学习心理，但是他们的目的主要在于寻找所谓的"智力忠实"的方式，以便将学科结构教给学生。这不可避免地造成了学生与课程之间主客两分的处境，最终导致科学课程成为科学论著的"简化版"、"普及版"，凸现"学科结构"是这一时期科学课程形态的主要特征。科学课程的"综合化"是目前科学课程发展的一个主导趋势，无论是以知识的相关性为根据，还是以揭示科学本质为目的的综合科学课程，都强调对科学知识、方法、价值、本质等进行多角度、多层面的反思与透视，力求使学生对科学文化有一个全面的理解。同时，科学也不再简单地被视为一种文件、规范、文本，科学课程的活动性、过程性、发展性、非预期性、自组织性等得到重视，科学课程被视为在设计与实践中不断生成的存在，有机生成性是其内在机制和特征。

（二）制约科学课程形态的几个主要因素

从科学课程的发展史来看，制约、影响科学课程形态的因素很多，其中主要包括科学观、科学课程本质观、科学课程习得观以及对科学课程逻辑结构与心理结构的理解。就科学观对课程形态的影响而言，以往主要表现在对科学知识和科学方法的理解上。过分强调科学知识的作用，就容易造成科学课程围绕着科学知识体系的逻辑进行组织，最终导致科学课程变成了某一门科学的翻版；重视科学方法的科学课程往往比较重视学生的主动探究活动，重视学生学习动机的培养，但过分强调科学方法的作用又会导致为方法而方法，使科学方法失去"附着"的基础。近些年来，人们开始重视对科学的人文理解和社会理解，科学与社会、人文、技术之间关系的说明成为科学课程应有之义，于是以知识的相关性为主要依据的综合科学课程出现了。最近，国外又出现了以反映科学本质为主要目标的综合科学课程。这些都反映了科学观对科学课程形态的制约作用。

对课程形态的影响，课程本质观较科学观更为直接和强烈。对课程本质的理解可谓众说纷纭，有学者将其归纳为六大类①：（1）课程即教学科目；（2）课程即有计划的教学活动；（3）课程即预期的学习结果；（4）课程即学习经验；（5）课程即社会文化的再生产；（6）课程即社会改造。当然，"人们从不同层次和角度出发研究和认识课程，不仅是可能的而且也是合理的"②。对课程内涵的不同定位一定程度上已经确定了课程的形态，比如，课程即教学科目已经直接地说明了课程的形态就是教学科目；课程即学习经验也指出了课程就是为学生提供的各种有待学习的种种经验。另外，对课程与教学关系的理解、对课程设计与课程实施关系的定位、对教师与学生地位的确认，以及对教学系统运行机制的认识等等，都会影响到对科学课程形态的理解。可以说，不同课程形态的主张是不同课程本质观的外在反映。

科学课程的习得观也是影响科学课程形态的一个重要因素。无论选择什么样的课程形态，都是为了使学生更好地获得科学文化，因此，课程形态必须符合学生的学习规律，在实践中就是符合人们科学文化的习得观。比如，有人认为学习科学文化就是学习科学知识，就得通过"死记硬背"的方式进行，那么，他理解与设计的科学课程很容易就是各种科学知识的简单堆积；有人认为科学是在人与自然交往中形成的不断更新、扩展的经验，是一个动态的过程，学习科学文化就是在活动中探究

---

① 施良方. 课程理论. 北京：教育科学出版社，1996：3—7.
② 丛立新. 课程论问题. 北京：教育科学出版社，2000：4.

科学知识，获得科学经验，那么，他就会认为科学课程的形态应该是一个以学生为主的探究作业的过程；如果认为对科学课程的学习是学生在各种活动中利用已有的经验建构个人科学文化的过程，那么，科学课程势必要时刻关注学生的已有经验、学生的理解能力、学生领会的意义、学生的文化背景、学生的学习动机等，并据此不断设计、调整、控制课程的内容和进度，科学课程可能就是一种不断生成的过程性、发展性的活动。总之，科学课程的习得观对科学课程形态的确定影响深远。

在科学课程形态的问题上，人们还有一个持久未决的问题，那就是以什么样的形式来组织课程。一些学者强调要按照学科逻辑结构设计课程，而另一些学者则强调要根据学生的心理逻辑来设计课程。到目前，持非此即彼意见的学者已经很少见，但在实际操作中其"重心"还是有所不同，结果就使科学课程各具特色。此外，在科学课程的组织上，还有直线式组织和圆周式组织两种意见，直线式组织强调逻辑的严密性，主张课程内容要不断向纵深发展，逐渐增加难度，而圆周式组织形式则主张课程内容要不断向横向发展，扩大知识领域。两者都能从学科结构逻辑和心理逻辑理论中找到一定程度的支持，具有一定的合理性，但各自也有片面性。不同的课程组织形式对科学课程的形态也具有明显的影响。

二、科学课程形态的静态分析

科学课程形态的讨论势必要涉及构成科学课程的各种要素以及各要素之间的联系和组合方式的问题。为了便于分析，我们姑且从处于不断变化与发展中的"课程流程"里截取某一时刻的断面进行分析。在这个断面中，我们至少能够找到如下几个重要的科学文化因素：（1）科学知识；（2）科学方法；（3）科学观；（4）科学活动；（5）科学精神；（6）科学的社会理解等。可以说，科学课程就是对这些科学文化课程资源的取舍、变通与整合的结果。当然，这些因素在课程中并非承担着相同的权重，某一因素的比重也不是始终如一，一成不变，正是这些因素的组合方式和"分量"的不断变化才创造出丰富多彩、风格各异的科学课程形态。科学课程的规划、设计与实施，就是对各种课程要素进行选择和组织的过程，科学课程构成要素就是科学课程的科学文化资源。对科学文化资源的不同组合便形成了不同类型的科学课程，比较有代表性的科学课程类型有学科课程、活动课程、综合课程、核心课程和潜在课程等。

（一）以科学知识为主要资源的课程

对科学文化资源的选择与组合体现了科学课程设计者的课程理解和设计目的，有的科学课程以科学知识为主要资源，或者说，在诸多课程资源中更侧重于科学知识。在这样的课程中，怎样忠实于原来的科学知识体系成为首先要考虑的问题，其次要考虑的是如何将其"翻译"成学生能够接受的方式。然而，从科学知识体系中"提取"知识并将它们组合成科学课程并非易事，其中的一个重要原因是难以确定"提取"知识的标准。过去，我们比较通行的办法是按照科学分科的方式来设计课程的领域，但我们并不能为这种做法提供有力的根据，因为科学分科只是相对的，将科学分为各种学科并不是因为自然本来如此，而是因为我们认识能力有限。这就造成选择科学知识的时候没有一个公认的标准。较早的时候，人们是以科学学科划界为依据来设置和设计科学课程，后来，人们认识到这在一定程度上人为地割裂了科学知识的内在联系，于是，开始扩大知识范围，吸收不同学科的科学知识。这样，科目中心的科学课程逐渐减少，综合课程不断增多。以课程中所包含学科的数目多少和强度大小为标准，可以将课程分为"科目本位课程、相关课程、融合课程、广域课程、核心课程和经验课程"[①]。在科学课程中，科目本位课程主要指的是根据不同科学科目确定的学科，比如，物理课程、化学课程、生理课程等；相关课程指"加强各教学科目之间的联系"，比如，加强物理教学中"原子能级"内容和化学课程中"核外电子分布"内容之间的联系；融合课程是指将部分科目融合到一起所形成的新的科目课程，比如物理和化学"联姻"形成物理化学、生物与物理结合形成

---

① 施良方. 课程理论. 北京：教育科学出版社，1996：120.

生物物理等；广域课程与融合课程类似，只不过它所综合的科目更多，比如自然课程、综合理科课程等；核心课程是指打破学科界限，以某一方面的问题解决为目标选取科学知识构成的课程；经验本位课程是指学生为解决身边的各种问题，自由选择科学知识和经验构成的知识和经验系统。但无论是科目本位课程、相关课程、广域课程，还是核心课程，本质上都是学科课程。

（二）以科学方法为主要资源的课程

"科学方法是人认识世界的有效手段和工具，是人在认识世界的实践活动中总结出来的正确的思维方式和操作方式"[1]，它在科学文化中的地位非常突出。因此，在科学课程中也很重视科学方法的传授。科学方法有多个层次，有人将其概括为各门学科特有的认识和方法、整个自然科学的认识和方法、唯物辩证法等三种[2]。同时，科学方法按照"抽象"程度的差异，可以分为经验认识的方法、理论认识的方法两大类[3]。将科学方法纳入科学课程已经有很长的历史。早在科学课程的合法化时期，培根的科学归纳法就已经得到了科学教育者的重视，被纳入到科学课程中；在杜威的科学课程中，科学方法被视为对"经验中潜在能力进行理智开发与探索的模式和理想"[4]，成为比科学知识还重要的科学文化资源；布鲁纳更是强调科学方法的课程价值，他甚至认为学生的"发现式"学习活动与科学家的发明创造活动没有本质区别，科学方法也可以用到学生的学习中，理所当然，科学方法也就成了布鲁纳科学课程的重要内容。目前，我国科学课程改革也很重视科学方法的价值，比如，在我国浙江省初中《自然科学》课程的设计中，课程内容的组织分两条线索展开，即在"以知识体系作为课程内容展开的主线的同时，还设计了一个技能与方法体系，作为副线"[5]。这套《自然科学》课程

① 周川. 科学的教育价值. 南京：江苏教育出版社，1998：169.
② 刘大椿. 科学技术哲学导论. 北京：中国人民大学出版社，2001：98.
③ 刘大椿. 科学技术哲学导论. 北京：中国人民大学出版社，2001：98.
④ ［美］杜威. 经验与教育. 麦克米伦公司，1938：108. 转引自，宋宁娜. 科学文化与教育. 苏州大学学报（哲社版），1998（2）.
⑤ 余自强. 综合理科课程与科学方法教育. 课程·教材·教法，1998（10）.

包含的科学方法，有经验认识方法和理论思维方法两大类，前者包括科学观察方法、科学实验方法和科学调查方法，后者包括比较、分类、归纳、演绎、分析、综合、假说等。但总的来看，我国很少有专门传授科学方法的科学课程，这一方面是因为科学知识、科学活动是科学方法的载体，没有科学知识和科学活动，科学方法只能是纸上谈兵；另一方面是因为科学知识的学习、科学活动的进行也离不开科学方法，失去科学方法的科学知识与科学活动只能是一盘散沙和机械的动作。尽管如此，科学课程的"重心"也常常偏向科学方法，使科学方法成为科学课程某一部分内容的中心，比如，物理测量方法、电路连接的方法、各种仪器使用的方法、实验数据分析的方法、焰色分析法、层析法、滴定法等很多方法都成为科学课程相应部分的核心。当然，以科学方法为主要资源的科学课程中仍然包含着大量的科学活动和科学知识，因而，这种课程有时主要表现出活动课程的特点，有时又更像学科课程。

（三）以科学活动为主要资源的课程

科学本身就是人类的一种实践活动，对于具有活动特征的科学文化的学习，往往要通过活动的方式。也就是说，科学的活动特性决定了科学课程的形态要具有一定的活动性，我们常将这种以学生活动为主线进行组织的课程称为科学活动课程。历史上较早提出活动形态科学课程的杜威认为，"教育要使儿童获得能够共同参与社会生活的经验，就必须按照思维的五个步骤组织好每一次的教学活动"[1]，其主要形式是"主动作业"。在主动作业这种特殊活动中，学生能够踊跃地提出问题，积极地思考，热烈地讨论，从而扩展经验，实现个体的发展。其实，科学课程中的活动课程很多，只不过没有得到应有的重视而已。比如，各种科学实验就是典型的活动课程，在这些"科学活动"中，学生可以体验科学家的探索历程，练习使用各种科学方法，巩固和理解各种科学知识，感受科学过程中的辛酸与快乐，领悟内含于科学活动中的奥妙与美丽，等等。再比如，学生的各种综合实践活动课程就"是一门充分发挥同学们的主观能动性，以同学们的自主学习、直接经验和研究探索为基

---

[1]　戴本博主编.　外国教育史（下）.　北京：人民教育出版社，1990：80.

本方式，以培养创新精神、实践能力和个性养成教育为基本目标的活动课程"①。在江苏省中小学教学研究室编著的《高中综合实践活动指导》中，列举了血压与健康、尘埃与污染、温室效应等多个科学实践活动项目。科学活动课程"重视学生的学习主动性、创造性，把生活、经验、社会课题及其他丰富的内容吸收到学校教育中，对丰富、创造学校的教学内容是有益的"②。但是，科学活动课程的实施往往容易流于形式，变成"为活动而活动"，将表面的活动当成追求的目标。学生的实践活动、探究活动、研究活动、发现活动不仅是一种外观、表面的活动，更是一种思维、智力、情感、意志的活动，因而，科学活动课程需要学生全身心投入。同时，科学活动课程不是孤立存在的，它必须与其他学科课程保持默契，否则，活动就变成了"无源之水，无本之木"。

(四) 以科学观和科学精神为主要资源的课程

科学观、科学精神是科学文化中重要的课程资源，但是，不仅据此资源开发的科学课程极少，而且在其他科学课程中也很少涉及。科学观、科学精神的内容非常丰富，对于学生科学素养的培养具有重要的价值。由于科学观和科学精神还没有得到足够的重视，有关它们的课程内容还处在"非正式"、"非合法"状态，主要依靠潜在课程的形式进行传播。相对于科学知识和科学方法而言，科学观和科学精神更具有潜在性、歧义性、长效性和主观性等特点，这决定了它们独立成为科学资源的困难性。所以，科学观、科学精神对学生思想的渗透要通过一定的载体，比如科学知识、科学方法、科学活动等等。也就是说，科学观与科学精神可以搭其他课程的"便车"达至学生。这样，传播科学观、科学精神的课程，既可以是学科课程、核心课程，也可以是活动课程。在各种课程内容中，笔者认为科学史对于科学观和科学精神的培养具有特别和独到的价值，那种将科学史简单视为科学家故事的教学行为，实在是对科学史课程价值的低估。此外，科学探究活动也有利于学生形成合理

---

① 江苏省中小学教学研究室. 高中综合实践活动指导. 南京：南京师范大学出版社，2000：1.

② 陈玉琨等. 课程改革与课程评价. 北京：教育科学出版社，2001：11.

的科学观和科学精神。可喜的是，近年来，科学课程改革已经开始注意到科学观和科学精神的培养。

（五）以科学的社会理解为主要资源的课程

科学作为一种人类的实践活动和事业，天然与社会保持着千丝万缕的联系。从社会的视角"描绘"科学，设计科学课程，会使学生对科学文化有一个更为全面的了解。自上个世纪 70 年代以来，以揭示科学、技术、社会之间的联系为目标的 STS 课程风靡世界。比如，在 20 世纪 70 年代中期，英国科学教育委员会出台了"社会中的科学"项目。他们希望"通过这个课程系列可以让学生理解科学知识的性质，理解科学对社会和环境作用的利与弊，了解地球上资源的有限性，发展学生思考科学道德问题的能力以及理智地进行决策的能力"[①]。我国《科学(7—9年级)课程标准》（实验稿）的内容标准中，在环境与资源、现代农业与基因工程、通讯与交通、材料和空间技术等五个方面列举了当代社会中的重大课题，希望"通过本专题的学习，学生将形成关注环境、资源等社会重大问题的意识，增强社会责任感，知道应当用科学的原理和方法解释自然现象和解决生活中遇到的实际问题，逐步养成科学的生活态度与习惯"[②]。由此可见，以科学的社会理解为主要内容的课程形态也可以多种多样，比如核心课程、活动课程、学科课程，甚至潜课程等。

由以上的简单分析可知，各种科学文化资源可以通过多种途径进入到科学课程中，展示科学文化的课程形态也多种多样，它们之间绝不是"一对一"的简单的对应关系。每一种形态的科学课程都由一种或几种科学文化资源按照一定的目的整合而成，同时随着时间的变化，科学课程文化资源的种类和数量也会发生变化。由此也可发现，科学文化、科学文化的课程资源、科学课程具有丰富、复杂的内涵，进行科学课程的设计与实施是一项艰巨的工程。

---

① 孙可平．STS 教育论．上海：华东师范大学出版社，2001：90．

② 科学（7—9 年级）课程标准（实验稿）．北京：北京师范大学出版社，2001：42—44．

三、科学课程形态的动态分析

科学课程与其他各种事物一样处于不断的变化中，发展性和变化性是其重要特征。因此，从动态上分析科学课程的形态，有利于我们进一步认识科学课程的特征及其变化的特点。宏观地讲，学校科学课程随着时代的变迁会发生变化，表现为课程的发展、改革和变革，这种变化有时是彻底的、迅速的，有时是局部的、缓慢的，我们可以把这种变化称为宏观的发展。中观地看，科学课程具有理想的课程、正式的课程、运作的课程、领悟的课程、经验的课程等五个层次①，这五个层次既可以被视为五种不同状态的课程，也可以被看做课程从理想走向实践、从外在变为内在的五个阶段，这五个阶段构成了课程运动的中观变化。就微观而言，科学课程不是完全能够预设的，科学课程在课程设计与实施中不断生成和展现自我，从这个意义上讲，微观的科学课程活动与教学活动关系密切。

（一）宏观层面

从宏观角度来看，科学课程的发展就像科学的发展一样，是一个历史的过程。至少从 19 世纪到目前，科学课程已经经历了三次比较重大的变革，它们分别是科学课程的活动化、科学课程的结构化和科学课程的综合化。在这些变革中，科学课程的基本理念和各种课程主张都发生了剧烈变化。科学课程正是在这种变化中不断得到完善和发展的，因此，科学课程是一种动态的存在。

影响科学课程发展的因素很多，根本因素可能有哲学思想、社会需要、科学文化状况等，对科学课程直接起作用的因素可以包括教育观、科学观、学生观、课程观、教师观、学习观等等。由于对这些因素认识的差异，人们会形成相异的科学课程理念、科学课程理论，并设计出不

---

① 施良方. 课程理论. 北京：教育科学出版社，1996：9.

同的科学课程。这些观念、思想、意识、理论汇集到一起便构成了人们在一定时期的"科学课程范式"，而这种范式的丰富、发展、更迭便是科学课程发展的外在表现形式。与库恩的科学范式一样，科学课程理论也会按照"前科学范式—常规科学—科学革命—新的常规科学"这样的发展模式发展。不过，至今对科学教育范式形成的时间和标志还没有统一的认识。尽管人们理解科学课程及其理论发展的模式可能不尽相同，但人们都会从中感受到科学课程的历时性、过程性、动态性和发展性，并由此增进对科学课程的了解。

（二）中观层面

正如前述，在整个历史长河中，科学课程始终处在不断的发展和变化中。就科学课程某一个特定的"常规时期"而言，科学课程也不可能是静态的，除对科学课程及其理论的改进和丰富外，科学课程进入课程实践也是一个动态的过程。美国学者古德莱德将课程分为五个层面[1]：（1）理想的课程，即指由一些研究机构、学术团体和课程专家提出应该开设的课程；（2）正式的课程，即指由教育行政部门规定的课程计划、课程标准和教材，也就是列入学校课程表中的课程；（3）领悟的课程，即指任课教师所领会的课程；（4）运作的课程，即指在课堂上实际实施的课程；（5）经验的课程，即指学生实际体验到的东西。这五个层面的课程可以认为是课程形成、发展、实施的过程。应该注意的是，教师所接触的绝不仅仅是正式的课程、领悟的课程和运作的课程，他与课程的五个层面都保持着密切的联系（如图7-1所示）。特定的理想课程会让教师获得正式课程得以成立的依据，并了解正式课程与理想课程之间的差异，最终这些都会成为形成教师"个人理想课程"的重要资源。正式课程并非理想课程的具体落实，两者之间会有很大差距，教师需要在理想课程、正式课程和"个人理想课程"三者之间的比较中生成"领悟的课程"。在这一生成过程中，教师的各种观念，如教师观、学生观、知识观、科学观等等会悄然渗透其中，从而使教师的"领悟课程"各具特色。运作的课程就是实施中、教学中的课程，它是各种课程的集中展

---

①　施良方. 课程理论. 北京：教育科学出版社，1996：9.

现，也是课程生成的关键阶段。可以认为，"教学活动"是运作课程生成阶段的另一种描述。经验的课程是"学生实际体验到的东西"，但这些东西与教师正在运作的课程并不是一回事，因为学生具有丰富的、千差万别的个人经验，经验的课程是学生原有经验在教学活动作用下的重构，同时，它也是教学活动中对教师的重要反馈信息。

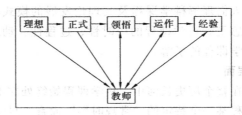

图 7 - 1

由上述分析可知，课程从理想到学生的经验是一个非常复杂而曲折的过程，这个过程要通过多个环节，并且每个环节又会有各种因素参与其中，呈现出课程生成过程的非线性、偶然性、复杂性特征。在课程活动中观层面上，教师具有非常重要的地位，他是各种课程的领悟者、创造者和调控者，因此，在课程活动中调动教师的积极性、主动性和创造性是非常重要的。

（三）微观层面

由前面的分析可知，学者们的理想课程和教育行政部门颁行的正式课程都不等于教师所领悟的课程，更不等于在教学活动中实际生成的课程。运作的课程是一个动态、发展、自组织的流程，教师和学生在这个流程中分别建构和生成了属于自己的经验。不过，课程流程并非没有目标，宏观的、概括的、笼统的科学教育目的是其追求的目标，在这样的课程目标指引下，课程流程不断调整自己的发展方向，使其尽量靠近课程目标。原则上，科学课程的目标是经过学者、专家、教育行政人员、科学家、教师等的分析和论证的、正式的、合法的目标，符合社会、学生、科学文化等各个方面的要求，能够体现出科学文化的教育价值。但是，由于不同的教师对正式课程的理解千差万别，并且即使同一个教师的认识也是在不断发展中，所以这个目标只能是相对的、变化的。课程目标在教学活动中不断衍生出许多临时的课程子目标，教师根据学生的反馈信息及其与子目标的比较结果来选择课程内容，调整课程行为，并进一步确定新的课程子目标。由此可见，"课程生成方程"的破解，不是"条件→结果"式的一次性计算就能够解决的，而是需要"目标→行为→结果→评价"的多次反复"迭代"才能完成，并且，科学课程的教育价值就是在这个不断的"迭代"中实现的。由此，笔者想到了"木鱼石的故事"，嘉庆皇帝在历经千难万险寻到奇石——木鱼石后才发现，他真正收获的并不是木鱼石，而是在寻找木鱼石过程中对心性的砺炼。科学课程目标就像木鱼石一样，它是一个指引课程活动的指南，当师生经历过之后会发现，它已经并不重要，重要的是课程活动这个过程。从这一点来说，各种计划、标准和教材与目标是一样的，是一种期望与规划。（这一过程我们试图用图7-2简要说明）科学课程运作与生成的活动主要是教学活动，我们可以从教学活动的视角进一步分析。

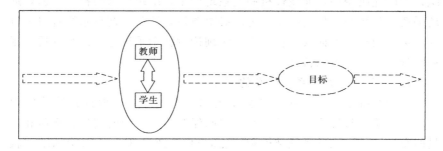

图 7-2

四、科学课程中的教学活动

　　科学课程活动是动态的、发展的、有机生成的过程，其重要表现就是科学课程教学系统的自组织特性。因此，有必要对此进行简要分析，这有助于我们全面认识科学课程及其教学活动。自组织是指"一个系统的要素按照彼此的相干性、协同性或默契而形成特定结构与功能的过程"①，在这个过程中，系统从无序走向有序。为了探索这一过程的发生机制，众多科学家进行了多方面的努力，并构建了以耗散结构论、协同论、突变论、超循环理论、混沌学为代表的自组织理论。该理论揭示，如果一个开放的系统，内部各要素之间的相互作用满足非线性关系，并远离平衡态，那么在涨落的诱发下便可能进入自组织状态，使系统不断结构化、层次化，从而从无序走向有序。教学系统是由教师、学生、教学内容、教学方法、教学环境等多个因素构成的复杂的系统，具有典型的自组织性。借助自组织理论对教学系统进行分析，将会给我们提供广泛的启示。

(一) 教学系统的自组织特性分析

一个系统是否具有自组织特性，是由系统内部各因素以及各因素之间的作用方式决定的。自组织理论认为，系统的开放性是系统产生自组织行为的先决条件，非线性机制是系统产生自组织行为的根本依据，远离平衡态是系统产生自组织行为的必要条件，涨落是调整系统自组织行为的重要契机。下面我们借助自组织理论对教学系统进行详细分析，阐释教学系统的自组织特性。

1. 开放性是教学系统固有的属性

教学系统是教育系统、社会系统的一个子系统。根据系统论的观点，在子系统与母系统以及子系统之间保持着不间断的信息、物质和能量的交流，用以维持系统结构和功能的相对完整与稳定。社会系统、教育系统、教学系统依次为包容关系。在三者之间的信息交流可以表现为多种方式，比如显性的方式，社会对教育系统的期望往往体现为蕴含于各种教育文件之中的教育目的，而教育目的在教育活动中不断被细化为培养目标、课程目标、教学目标，从而作用到教学活动中；并不是所有的社会期望都能得到"合法化"，有些社会信息的交流是以隐性方式进行的，比如社会上那些虽未被"合法化"但居于强势地位的人才观、教育观、价值观、社会观、世界观，都无时无刻不在影响着教师和学生教

①　邓平修. 自然辩证法概论. 广州：广东高等教育出版社，1998：68.

育观和学习观的形成和发展，影响着教学活动的效率与方向。当然，教学、教育系统也不总是处于被动地位，教育和教学系统的反馈信息往往也会上行，不断地影响、革新社会系统的观念和结构。此外，教学系统和其他诸如教学管理、师资培训等教育的子系统也保持着密切的信息交流。

教学系统信息上的开放性既是教学系统的固有特性，也是教学活动得以顺利进行的根本保证。根据热力学第二定律，为了增加系统的有序度，降低混乱度，使系统有序发展，必须大力从系统外引入负熵流。

在教学系统，我们引入负熵流的方法很多。就教学观念来讲，教师应当积极学习先进的教育理论，掌握先进的教育理念，树立正确的教育观、学生观、知识观、人才观和世界观，不仅要学习国家的教育文件、教育政策、教学指导书等显性信息，还要关注专家学者推荐的先进成果和同行们的成功经验。就学生来讲，应当鼓励他们参加校外社会实践和课外科技活动，广泛利用学生的背景知识、前科学概念进行教学，力争发挥学生的积极性、主动性和创造性。就教学内容来讲，不能将教学内容仅仅局限于教科书，仅仅局限在知识的传授上，应尽量丰富和更新教学内容，使教学内容做到综合化、主题化、活动化。在教学方法的选择和教学活动的组织上，要发挥学生的主动性，采用启发式、发现法教学，使学生有机会利用自己的知识探讨学习和社会中的各种问题，促进教学系统内外信息的交流。似乎系统开放在表象上带来了混乱，事实上却是走向更高级的有序。权威控制下封闭系统其形式上的有序，是以教学效率低下、泯灭学生天性和阻碍学生身心健康发展为代价的，实质上是低效而混乱的。这样的系统只能处于近平衡态，随着时间的流逝而无所作为，难以"自发地从无序转变为有序，即不可能从较低级的结构转化为较高级的结构"①。

2. 非线性是教学系统的典型特征

过去我们往往将学生视为一个线性的系统，认为只要教师与学生作了一定的努力，就必然会有相应的回报，总以为成绩与付出之间具有正

---

① 查有梁等. 物理教学论. 南宁：广西教育出版社，1996：45.

比的函数关系。事实并非如此。人作为一种具有高级思维能力和情感的复杂动物是一个非线性的系统。也就是说，这一系统的输出变量或状态的变化并不是与对他的输入变量或刺激强度成简单的线性关系。比如在对声音的感觉方面，人对声音的体验强度并不是与声强简单成正比关系，对光的感觉也是如此，这是由人的生理因素与后天经验共同作用的结果。认知活动中对学生呈现的信息量、学生获取的信息量以及学生结构状态量的变化三者之间也呈现出非线性的特性。这主要是由于学生认知结构的特性、知识的呈现方式、教学策略、学习策略的选择、教学情境的营造以及学生的认知因素和非认知因素之间有密切关系。以学习动机的培养为例，教师有时对学生进行"苦口婆心"的劝导、千方百计的启发，但学生的学习积极性提高并不明显。而教师偶尔一句鼓励的话、一个赞许的眼神、一个不经意的举动却可能激发学生努力学习的动力，这种动力还可能被持续加强。教师的"投入"和"产出"有时是这样的不成比例。由上可知，每个学生都是一个复杂的非线性系统，各自具有一定的相对稳定的"频率"，在学习和生活中表现出自己固定的习惯与特点。

在教学中，教师必须认识到，教学系统是一个包括自身在内的常常表现出混沌性的非线性系统。只有如此，教师才能避免认识和行为上的简单化和机械化，从而准确地关注、体察、把握微小的"初始条件"，选择相应的教学策略，对教学系统与活动进行"宏观调控"，不断地优化收敛吸引子，诱导和改善混沌吸引子，使教学活动顺利进行。

3. 远离平衡态是教学系统的重要属性

"一个远离平衡态的系统，当其变化达到一定的阈值，通过涨落有可能发生突变，由原来的混沌无序状态，转变为一种在空间上、时间上或功能上的有序状态和有组织结构"[1]，"……自发地趋于有序"[2]，也就是说，"非平衡是有序之源"（普利高津语）。所以，一个健康、富有生

---

① 吴国盛. 科学的世纪. 北京：法律出版社，2000：129.

② 王雨田主编. 控制论、信息论、系统科学与哲学. 北京：中国人民大学出版社，1986：463.

机、不断发展的系统应该是一个远离平衡态的系统。只有这样，才可能免受平衡态区域线性规律的支配，才可能有新质出现，最终导致系统结构与功能的不断优化。比如在科学史上，自从托勒密系统地构建了"地心说"以后，人们就一直陶醉于他所描绘的地球是宇宙之中心，其他行星皆环绕地球旋转的美丽宇宙图景，将"地心说"奉为真理。在哥白尼的《论天球的旋转》（有人将其译为《天体运行论》）一书发表之前，很少有人对此提出异议，充其量也只是提出一些修修补补的意见而已。那时人们的思维深深地陷入平衡态中不能自拔，以至天文学的发展停滞不前。是哥白尼在这个沉寂的思想泥潭中投下了一枚重磅炸弹——"日心说"，把人们重新推上远离平衡态的探索之路，此后一度波澜壮阔，风光无限，使天文学和宇宙学得到极大发展。再比如，19世纪末20世纪初，很多科学家以为，被誉为"一座庄严雄伟的建筑体系和动人心弦的美丽的庙堂"[①]的物理学大厦已经建成，物理学大发现的时代即将结束。人们沉浸在对世界已有了解所带来的喜悦之中，满足于已有的知识。人们的思想陷入了对经典物理学的盲目崇拜与迷信当中，在已有研究范式的禁锢下，科学发现丧失了明确的目标。平衡态又出现了。是以爱因斯坦为主的一批科学大师打破了这一短暂的平衡，为科学提出了全新的研究纲领，近代物理学才得以迅速发展。可见，任何系统的发展都是平衡态与非平衡态不断转换更迭的过程。但为了寻求系统的发展，我们必须发挥主观能动性，推动系统远离非平衡态，走上有序。教学系统也是如此。

　　教学活动是有计划、有组织、目标明确的教育活动。从一定意义上讲，教学系统具有偏离平衡态的本性。如何发挥教师和学生的主动性与积极性，使教学系统更加有序，结构更加优化，组织更加合理，却是一件很难的事。在教学活动中，常有两种极端现象，一是教师"统"得过死，搞"一言堂"，搞"填鸭式"教学，在这样的教学活动中，学生丧失了主体性，成了信息的被动受体。因为信息的单向流动，导致学生头脑处于"休眠"状态，认知结构的扩展与优化的效率严重受损，这时的

----

① 吴国盛. 科学的历程. 长沙：湖南教育出版社，1997：711.

教学系统几乎是思维静止的近平衡态；二是教师"放"得太松，没有起到相应的主导作用。在这种情况下，由于缺少起主导作用的序参数，系统信息在低水平上进行多向传输，但无实质性进步。此时的教学系统处于信息混乱低效的近平衡态。这两种极端都是应该避免的。在教学过程中，教师作为闻道在先的授业与解惑者，必然要起到明确教学目标、选择教学内容、组织教学活动、评价教学结果的作用，这是教学活动得以协同的基本保障。我们还应明确，除教师起到序参数的作用外，学生也是决定系统发展方向的重要力量，如何发挥学生的主体性、积极性、创造性，是教学成败的关键。教学活动应该是一个活跃而有序的发展过程。

4. 涨落是教学系统走向有序的契机

涨落是指在某时刻对系统状态统计平均值的偏离。导致系统"由混沌到有序的，是极度的非平衡，是随机涨落"[①]，而这种系统内外很微小的变化可能得到巩固和不断放大，"造成整个系统的极大变化"[②]。因为非线性系统的动力学机制复杂，发展方向也带有很大的不确定性，往往次要的因素可能会成为序参数，从而改变系统的发展方向。这种涨落是系统非线性、开放机制的一种体现，也是系统走向有序的契机。对于社会和其他生命系统，这种特性表现得尤为突出，充分地体现了偶然与必然的辩证关系。

在教学系统中，这种涨落来自两个方面：一是来自系统内部，在教师、学生都是典型的非线性系统，在信息多向流通的过程中，每一个内部子系统皆有可能因其非线性产生意想不到的结果，并被逐级放大，最终影响整个系统的发展。比如，在教学过程中，经常出现学生提出一些"古怪"的问题或对问题的理解与解答"反常规"的情况，造成教学计划的某个环节被夸大，教师和学生的注意力被转移。但这种灵感的突现往往是创造力的表现，这时如果教师能够因势利导，适当调整教学计

---

① 吴国盛. 科学的世纪. 北京：法律出版社，2000：129.

② ［德］赫尔曼·哈肯. 协同学—大自然构成的奥秘. 凌复华译. 上海：上海译文出版社，2001：77.

划，便可以培养学生的发散思维、创新能力和创新意识。当然，这也对教师素养提出了较高的要求。二是环境的变化，教学系统作为教育系统和社会系统的一个子系统，不可避免地要受到各种各样的外来干扰。这些干扰作用于系统内部的各个因素便造成系统内部的涨落，比如，社会上流行"知识无用论"，很多学生就会信以为真，降低学习积极性，从而降低教学效率。这时，教师如果能够积极有效地采取措施予以纠正、疏导，就可以恢复教学秩序，重新激发学生的学习兴趣，帮助学生重新树立远大的理想与抱负，可能会使学生成为有用的人才。相反，教师如果抱着不作为的态度，听之任之，可能会使很多学生就此随波逐流，学习不断滑坡，最终一事无成。涨落是教学过程必然要面对的问题，处理得好会使教学系统更加有序，处理不好就会使教学活动陷入混沌状态。

（二）教学系统的自组织特性与科学教学改革

由以上分析我们可以发现，教学系统符合自组织系统的必备条件，是一个明显而独特的自组织系统。从整体上讲，自组织系统具有更为深层、整体的自组织特征与功能。其主要表现为，系统在没有外部指令的情况下，内部要素之间能够按照某种规则形成一定的结构和功能，能够自动地进行自我组织与协调，"自己走向有序结构"（钱学森语）。这在以技术理性、控制理性、还原主义为指导的教学与研究中往往被忽视，是今后改革需要注意的地方。

1. 在教学系统中，教师、学生、教学内容、教学方法和教学环境等要素相互联系，通过非线性作用耦合到一起。作为自组织系统便产生了异于各因素线性叠加的新的特性，集中表现为教学活动中的自我定向、自我激发、自我反馈、自我调节、自我复制等方面。

在具体的教学活动中，教学大纲所标明的显性教学目标往往会被教师和学生根据具体情况灵活地加以调整。事实上，及时有效地变通教学目标，做到"因材施教"、"因地施教"和"因时施教"，也是教学艺术的重要表现。由显性教学目标构成的收敛吸引子和因"人"、"时"、"地"不同而变动不居的奇异吸引子构成了辩证统一的矛盾关系。在具体的教学活动中，对这一矛盾进行恰当的处理，需要教师和学生的自主性和创造性，由此确立的发展目标体现了教学系统自我定向的功能。

　　在描述教学活动的时候，我们常用"良性循环"、"恶性循环"两个词，意思是先前的教学效果往往作为下个教学行为的初始条件，影响下一步教学活动，并很容易造成"倍加"的循环效应。这是一个典型的非线性迭代关系。控制论认为这两种现象皆属于正反馈。在教学系统中良性的正反馈可以不断强化学生的学习动机，激发学生的学习兴趣；恶性的正反馈则会导致教学系统失去控制。在教学活动中，人们有意无意地在强化良性正反馈，弱化恶性正反馈，甚至强行引进负反馈来控制恶性正反馈的发展。教学过程的良性发展需要教学系统内部提供相应的动力，为此，教学系统需要并且也能够不断地自我激活。教师和学生的积极性、主动性也主要体现在对教学活动的自我激发、自我反馈、自我调节等方面。

　　教学系统是一个复杂的系统。由于外部环境的变化与内部的非线性相互作用所产生的涨落会导致系统有多种多样的发展可能，教学系统的发展方向不确定，偶然性与必然性并存。具有自组织特性的教学系统具有自我复制的倾向，即教学系统通过自我选择可以产生结构和功能相似的子系统，以使教学活动得以进行。比如"有什么样的时代就会有什么样的教育；有什么样的教育就会有什么样的课程与教学"便是一种自我复制的过程。但这个复制过程是有选择的，可以借助选择教育、教学系统的主体性、能动性加以调整。这也体现了教育与教学系统的一定的独立性。

　　2. 教学系统的自组织性对教学改革的启示

　　对教学系统的自组织属性进行分析，有利于我们认清其自组织特性和演进的机理，并在此基础上重新理解教学本质，革新教学的目的观、过程观、评价观，提高教学效率。

　　首先，教学系统是一个开放系统，任何技术理性、控制理性、原子化的理解都抹煞了教学系统的根本特性，对教学机械封闭的认识与实践，只能导致教学呆板、僵化、低效。应该承认教学系统时空上的开放性，促进教学系统与社会以及其他教育子系统的交流。

　　其次，教学是一个非线性的系统，过去那种认为在教学中可以"种瓜得瓜，种豆得豆"的线性思维方式远不能适应教学理论与实践的需要。教师和学生是非线性的个体，教学系统是复杂的非线性系统，这提示我们，教学过程难以预设，教学不仅是一门技术，更是一门艺术。教学是教师、学生之间互动与发展的过程。

第三，因为学生是一个非线性的、具有独特认知结构和情感结构的系统，具有自己鲜明的发展轨迹，我们无力像计算机拷贝文件一样向其头脑中注入知识和情感，那我们就应该承认、尊重并发展其教学的主体地位。

第四，教学系统具有明显的自组织特性，一定程度上可以进行自我定向、自我激发、自我反馈、自我调节、自我复制。这说明教学系统具有相对的独立性。为了促进教学系统的良性发展，对此应该加以保护，使其免受不必要的外界干扰，真正按照教学的规律来教学，按照教学的规律来指导教学。

本章对科学课程形态的历史、制约科学课程形态选择的要素、科学课程的动态和静态特征以及科学课程的教学活动进行了全面的论述，目的在于使我们能够更为深入地了解科学课程的样态和形成机制，从而为我们有目的、有计划的课程活动提供必要的理论指导。分析表明，科学课程的内容是以科学文化为主要资源的，不同的科学课程实际上就是对各种科学文化资源的教育选择、组织和实施的有机结构，是科学文化各种要素的教育复合。这启示我们，在科学课程规划、设计和实施的过程中，要充分关注科学文化的各种要素，重视科学文化的内在课程资源，实现科学文化的课程价值。过去，由于我们课程观、科学观、学生观的狭隘性，对科学课程的理解、分析多停留在静态层面，忽视了科学课程的动态特性和教学活动的自组织本性，这是造成科学课程呆板、僵化的一个重要原因。所以，笔者认为，能够充分地利用各种科学文化课程资源并对其进行有效复合、不断生成的科学课程才是科学课程的理想形态。

第八章　科学课程学习方式变革：建构主义视角

人们对科学课程学习方式的选择不仅受学习心理理论的影响，也受制于对科学文化的理解，是学习观和科学观在学习活动中的集中体现。从科学观的角度来看，无论将科学视为科学家探索自然的认识活动，还是将其看做对科学知识进行社会建构的文化事业，建构性都是其重要特点。从学习论的角度来看，在杜威的学习论中就已经蕴含着建构主义的萌芽，近些年来，建构主义学习理论与实践更是得到了迅猛发展，已经成为科学教育与课程研究的一个重要议题。科学课程建构主义学习方式既是科学文化本性的直接反映，也是学生学习心理机制的内在需要。并且，笔者认为，科学课程的建构主义学习方式的主张与我们前面的研究具有内在的一致性和逻辑的必然性，是其应用与外推。因此，本章将围绕科学文化的建构属性、学习论中的建构主义和科学课程学习方式的建构主义议题等三个问题展开，希望能够对科学课程学习方式的变革有所助益。

一、科学文化的建构属性

科学的建构属性可以从两个角度来理解：一个是认识论的视角，关心的是科学家的智力活动；另一个是从社会学、知识社会学的角度探讨科学知识的社会建构的机制。

（一）认识论的视角

早期的归纳主义认为，科学活动就是科学家对自然界进行客观的观察和记录，并使这些记录条理化的过程。在科学观察过程中，科学家可以成功地避免个人偏见的影响，保证"记录"与客观世界之间一致。这样，由科学家们归纳概括出来的科学理论便是物质世界及其内在联系的真实反映。归纳主义强调科学世界的实在性和可认识性以及科学知识的真理性。依据这种观点，科学认识活动是一种"发现"过程，是科学家在繁杂的现象和数据中寻找客观规律的过程，就像在泥沙中淘取黄金一样。但事实上并没有这么简单，比如证伪主义者声言，通过归纳和证实方式获得的科学知识是不可靠的，是可错的。科学知识与真理根本就是两回事，它不过是科学家为解决科学问题提出的尝试性的、探索性的理论假设。他们认为："我们的知识的增长是一个十分类似于达尔文叫做'自然选择'的过程，即自然选择假说：我们的知识时时刻刻由那些假说组成，这些假说迄今在他们的生存斗争中幸存下来，由此显示它们的（比较的）适应性；竞争性的斗争淘汰那些不适应的假说。"[1] 在证伪主义者看来，这些猜想是来自于科学家们创造性的猜想。由此可见，科学知识、科学理论就是科学家的假设与猜想，具有明显的主观性、偶然性和差异性。科学提出假设与猜想的过程就是依据个人的观念、知识和经验创造性地、尝试性地解决问题的过程。因此，在证伪主义者眼中，科学认识活动已经具有了明显的建构色彩。

在历史主义者看来，科学是一个"进化与革命、积累和飞跃的不断发展过程"[2]，其代表人物库恩将这个过程概括为"前科学—常规科学—危机—科学革命—新的常规科学"。库恩用"范式"概念来解释科学的发展，认为每一次科学革命就是一次科学范式的转换。"范式"和"科学共同体"两个概念之间关系密切，往往相互解释，"'范式'一词无论实际上还是在逻辑上都很接近于'科学共同体'这个词"，"一种范式也仅仅是一个科学共同体成员所共有的东西"，它所包含的"理论体

① ［英］波普尔. 客观知识. 舒炜光译. 上海：上海译文出版社，1987：273—274.
② 金继业. 科学哲学中历史主义学派的科学观. 辽宁大学学报（哲社版），1987（4）.

系、哲学思维和心理素质正是科学共同体这一主体所具有的科学修养、哲学头脑和心理特征"①。在每次科学革命中范式都将发生彻底的更迭，这就是库恩讲的范式之间的不可通约性。既然范式之间的不可通约将导致科学发展的非连续性，那么科学认识活动如何进行呢？对此，库恩很少涉及，并且含糊其辞②。不过，他强调发散思维和聚敛思维在这个过程中同时发挥着重要作用，并重视科学家在科学危机中的创造性。他说，新的范式有时是在午夜，在深深地处于危机中的一个人的思想里突然出现的。库恩很重视科学家的学术环境，强调科学家的主体性、科学理解的多元性。由此可见，他的理论中存在着建构主义的萌芽，但这种建构的思想中掺杂了许多非理性、神秘化了的内容。此外，历史主义者注意到社会环境和其他知识对科学研究活动的影响，这为后来科学的社会建构主义学说的诞生作了必要的准备。

人们对观察和理论之间关系的认识，可以从一个侧面反映建构思想的产生过程及其合理性。"旧唯物主义者们认为，人的认识是对客观世界的摹写，是客观世界的镜子"，"人的认识并不需要任何自组织性，而是被动的、消极的摄入"③。对此，现代科学哲学家提出了不同见解，他们坚信"观察渗透理论"（汉森语）。人们对事物的观察往往带有某种预言和期望，而这种预言和期望是由观察者的知识背景、世界观等决定的。这就出现了"观察者从同一个地方观看同一景象，看到的是同一个东西，但是，对他们所看到的东西所作的解释不同"的现象④。范·弗拉森经过深入具体的探讨后认为，观察是相对于个人而言的，所以具有两个特征：第一，观察是以人为中心的，是相对于特殊的认识共同体的；第二，我们只有通过一定的条件才能理解观察⑤。由此可见，对事物的观察是观察者用已有的知识、理论、观念来解释现象的过程。换言

---

① 舒炜光，邱仁宗主编. 当代西方科学哲学述评. 北京：人民出版社，1987：217－218.

② 娄玉芹. 库恩的科学革命模式述评. 河南教育学院学报（哲社版），1995（1）.

③ 郑祥福，洪伟. 科学的精神. 上海：上海三联书店，2001：62.

④ ［美］汉森著. 发现的模式. 邢新力译. 北京：中国国际广播出版社，1988：8.

⑤ 郑祥福，洪伟. 科学的精神. 上海：上海三联书店，2001：64.

之，观察者知觉到的并非是客观事物对观察者形成的物理刺激，而是其经验对事物的解释。比如，同样见到一束五彩斑斓的光线，光的波动说的信仰者会想到这是一列具有特殊频率的波，而波的粒子说的坚信者会说这是一束粒子流，换成光的波粒二象理论的坚持者则会认为这是物质的一种特殊形态，它明显地具有"波"与"粒"两种特性。对同一光亮这一物理刺激，人们得出了不同的、复杂的反应。可见，观察是一种对现象解释的过程，是对假设进行验证的过程，也是期望预期能够出现的过程。在这样的过程中，人们建构对自然的理解。

由上述简要介绍可见，随着对科学的认识不断深入，人们发现科学活动不单单是对自然的机械反映和简单摹写。认识自然界实际上就是人们理解自然、解释自然、赋予自然意义的过程。在这个过程中，科学家不是自然被动、机械、简单的反映者，而是其积极、主动、创造性的建构者。并且，通过考察科学史我们也可以发现，早期科学认识活动的对象相对简单、直观，可以通过观察、概括、归纳的方式获得一些有规律性的认识，获得一些有价值的科学知识。因此，那时的科学活动是一种"发现式"的活动。随着科学的不断发展，人们对自然界的认识不断深入，但人们的认识对象却越来越难以直接把握，人们越来越倚重于抽象的科学概念和理论思维，尝试着依据一些科学知识（常常是不充分的）提出各种假设、猜想，然后通过证实或证伪等方法来检验其可靠性。这样，科学家的主体性日益提升，对科学家的主动性、积极性和创造性的要求也越来越高，这也是科学建构特性不断凸现的要求。从技术的发展中也可发现，早期的技术和科学还没有分家，是一种"发现＋实践式"的活动，往往要在实践活动中寻找成功的原因和未知的事物。后来，科学知识不断积累，并且可以为技术活动提供理论指导，这时的科技活动表现为"发明式"的活动，在这样的活动中，人们开始制造各种世界上已经存在的事物。再后来，人们不但可以发明世界上存在的事物，而且能够创造出世界上不存在的东西，科技进入全面的"创造"阶段。由此可见，科学共同体主体性不断得到提升，既是科学发展的结果，也是科学发展的要求，科学活动建构特性的不断凸现是其重要反映。

（二）社会学的视角

虽然历史主义的研究核心还主要是认识论问题，但库恩已经相当关注社会因素对科学发展的影响，他认为科学理论是科学共同体内部协商的结果。在科学家们协商的过程中，诸如个人地位、演说能力、社会需求、文化背景等很多非自然的、非科学内部的因素成为科学发展的重要力量。这样，库恩的科学过程中便存在两种活动，一个是认识活动，另一个是社会活动。当然，后人对其解释也各不相同，按照保守解释，认识活动和社会活动是两种不同的因素，且两种因素是分开的；按照激进解释，科学中的认识活动与社会活动本质上是相互整合的统一体。① 在后来的研究中，人们对科学过程中的社会活动，或者说对将科学作为一种社会活动的研究兴趣日渐浓厚。到上个世纪 70 年代初，科学的社会学理解、分析进入了一个新的时代，其标志就是英国爱丁顿大学"科学元勘小组"的成立。

"科学元勘小组"的代表人物有巴恩斯（Barry Barnes）、布鲁尔（David Bloor）等人，其主要研究方向是科学知识社会学（sociology of scientific knowledge），常简称为 SSK。SSK 将"探索和展示社会因素对科学知识的生产、变迁和发展的作用，并要从理论上对这种作用加以阐述"② 作为研究的目标。社会建构主义者反对将科学知识视为对实在的描述，"科学知识的内容不是对自然界的描述，而是社会性地建构或构造出来的"③，"科学知识是一种理论知识，它是从理论而并非完全是从经验中推导出来的"④。由此可见，我们世界的图景并不是我们从世界中获得的，而是我们主观地对世界的理解，"是我们强加给世界的"。同时，由于个人知识、经验、理论、观念的差异会造成人们的个体文化不同，将会导致"不同时代、不同社会的人，对相同的事物就会有不同

① 赵万里. 科学的社会建构. 天津：天津人民出版社，2002：104.
② ［英］巴里·巴恩斯. 科学知识与社会学理论. 鲁旭东译. 北京：东方出版社，2001：译者前言.
③ ［美］史蒂芬·科尔. 科学的制造. 林建成等译. 上海：上海人民出版社，2001：2.
④ ［英］巴里·巴恩斯. 科学知识与社会学理论. 鲁旭东译. 北京：东方出版社，2001：译者前言.

的信念，没有任何一种关于自然的信念是唯一合理的或是唯一的真理"。在上个世纪70年代，布鲁尔和巴恩斯提出了著名的"强纲领"，要求科学知识社会学的考察应当具有因果性、平等性、对称性和自返性。按照这个纲领，社会因素对科学知识不是简单的影响问题，而是对科学知识起着决定的作用。

总的来看，以SSK为代表的科学的社会建构主义学派的主张可以概括为两个方面[①]：一是弱建构主义，它强调的是知识产生的社会背景或社会原因，侧重宏观社会学的把握，但不否认客观性和逻辑性原因；二是强建构主义，它是在微观层面上对科学知识生产进行了经验研究，认为科学知识的建构完全是社会性的。不管弱建构主义还是强建构主义，都明确地表明了科学作为人类的文化和事业，其动力、发生、运行、评价等方面都受社会各种因素的严格制约，是一个社会建构的过程。当然，不同建构主义者对传统科学观的批判程度有所不同，有的彻底否定客观真理的存在，有的尚为其留有一席之地。其实，对于建构主义本身也应辩证地看，它重视科学活动各种社会因素的重要性固然可取，但只将科学视为社会因素的结果未免太过激进，毕竟我们在认识自然界上取得了很多成就，而这些成就表明世界具有可认识性，人类具有一定的认识能力。只不过人类认识世界、认识自身将受到包括自身、社会在内的许许多多因素的影响和制约，这就决定了科学活动的目标、动力、机制、主体、方法等等都是复杂而多变的。科学的社会建构主义学说为我们理解科学文化提供了新的视角，使我们从社会学的角度认识了科学文化的建构特性。

二、学习论中的建构主义

（一）建构主义学习理论的历史发展

杜威认为，儿童的学习是经验不断积累和扩展的过程。在思维活动

---

① 李三虎. 当代西方建构主义研究述评. 国外社会科学，1997（5）.

中，儿童不断利用已有的经验解决问题，不断建构个人的经验世界。因此，我们认为在杜威的理论中已经出现了建构主义的萌芽。当然，杜威的建构思想是以其经验、思维、科学观和活动理论为依据的，与后来的建构主义不同，后来的建构主义是以结构主义、认知理论、后现代知识观和认识论为主要基础的。所以，真正的建构主义可以追溯至皮亚杰的学习理论。皮亚杰发展了发生认识论，他确信，学习最基本的原理就是发现："理解就是创造，或通过再创造去进行重构，如果要使每一个在将来成为有能力进行生产和创造的人，而不仅仅是复制的人，那么上述条件就是必须遵守的。"① 皮亚杰承认学生对知识理解的主观性、相对性和差异性，他认为"每一条真理都是由学生自己创造或至少是重新建构的"②，"复制只是真理的一半"③。由此可见，皮亚杰已经很重视知识的相对性、学生学习的主动性和创造性，主张学生利用已有的知识通过"顺应"和"内化"等方式不断改组、改造认知结构，所以具有了明显的建构主义的特征。布鲁纳、奥苏伯尔等人进一步发展了皮亚杰的思想，将其理论进一步精致化。布鲁纳认为，学生学习的目的在于形成和发展认知结构，认知结构是指反映事物间稳定联系的认知系统，它来源于学科知识结构的内化。布鲁纳主张"发现式"学习，希望学生能够像科学家一样进行探索性活动，并由此建构认知结构。就这一点来讲，他继承了杜威和皮亚杰的学习理论的精华。奥苏伯尔的学习理论与布鲁纳有所不同，他自称自己的学习论是同化论。④ 奥苏伯尔的有意义学习强调学习者要激活原有认知结构中的观念来理解、解释、说明新知识，进而将其吸收、固定到认知结构中。有意义学习的结果是原有认知结构发生改组、改造和扩展。在布鲁纳和奥苏伯尔的学习论中，学生认知结构建构的目标就是与学科结构相一致，尽量实现学科结构的内化。因此，他们的建构学习论是以实证主义、客观主义的知识观和科学观为基础

---

① 高文. 建构主义与教学设计. 外国教育资料，1998（1）.
② 俞晓琳. 略论皮亚杰理论对科学教育的启示. 教育研究，1997（1）.
③ ［瑞士］皮亚杰. 皮亚杰教育论著选. 卢濬译. 北京：人民教育出版社，1990：100.
④ 钟启泉，黄志成主编. 美国教学论流派. 西安：陕西人民教育出版社，1993：116.

的，认为科学知识就是一种静态的知识体系，等同于真理，与价值无涉。同时，他们低估了个体文化对学习过程的影响，这在一定程度上削弱了他们的建构主义学习主张的科学性和可行性。从这一点来看，他们的认知学习理论与建构主义学习理论是格格不入的。格拉塞斯费尔德被认为是极端主义的建构主义者，是建构主义学习理论的主要代表。格拉塞斯费尔德认为建构主义得以建立的基础之一是对传统知识论的批判，这种知识论表明："知识应该是现存的、孤立的、独立于认识者的真实世界。"① 虽然，格拉塞斯费尔德也承认绝对实在的存在，但他认为"存在"只能存在于我们的经验世界中，离开了我们的经验世界，它便失去了意义。由此他强调："我们应该把知识与能力看做是个人建构自己经验的产物，教师的作用将不再是讲授'事实'，而是帮助和指导学生在特定领域中建构自己的经验。"②

历史上很多学者的思想中早已蕴含着建构主义的思想萌芽，比如康德、维科、杜威等人。但建构主义诞生离不开波普尔、库恩、费耶阿本德等历史主义者以及后现代主义者的思想源泉，可以认为建构主义学习观是如上诸种思想在学习领域的映射。

（二）建构主义学习理论的主要流派

建构主义到目前为止还只是一种观念、思想和信仰，并且还在不断的发展之中，所以，并没有一个被广泛接受的建构主义理论，很多研究都是从各自的研究角度对建构主义思想的阐发。这样，由于建构主义所关注的视角、层面的差异，形成了许多建构主义流派。比如，马丁·道加马斯根据这些视角和层面将建构主义分为五类③：个人建构主义、激进建构主义、社会建构主义、文化建构主义和批判建构主义。马修斯将建构主义大致分为三大类④：哲学建构主义、社会学建构主义和教育学

---

① ［美］冯·格拉塞斯费尔德. 教学的建构主义方法∥莱斯利 P. 斯特弗主编，高文等译. 教育中的建构主义. 上海：华东师范大学出版社，2002：5.

② 徐斌艳. 极端建构主义意义下的数学教育. www. hebiat. edu. cn/jjzx

③ 孙可平，邓小丽. 理科教育展望. 上海：华东师范大学出版社，2002：124.

④ 丁邦平. 国际科学教育导论. 太原：山西教育出版社，2002：183.

建构主义。根据激进程度的不同，也可以将建构主义分为激进的、温和的和折衷的三个层面。而在美国乔治亚大学教育学院所组织的"教育中的新认识论"系列研讨会的讨论中显示，建构主义主要有六种不同的倾向①：激进的建构主义、社会性建构主义、社会文化认知的观点、信息加工的建构主义、社会建构论和控制论系统。下面对几种与科学课程学习关系密切的建构主义流派进行简要分析。

1. 激进建构主义

激进建构主义的代表人物是格拉塞斯费尔德。他明确指出"建构主义的立场，如果认真对待的话，即是与知识、真理和客观性等传统概念直接冲突的，它们要求从根本上去重建个人关于实在的观念"②。格拉塞斯费尔德强调实在的存在只能是在我们的经验之中，对于本体论存在的讨论没有意义。"知识不反映一个'客观的'本体论的实在，而完全只是一种对我们经验所构成的世界的整理和组织。"③ 可见，他反对客观主义知识论，反对认识的机械反映论。由此，他在学习论上提出了两条基本原则④：第一，知识不是通过感觉或交流而被个体被动地接受的，而是由认知主体主动地建构起来的，建构是通过新旧经验的相互作用实现的；第二，认识的机制是适应自己的经验世界，帮助组织自己的经验世界，而不是发现本体论意义上的现实。激进的建构主义之所以激进的原因就在于，它否定了知识的真理性，否定了知识的可传递性，否定了认知者所获经验与认知对象可能存在的一致性。虽然激进的建构主义使我们耳目一新，给人以多方面的、深刻的启示，但在实际操作上有相当大的难度，也许它只能作为一种理论上的探讨。

---

① 陈琦，张建伟. 建构主义学习观要义评析. 华东师范大学学报（教科版），1998 (1).
② 郑毓信，梁贯成. 认知科学 建构主义与数学教育. 上海：上海教育出版社，1998：153.
③ 丁邦平. 国际科学教育导论. 太原：山西教育出版社，2002：185.
④ 陈琦，张建伟. 建构主义学习观要义评析. 华东师范大学学报（教科版），1998 (1).

2. 社会建构主义

激进建构主义过分关注个体认识活动的主动性、多样性和差异性，侧重于研究人们对自然界的认识过程，忽视了社会、文化等因素在人类智力活动及其发展中的重要作用。这方面缺陷在一定程度上被以维果斯基理论为基础的社会建构主义所弥补。虽然社会建构主义也对知识的确定性和客观性抱有怀疑态度，但它认为知识的存在是客观的，是为社会所共有的，并在不断的改造中逼近世界的本来面目。社会建构主义者强调，认识的对象不仅仅是客观物质世界，社会—文化环境也是认识主体的建构对象。在社会建构主义者眼中，"社会—文化环境不仅是个体智力发展的一个必要条件，而且也对个体的智力发展有着重要的规范作用，即在很大程度上决定了各个个体智力发展的实际方向"①。所以，学习者首先要进入特定的社会—文化环境，并在这个环境中进行个体文化与社会文化的双向构建。一方面，通过个体对社会现存文化的学习来建构个体的文化世界，另一方面，因为个体文化有别于社会现存文化和其他个体文化，因此，个体文化的"回流"会导致社会文化的更新与发展。总体来看，学习者是处在社会—文化的海洋中，因此，学习者的智力活动的方向、内容和方式就要受到社会—文化的影响和制约。社会建构主义理论过去常被科学课程教学所忽视，深入分析后它可能会给科学课程教学活动带来全面的启示。这是本研究关注科学文化的社会—文化解读的重要原因之一。

3. 信息加工的建构主义

信息加工的建构主义是对信息加工论的发展。信息加工论不属于建构主义②，原因在于，虽然信息加工论不同于行为主义，认为学习的过程包括信息的提取、选择、加工、储存等复杂的环节，但信息加工论认为学习的对象——知识结构是即在的、客观的，并且通过旧经验对新经验的解释、说明，可以将知识结构内化为人的知识结构的一部分，强调

---

① 郑毓信，梁贯成. 认知科学、建构主义与数学教育. 上海：上海教育出版社，1998：160.

② 陈琦，张建伟. 建构主义学习观要义评析. 华东师范大学学报（教科版），1998（1）.

原有知识对新知识的单向作用。不过，信息加工论者对知识结构与认知结构之间的差异估计不足，这一点在加涅的学习模式和布鲁纳早期的学习理论中得到了充分的体现。但可贵的是，信息加工论非常重视原有经验在学习新经验时的作用，在这一点上具有一定的建构主义色彩。信息加工的建构主义是对信息加工论的超越，它在坚持信息加工基本范式的同时，认为新旧经验之间的作用是双向的、反复的，新经验在原有经验的帮助下进入认知结构，但原有的认知结构也会因为与新经验的作用以及新经验的纳入而发生改组、改造。信息加工建构主义似乎对认知对象的情境性、相对性、不确定性等特征以及认知主体认知结构的个别差异没有太多热情，这也是它被称为"微弱的建构主义"的主要原因。虽然信息加工的建构主义没有能够彻底贯彻建构主义的思想，但笔者认为它在教学中，尤其是在科学课程的教学中还是很实用的。

（三）建构主义学习理论的主要主张

虽然建构主义流派众多，对很多具体问题的见解也莫衷一是，但从总体来看，还是可以找到一些共同之处的。对学生的学习而言，建构主义对人们的知识观、学生观、活动观、课程观的革新都具有重要的启示。

1. 知识观。建构主义学习理论认为知识不是对现实的准确表征，它只是人们解释、理解、说明世界的一种假设、猜想或隐喻，它并不具有真理性特征。知识具有历史性特征，会随着社会的发展而不断变化，甚至会因为被证伪而失去合法地位。即便是承认或默认知识在某一时期、某一群体中是相对稳定的客观存在，也不能保证每个人对它的理解完全一致，因为对它的理解是个体化的事情，要涉及个体文化，而个体文化的差异会导致对知识理解的不同。

2. 学生观。建构主义学习理论强调学生并不是带着空着的脑袋来学习的，在学生进入某一内容的学习之前，已经形成了丰富的经验和观念。这些经验和观念的内容之广泛，几乎可以涉及他在生活和学习中能够接触到的一切事物及其基本看法。同时，这些经验和观念主要是直观的、初步的认识和理解，有的比较科学，有的完全是错误的。但这些经验和观念在学生的头脑中"根深蒂固"，并且是进一步学习的基础，所以，在教学中必须正视和重视学生的个体文化和主体地位。

3. 活动观。建构主义都坚持知识是不可传递的观点，认为学习绝不是教师将现成的知识"移交"、"灌输"给学生的过程。建构主义认为，在学习活动中，学生不是被动的信息接受者，而是根据自己的经验背景主动建构信息意义的创造者，因此，学习活动是一种主动、积极、创造性地赋予知识以意义的建构过程。在这个过程中，学生的个体文化状态是独一无二的，学生的积极、双向、反复的心智活动也是无人能够替代的，同时，也是学生的心智结构得以扩展、改组、重整的必要条件，所以，在学习活动中要积极突出学生的主体地位，促进其积极地、主动地思维和反思。

4. 课程观。对于课程、教材的开发和设计，建构主义能给我们提供一些有益的启示。首先，建构主义尤其是激进的建构主义不再强调实在的客观性、知识的真理性，认为知识处在不断的发展、变化和转换中，强调科学知识与其他知识的平等性。我们通常的理解与此恰恰相反，认为科学就是对客观世界的真实反映，是真理，科学课程就是真理的精选与汇编。显然，这些是较为过时的科学观和课程观。依据建构主义，至少要降低科学的权威性，允许对科学知识的客观性和价值持批判的怀疑态度，鼓励对自然界进行多元的解释。这些内容应该在科学课程内容中占有一定的比重。其次，我们依据行为主义、信息加工论理论设计的课程，往往就是以反映学科结构为宗旨的结构形态的课程。建构主义启示我们，学生的学习活动是双向、反复的建构活动。在建构活动中，学生身处的学习情境与学生的认知结构是两个重要的变量，良性的学习活动应该是这两个变量积极互动的过程。这就要求，决定着学习情境主要内容的课程要随着学习活动的进展不断变化，但这种变化往往是难以预期的，因而，课程就必须处在不断的设计、调整、控制、评价的过程之中。这样，科学课程只能是一种不断变化、生成的形态。再次，社会建构主义强调社会—文化环境对学生学习和发展的重要作用，因此，有必要在课程中增加对科学的社会、文化理解方面的内容。

三、科学课程学习方式变革的建构主义议题

前面论述了科学文化的建构属性以及学习论中的建构主义理论，这些都为我们变革科学课程的学习方式提供了充分的理论支持。虽然有一些阐述针对的是普遍意义上的学习论，但因为建构主义关注的中心是科学知识的学习活动问题，所以同样适用于科学课程学习。从实践的角度来看，国外已经出现了大量的以建构主义为指导的科学课程的改革与实践，并取得了令人瞩目的成就。概括起来看，我们认为目前变革科学课程的学习方式应该注意如下几个问题：

1. 以学生为中心。虽然，在教育界"以学生为中心"的呼声一直没有中断过，但从现实来看，人们的这种期望一直没有得到真正实现。建构主义从自己的立场上又一次为这种愿望找到了充分的理由，并提出了相应的解决方案。建构主义认为，学生的学习和发展只有依靠学生自己的活动才能实现，但学生有效的活动受自身的原有经验、学习情境以及参与程度的影响。因而，如何帮助、促进学生有效活动的进行便成为教师、课程、评价制度等的重要使命。在科学教学中，教师应当尊重学生的主体地位，为学生积极有效的学习创造最佳的学习情境，提供及时、恰当的评价、指导。

2. 关注学生的个体文化。建构主义非常重视学生的原有经验、知识和观念，认为学生只有以此为基础才能够不断扩展、改造原有的经验，正如奥苏伯尔所言："影响学习的最重要的一个因素是学生已经知道了什么。"因此，建构主义对学生个体文化的独特性、差异性及其发展的机制都予以了充分的关注。这启示我们，学生对科学文化的习得在一定程度上是个体文化的扩展与整合，在科学课程的教学中应该重视学生个体文化的基础作用。重视个体文化的重要性要求关注几个问题：一是个体文化之间存在差异。不同学生对各种事物的理解千差万别，内容也多寡不一，因此，首先要正视个体文化的个别差异。二是应该认识到学生个体文化的发展性与改变的艰难性。无疑，学生的个体文化无时无

刻不在发生着变化，具有发展的潜在空间和可能性，但人为、外在、强行地改变学生的个体文化却存在着巨大的困难。所以是可能性与艰巨性并存。三是发展学生的个体文化应该个别对待。学生个体文化和心理特征的差异性，决定着在具体教学这样的微观环境中可能难以找到一种普遍适用的有效方法，所以要"因材施教"。

3. 为学生提供自由探究的机会。建构主义认为，学生的学习是独自建构对世界的理解的过程，对于在这个过程中学生得出的各种各样的解释，我们不仅应当尊重，而且应该鼓励。因为只有这样，学生才能保持探索的热情、学习的动机，才能培养学生独立思考问题的能力、创造能力和创新意识。有学者指出："在建构式教学中，学生是自由的，他们可以在学习某一概念、现象或理论时大胆地提出自己的观点，与他人讨论这些观点，并动手实验检验这些观点。"① 不久前，我国教育界在广泛、热烈地讨论研究性学习或探究性学习的问题，有些学者还开发出了类似的教材，也有学者认为研究性学习应该成为一种特殊的课程形态。我们认为，研究性学习更应该被视为一种学习方式，一种给予学生充分发挥空间的探究式学习方式。这种学习方式不仅应该在所谓的研究性学习课程中采用，而且在很多学科课程、活动性课程的教学中也可以提倡。

4. 促进学生之间的交往与合作。建构主义，尤其是社会建构主义非常重视在学习活动中学生之间的相互作用。受维果斯基理论的影响，"人们认识到关于世界的学习并不是在社会真空中发生的"②，语言、社会—文化是人们认识自然界必要的中介。根据所罗门的社会建构论，"具有共同意义的物体只有通过社会交往而存在"③。所以，在学生学习的团体中，教师、学生的经验共同构成了一个团体的经验世界，教师和学生要寻求个体经验的发展，就必须与这个共同的经验世界进行相互作

---

① 丁邦平. 国际科学教育导论. 太原：山西教育出版社，2002：199.
② ［英］罗·德赖弗. 科学教育的建构主义方法 // 莱斯利·P·斯特弗主编，高文等译. 教育中的建构主义. 上海：华东师范大学出版社，2002：393.
③ ［英］罗·德赖弗. 科学教育的建构主义方法 // 莱斯利·P·斯特弗主编，高文等译. 教育中的建构主义. 上海：华东师范大学出版社，2002：393.

用。在个体经验与团体经验的作用中，个体之间各抒己见，互通有无，不但会发展个体的经验世界，而且团体的经验世界也将得到进化，因此，在科学学习中有必要创造各种条件和学习情境促进学生之间的合作与交流。有学者强调："在科学学习中，学生之间以及教师之间一起讨论问题，形成科学概念或提出解决问题的途径，彼此的启发或思想的碰撞，都是创新思维产生所不可或缺的。"① 由此可见，促进学生的科学学习，不仅要重视学生个体的智力和非智力的活动，而且要关注个体与团体之间、个体与个体之间的相互作用。只有全面、系统地考虑、分析教学系统中的每一个个体，才能最大限度地提高教学与学习的效率。

通过分析，我们可以发现，科学课程学习方式的建构主义转向，不仅是科学文化建构本性的体现，而且是学生学习心理规律的客观要求。但是，构建完备、自洽的建构主义科学学习理论的任务无疑是异常艰巨的，目前，我们还停留在借助建构主义的基本思想、观念和思维方式，从个别层面、视角来检讨、反思科学学习及其理论这一初级阶段。不过，可以预见，随着建构主义及其学习理论研究的深入，必将带来一次科学课程学习方式的变革。

---

① 丁邦平. 国际科学教育导论. 太原：山西教育出版社，2002：199.

第九章 科学课程建设的跨文化思考:"李约瑟难题"的启示

　　国内外学者围绕"李约瑟难题"对中国传统科学文化进行了深入挖掘、解读和反思,从多视角、多层面阐释、比较了中西方科学发展的背景、动力和形态的异同,揭示了近代科学技术没有诞生在中国的原因。这些研究理路和成果启示我们,科学课程的改革要重视对传统文化特质的分析和把握,进而处理好本土文化与外来文化、文化继承与文化引进、文化传承与文化创新、文化形态与文化价值的关系,推进科学课程的发展。

　　教育作为人类文化传承的活动与事业,必然以其所处的文化背景及其发展为出发点和目标。因此,探讨教育规划、活动和改革必须首先深入认知本土文化的本质、内涵和特性,并在此基础上分析本土文化的优缺短长,进而有的放矢地制定合适的发展策略。科学教育的变革亦然。目前,我国科学教育界基于对传统文化分析与反思的教育研究还没有得到充分开展,这导致国内科学教育研究及实践建筑在松软、变换的流沙之上,缺乏必要的文化根基,最终难免因国际科学教育范式的不断更迭而随波逐流。值得庆幸的是,国内科学史、科学社会学、科学文化学领域的众多学者以解决"李约瑟难题"为指向,对我国传统文化进行了全面、深入地挖掘、分析、梳理和反思,并取得了初步成果。"他山之石,可以攻玉",借鉴"科学元勘"学科的研究成果有助于科学课程研究与改革的深入。

一、"李约瑟难题"的由来和破解

(一)"李约瑟难题"的由来

李约瑟(Joseph Needham,1900—1995),原名约瑟夫·尼达姆,是 20 世纪世界著名的生物化学家和科学史家。他倾毕生精力编撰的鸿篇巨著《中国的科学与文明》(Science and Civilization in China)(中文通常译为《中国科学技术史》),从多角度、多层面对我国古代科学技术与文明进行了挖掘、耙梳和总结,不仅成为我国古代文明史研究方面最为全面、系统的著作,而且建立了中西文化比较与沟通的桥梁。《中国的科学与文明》从 1954 年就开始出版,已出版了几十巨册,至今远未出齐①。这部巨作对我国的科学和文化进行了全面、深入、系统的挖掘和整理,对我国科学技术史的研究和普及起到了巨大作用。值得注意的是,李约瑟这部宏著通篇渗透并试图解决一个世纪难题——"李约瑟难题"。"长期以来,'李约瑟'几乎成为'中国科技史'的代名词,而最近 20 余年来,很多人热衷于求解'李约瑟难题'更使李约瑟有家喻户晓之势。"②

"李约瑟难题"又被称"李约瑟问题"(Needham Problem,或 Needham Question)、"李约瑟之谜"(Needham Puzzle)、"李约瑟命题"(Needham Thesis)等等。其一般表述是:为什么在公元前 2 世纪至公元 16 世纪之间,在将人类的自然知识应用于实用目的方面,中国较之西方更为有效?为什么近代科学,关于自然界假说的数学化及其相关的先进技术,只是辉煌而短暂地兴起于伽利略时代的欧洲③?简言之,即为什么中国早期的科学技术较西方更为发达,但是近代科学和技术却诞生在西方。其实,早在上一世纪 30 年代末,当李约瑟开始思考

---

① 江晓源. 交界上的对话. 南京:江苏人民出版社,2004:77.
② 刘钝,王扬宗. 中国科学与科学革命. 沈阳:辽宁教育出版社,2002:前言.
③ 刘钝,王扬宗. 回归学术轨道的"李约瑟南难题". 中华读书报,2002-4-24.

科学与社会关系时就产生了类似的思想。20 世纪 50 - 60 年代,李约瑟开始在不同的著作中和不同的场合,反复强调了这一历史问题的重要意义。但是直到 1976 年,美国经济学家肯尼思·博尔丁才明确提出"李约瑟难题"这一说法。虽然这是一个至今没有能够得到全面解决的问题,但对它的研究带动了众多学者对我国传统文化积极、深入的分析与反思,也许这也是它的根本价值所在。

(二)"李约瑟难题"的破解

"李约瑟难题"的提出使得国内外学者对中西方文化差异以及由此带来的科学技术发展的差异展开了全面、深入的研究。可以认为,"李约瑟难题"的解答不仅是对中西方科学技术发展的历史比较,同时也是对中西方文化发展时代背景的考察。只有深刻地了解文化的历史、现状和特征,才能更好地对科学技术的发展方向、途径进行合理的规划和设计。科学教育是科学文化的重要组成部分,也是科学文化发展的重要手段,因此,对"李约瑟难题"的破解势必会对科学教育的发展产生广泛的启示。鉴于此,我们有必要对"李约瑟难题"进行扼要的解答。

社会背景的差异。中国科学技术落后的原因很复杂,但以政治、经济为主要内容的社会背景是其重要原因之一。有学者指出:"中国传统科学的缺陷很多,在很大程度上是由于中国封建专制的政治制度导致的。"① 众所周知,近代科学的精髓是实验的精神和逻辑的研究方法,这两点在我国的传统科学思想中严重不足。其原因之一便是中国传统封建统治阶级和制度对理性精神、探究意识、实证观念的不屑、抵制和破坏。比如,春秋战国时期兴起的墨家学派已经开始重视科学实验和逻辑方法的运用,然而因为封建社会的排斥,最终没有得到很好的发展。中国历代君王为了巩固统治均采用各种愚民手段,其登峰造极的做法便是"罢黜百家,独尊儒术"。儒家崇尚中庸、强调伦常、坚守仁义、反对革新、鄙薄科学技术的思想阻碍了科学技术的发展。从经济学的角度来看,一定的经济基础和经济政策必然生成与之相适应的科学技术,即

---

① 林文照. 近代科学为什么没有在中国产生 // 金观涛. 科学传统与文化,西安:陕西科学技术出版社,1983:93.

"社会一旦有技术上的需要，则这种需要就会比十所大学更能把科学推向前进"①。然而，我国古代的封建经济主要是农业经济，统治者往往采用"重农抑商"的经济政策。这种漫长、落后的封建经济难以适应、激发、引导科学技术的发展，其消极作用表现在三个方面："一、自给自足的自然经济对科学技术发展有阻碍作用；二、重农轻商的经济政策扼制了科学技术的发展；三、官局工业抑制了科学技术的发展。"② 更为遗憾的是，中国的封建社会始终没能形成孕育出资本主义社会，这使中国古代科学技术发展缺少了最有效的拉动力量。

文化特质的不同。科学作为探索未知世界的活动，文化系统对其有潜移默化而又至关重要的影响。有学者指出，适合科学发展的社会文化因素主要包括合理性价值、功利性价值、普遍性价值、反对权威和社会进步主义等五个方面③。这恰恰是西方文化的特质，也是近代科学技术能够诞生在西方的重要原因之一。但是中国传统文化却与之大相径庭，自给自足的自然经济决定了中国传统文化从开始之日起就走上了反省内求的道路，伦理道德及经世致用是中国传统文化的重心。"中国古代的学问，不是关于自然界的纯知识，而是如何安身立命的道德信条和如何治国平天下的经世致用之学。"④ 这也决定了以儒教经学为代表的中国传统文化的封闭性、抗变形、保守性和排外性。专注人事而轻实物的儒家思想还导致传统文化的"重义轻利"倾向，即重封建道德伦常之"义"，轻物质利益之"利"。"重义轻利"观念在生产和生活中表现为对功利、效率的淡漠，这同科学对效益的追求和创新进取精神是格格不入的。

思维方式的差别。近代科学的形成与发展需要特定的思维方式作为智力支持。纵观科学发展史，可以发现，分析、精确、逻辑、实证的思

---

① 马克思. 资本论：第一卷. 北京：人民出版社，1975：386—387.

② 林文照. 近代科学为什么没有在中国产生∥金观涛. 科学传统与文化，西安：陕西科学技术出版社，1983：101.

③ 刘爱玲，张冀满. 从社会文化价值因素和社会结构因素看中国近代科学落后的原因. 中国地质大学学报（社会科学版），2002（2）.

④ 张忠利，宗文举. 中西文化概论. 天津：天津大学出版社，2002：254.

维方式是科学形成与发展的必要条件。然而中华民族传统思维在一定程度上缺乏这些思维形式：首先，中国传统思维长于综合，拙于分析。这种思维方式决定了我国古代学者研究问题时往往从全局出发，综合地把握研究对象，这种思维方式虽有其独特的作用和价值，但如果在科学研究中一味地采用综合思维势必导致研究不深不透，笼统肤浅。其次，中国传统思维重模糊，轻精确。"大胆的猜想，形象的比拟，神秘的直觉，粗糙的模型"① 是中国古代科学的重要特征。虽然这种模糊的、直觉性的思维方式会对科学的早期形成起到一定作用，但科学的深入发展必须以科学观察、科学实验、定量分析、逻辑推理为基础，换言之，科学的成熟必须走精确化道路。再次，中国传统思维重思辨，轻实证。近代科学的诞生是以伽利略将逻辑与实验引进科学研究为标志的。可见，逻辑与实证对于近代科学而言起着规定性的作用。在我国传统思维中恰恰缺少逻辑、实证的习惯，这难免导致我国古代科学含糊不定，空洞玄奥，主观臆测，最终没能实现向现代科学的转变。最后，中国传统思维重经验，轻反省。我国传统思维主要是经验思维，依据杜威的理论，经验思维是对事物和事件直接、笼统、偶然、简单的描述和连接，是"没有科学方法指导的推论"。而反省思维则是在科学方法指导下的"对某个问题进行反复的、严肃的、持久不断的深思"。因为对经验思维的倚重和反省思维的缺席，我国传统文化中经常出现比附的研究方法，以人伦推天道，以人事推天理等等，致使科学发展始终停留于较低层次。

　　科举制度的影响。科学教育是科学文化得以顺利传承和发展的重要保障。但科学教育必然受到教育评价制度的引导和监督。所以，教育评价制度的优劣和取向直接影响科学文化事业发展的动力、方向和规模。在近代西方国家，早期的科学教育基本是本着学习兴趣、师徒相传式的教育模式，学习和研究的考量无非是对自然发现的大小。后来，私人的实验室逐渐发展成为学会、研究会、科学院、大学，并得到了政府的支持。历史证明，这种教育与评价模式是符合近代科学发展规律的。这种

---

　　① 孙伟平，李志军. 思维方式：中国近代科学落后的深层探析. 北方工业大学学报（社科版），1996（2）.

教育体制的核心在于使科学家保持对自然的好奇心、求知欲和足够的时间与财力。然而，我国古代以科举制为主导的教育评价制度却与之格格不入，这导致科学教育在封建教育中遭到了极大的漠视、排斥和打击，以至于"科学在儒教的教育制度里，甚至连婢女的地位都没有争取到"①。有学者指出："中国不能孕育近代科学的第一个原因就是科举——文官考试制度的绝大影响。"② 科举制度的最大弊端在于"学而优则仕"的教育导向与封闭、僵化、陈旧、狭窄学习内容的结合，由此，"世族俊才，皆志于科举"，执迷于四书、五经。最终导致科学文化无人学，无人教，无人研究，科学发展日颓也不足为怪了。梁启超先生面对这一局面直言道："变法之本在育人才；人才之兴在开学校；学校之立，在变科举。"③

科学范式的制约。科学的发展便是科学范式的不断更迭。西方近代科学便是经历了"前科学—常规科学—科学危机—科学革命—常规科学"这样一个漫长的演进过程，由古希腊的前科学演变而来的。但，在西方科学发展的前科学时期就已经规定了西方科学的特质，比如信守理性、追求定量、坚持分析、崇尚实证、鼓励创新等等，也正是这些特质构成了西方科学范式的基本内核，决定了西方科学的发展道路。反观我国古代科学可知，"中国传统科学中缺少范式"④，当然这里所指的"范式"是西方科学的范式。中国古代科学没有形成科学范式，也就决定了中国的科学发展不会走上与西方科学相同的发展道路。同时，在中国古代的科学技术系统中技术居于统治地位，而科学居于次要地位。中国早期技术的迅速发展及其对社会进步的推动给人们以科学技术整体繁荣的假象，其实严格意义而言，中国古代的科学从来没有走上，也难以走上近代化之路。究其原因，中国古代有机自然观的早熟及其对科学范式形

① 郭永芳. 八股取士与中国近代科学落后 // 金观涛. 科学传统与文化. 西安：陕西科学技术出版社，1983：212.

② 徐模. 中国与现代科学 // 刘钝，王扬宗. 中国科学与科学革命，沈阳：辽宁教育出版社，2002（63）.

③ 梁启超. 饮冰室合集. 北京：中华书局，1989：19.

④ 王锡伟. 中国近代科学落后原因新探. 江苏社会科学，1994（5）.

成的阻碍作用是不容忽视的。天人合一的有机自然观在中国古代科学观念中占据统治地位，"这抑制了实证分析方法的发展，使中国古代科学思维方法长期停留在经验知识和猜测结段"[①]。这也导致孤立、零碎、缺乏理论支持的技术发明最终发展无力，走向衰微。

二、"李约瑟难题"的文化启示

"李约瑟难题"引发了中西方学者对近代科学缘何不能诞生于中国古代文化问题的广泛思考。反观研究的内容、方法、历程和成果，会促发人们对目前文化状况与文化走向的忧虑和深思，进而激发人们对目前文化战略的深入认知和反思。文化的发展与转型，需要理性、客观地评估不同文化的时代价值，清醒、审慎地反思不同文化的历史轨迹，深刻、彻底地批判不同文化的"性格"缺陷，从而实现文化的良性融合与自我超越。

（一）文化价值：多元与互补

"李约瑟难题"启示我们重新审视不同文化之间的差异，挖掘文化的深层价值。各种文化因其自然环境、民族特色、发展历史的差别，在自然图景、思维方式、价值观念、审美情趣、生活方式等方面会产生明显的差异。这种文化基因上的差异通过文化"自为"的延拓、改造和创新使其"遗传性状"得到更为明显的表征。回顾中西方文化的发展历史就会发现，古代中国和西方世界的文化存在着世界观、人性观、社会观和思维方式上的根本不同。这些差异作为文化背景规定并决定了科学技术的发生、发展的起点、方向、动力和形态。比如，西方文化的渊源——古希腊文化重视自然哲学的思考，关注对自然的研究，坚持理性的思维方式，强调形式逻辑的价值，追求原子化的分析路线，结果逐渐孕养了科学技术研究的"学者传统"，这种传统虽然没能使西方早期的科

---

① 邢兆良. 从爱因斯坦论断到李约瑟难题. 上海交通大学学报（哲学社会科学版），2004（2）.

学技术在世界独占鳌头，但却为西方近代科学的兴起乃至近代文艺的复兴埋下了伏笔。我国传统文化以儒家文化为代表，它重人事轻自然，重仁义轻功利，重醒思轻实证，重模糊轻精确，重综合轻分析，这使得以经验、功用、操作为特征的技术和部分应用科学得到迅速发展，并创造了我国科学技术研究"工匠传统"的辉煌。由此可见，"李约瑟难题"反映了中西方文化的特征与差异，但我们并不能说中西文化具有高下、优劣之分，唯"个性"、优长不同而已。

文化价值的多元性、平等性、互补性决定了不同文化族群之间进行文化交流和借鉴的必要性和可能性。为了说明文化交流与借鉴的过程，需要对文化结构作以简要的分析，"几乎所有文化学或文化哲学研究者在某种意义上都能同意把文化的构成最粗略地划分为物质文化、精神文化和制度文化"①。物质文化是人类文化中最基本、最常见，与人的生活、生产关系最为密切的文化产品。其发达程度直接决定着人的生产和生活水平。物质文化的交流和借鉴与人类的历史一样久远。远古人猎物的交换、狩猎方式的模仿、建筑技术的交流都属此列。进入现代这种交流与借鉴变得更为频繁，比如，在衣着上中国人早已脱去了长袍马褂换上了西装短衫，也常见西方人身着唐装、旗袍；在饮食上，中国流行着肯德基、麦当劳、可口可乐，西方也大量地出现了中餐馆，等等。物质文化的交流是直观、直接同时也是表层的。其实，在热闹喧嚣的物质文化大潮的背后涌动着制度和思想的潜流，这才是对一个文化族群影响最大的因素。制度文化较物质文化而言，在文化体系中的位置要深一个层次，它既体现了物质文化基础，也表达了文化主体的能动诉求。制度文化处于物质文化与精神文化的中间地带，在适应、支持、促进物质文化发展的同时，不仅要为精神文化提供思想资源还要受到精神文化的约束。制度文化的交流会在较深层次上改变文化生态的状况，比如，政治制度、经济制度、法律制度等的采用远比汽车生产线、楼房建筑技术的引进影响更为深远。精神文化是个人和社会群体的精神活动及其成果，并主要以个人和群体的意识、观念、心理、理论、思维方式为主要表现

---

① 衣俊卿. 文化哲学. 昆明：云南人民出版社，2001：72.

形式。在文化系统中，精神文化对其他文化具有内在、深层、积极的规制、导向甚至是决定作用。譬如近代的"西学东渐"，以"师夷之长技以制夷"、"中学为体，西学为用"为指导思想的对西方科学技术的引进，最终未能达到"富国强兵"的目标，其原因主要在于没有将文化视为一个整体，而将精神文化、制度文化、物质文化断然割裂。文化作为整体是一个完整的生态系统，文化子系统的生存和发展需要其他子系统的支持。急功近利，人为地选择、引进、培植独立的外文化子系统，结果只能使其畸形生长。所以在引进时必须考虑到引进"物种"的整体性、和谐性、适应性，否则势必威胁到文化生态的健康性、安全性和发展性。

（二）文化反思：觉醒与审视

对中西文化特质进行反思和审视是"李约瑟难题"研究的一个重要视角。科学作为探索未知世界的活动，文化系统对其发生着潜移默化而又至关重要的影响。中国传统文化无助于近代科学技术的萌生与成长，但却孕育、培植了以"工匠传统"为代表的古代科学技术，同时我国古代文化传统所坚持的有机自然观对当今的科学技术发展仍有重要价值。可见，中国传统文化在科学技术的发展方面显现出明显的两面性。

文化价值的客观性、内在性并不应该成为文化"霸权主义"的理由，即便是几百年来所向披靡的科学技术也不例外。同时，文化价值的有限性、阶段性、选择性也不应该成为"弱势文化"妄自菲薄、不思进取的借口，如今势微的我国传统文化即是如此。探求文化的内涵、价值和前景必须首先认真、深入地分析、反思文化本身。"李约瑟难题"客观地向人们展示了科学技术发展的辩证法。首先，没有绝对优秀的文化，同时也不存在完全低劣的文化。文化作为一个内涵极为丰富、历程极其久远、结构极为复杂的自组织系统，必然存在着内在的矛盾。正视这些矛盾便是正视文化本身，正视文化才能理性客观地认知文化，客观地认知文化才能反思、创新文化。国内众多学者对"李约瑟难题"的解答便是从剖析中西方文化入手的，虽然没有得到问题的"标准答案"，但启发人们对中西方文化从多视角、多层面、多维度进行了审视和评价，这无疑对深入认知和把握中西方文化大有裨益。其次，文化的发展是一个波浪式前进、螺旋式上升的过程，永远不会风平浪静，一帆风顺，这符合唯物主义辩证法。回顾西方科学技术的发展历程可以发现，其发展可谓一波三折，跌宕起伏；我国古代文化也是生来多劫，荆棘满路，但文化总体的发展却是大趋势。梳理、分析、阐释、比较中西文化的本性，对弄清楚中西文化历史发展的社会、自然、文化背景及其发展形态、动力、轨迹及其差异具有积极意义。由此，我们可以明确认知、反思中西文化的两个维度——横向共时性的盘点与纵向历时性的梳理。盘点与梳理的理性思考与理论确证便构成了对文化本身的深层探究和追问，这为文化的发展与超越准备了必要的条件。

（三）文化批判：质疑与革新

对文化的反思并不必然会推动文化的发展，就像"李约瑟难题"的热烈讨论不会必然加速科学技术的发展一样。不过，在一定程度上可以认为前者是后者的必要条件，即文化的进步需要文化反思，科学技术的昌明需要对其进行"元认知"。批判性认识在对文化的认知、反思与创造、超越之间起到了枢纽和桥梁作用。批判性思维对于文化发展的作用是多方面的、积极的。以科学文化的发展为例，首先，从科学发现的个案来看，作为科学研究者需要批判性思维，如果没有对以往科学范式进行合理的质疑的能力、没有另辟蹊径的创新意识、没有"藐视"权威"唯我独尊"的勇气，创造性智力活动的进行是难以想象的。哥白尼"日心说"的提出、爱因斯坦"相对论"的建立莫不如此。其次，从科学共同体从事科学研究的历程——科学史来看，科学发展的历程便是科学范式的不断更迭。不同科学范式之间在基本观念、理论假设、理论构架和基本主张等方面存在着根本的分歧，具有不可通约性。因此，科学共同体对旧范式的摒弃和新范式的选择，不但需要敏锐的洞察力、丰富的想象力，更需要顽强的批判精神和高超的批判能力。科学发展的长河是一个否定再否定的历史过程，批判精神是其原动力。最后，科学活动作为人与自然进行交流的特殊活动，必然受制于"人"和"自然"两方面因素。就人而言，人是能力有限的，容易犯错误的，主动的；就自然而言，自然是资源有限的，容易受伤害的，被动的。所以，欲使人与自然的交流能够健康、和平、持久，作为具有能动性的人，必须善于经常地分析、反思、批判自身的行为，否则这种交流只能是噩梦式的、短暂的、难以重复的晤面，如今科学技术所造成的生态灾难、疫病流行、能源危机、环境恶化便是例证。

　　合理的质疑对于个人和社会群体来说都是进行创造活动必备的品质，没有质疑就难有创新，没有质疑就难有发展，柏林曾尖锐地指出："社会如果躺在无人质疑的教条的温床上睡大觉，就有可能会慢慢烂掉。要激励想象，运用智慧，防止精神生活陷入贫瘠，要使对真理的追求持之以恒，就必须对假设质疑，向前提挑战，至少应做到足以推动社会发展的水平。"① 因此，坚持不断地对自身文化活动进行批判性审视对于文化自身的发展、超越是必要的，也是必须的。这使人回想起爱因斯坦的一句名言："一个由没有个人独创性和个人志愿的、规格统一的个人所组成的社会，将是一个没有发展可能的不幸的社会。"②

　　（四）文化超越：必然与旨归

　　行文至此，我们需要再次追问国内外学者寻求"李约瑟难题""规范解"的目的何在。难道仅仅是为了满足人们的好奇心和求知欲，为了已然现象的合理解释，为了在中西比较中树立民族文化的自信心抑或揭露民族文化的不足与西方文化的优长？其实都不尽然。笔者认为，"李约瑟难题"的价值不在于对问题本身的解决，而在于在问题解决过程中对中西文化进行全面、立体、全息式的诠释、反思，并由此实现对中西文化全面、理性的批判与超越。事实上，"李约瑟难题"解答的意义并不仅仅限于对中国传统文化的认识和理解，还在于对西方文化的促进和推动。"李约瑟难题"作为中西文化沟通的桥梁使得两者得以相互理解、渗透和融汇，对两种文化的发展都颇有裨益。如此看来，"李约瑟难题"对于中西方文化的解构与重建都具有重要意义。

　　文化的本性之一便是其发展性和超越性。人具有自然性和文化性双重属性，但人之为人的根本原因在于人的文化性。作为自然的人具有生

　　① 孙正聿. 现代教养. 长春：吉林教育出版社，1996（95）.
　　② ［美］爱因斯坦. 爱因斯坦文录. 杭州：浙江文艺出版社，2004：54.

物性遗传，使人从前辈那里获得了人之为人的生物基础；作为文化的人具有文化性遗传，使人从前辈那里获得了人之为人的文化基础。生物遗传与文化遗传具有相似的一面，都是从先辈那里继承生存、生活和发展的必要信息，都能够对前辈的信息进行复制和保存。两者还具有遗传的一个重要特性——突变，即对原有信息的复制、拷贝有时是不真实的，变化的、"创新性"的，生物遗传的突变可以使人获得新的性状，当然有时是有利的，有时是有害的，利害与否要视环境而定；文化的突变使人和人类获得对自然、社会、自身等的新观念、新认识、新范式，会丰富人类的思想世界，也就是波普尔的"世界Ⅲ"，其合理与否要看人类的批判性检验。同时两者还有不同的一面，生物遗传主要是线性复制，不具有明显的累积性，即便是突变也是一种基因取代另一种基因；而文化的遗传则完全不同，文化的遗传是非线性复制，具有明显的累积性和增值性，新思想、新理论、新观念、新范式一旦生成就会在文化系统中找到安家之所，并安稳地生活下去，所以，"世界Ⅲ"的"居民"会越来越多。但"世界Ⅲ"中新成员的入住往往不会以驱逐原有的居民为前提。这样，具有不同前设、内涵、特色和范围的"居民"在"世界Ⅲ"中获得了平等居住权，比如，经典物理学与量子力学、相对论，劳动价值论与效用价值论，孟子的性善论与荀子的性恶论，西洋画的写实主义与中国画的写意风格可以同时存在。由此，文化进化展现出非线性、累积性、超越性特点。

文化的超越性是文化系统自组织机制的外在体现。文化系统依据自组织特性可以实现自我定向、自我复制和自我超越的行为。但自组织行为也不是无条件的，即文化系统不是必然地进行自我发展和自我超越活动，它需要必要的条件。首先，系统的开放性是系统产生自组织行为的先决条件。开放的系统有利于外界信息的引进从而降低系统内部信息杂乱、低效、低水平的活动，外界新鲜信息的引进有助于系统内部的条理化、秩序化。比如，多年来我国教育科学研究便处于盲目、低效的研究水平，近些年诸如"新三论"、社会学、知识社会学、建构主义心理学、后现代哲学等学说的引进使其研究水平有了长足进步。科学文化的发展更是如此，试想如果没有对西方科学技术的学习，我们根本无法想象中国科学技术的现代化。其次，非线性机制是系统产生自组织行为的根本依据。文化系统内部元素众多、结构复杂、功能各异使其必然成为一个非线性系统，思想的碰撞、视野的拓展、非常规研究方法的使用都有助于文化系统的发展。最后，远离平衡态是系统产生自组织行为的必要条件，涨落是调整系统自组织行为的重要契机，这就要求文化研究要注意求新、求异，鼓励新观念、新思想、新理论的发现与创造。研究者要勇于突破固有思维框架，革新陈旧价值观念，消解僵化理论范式，实现文化的超越性。

三、"李约瑟难题"的教育启示

"李约瑟难题"的思考和解答，要求我国科学教育界明确我国传统科学文化的历史、成就和不足，并在此基础上更好地理解作为"舶来品"的西方科学。同时，对中国传统文化的梳理、反思和提升可以避免我国传统文化优良基因的遗失，使我国传统文化在新的历史条件下得以挖掘、解读和传承，为丰富人类文化宝库和文化交流作出贡献。我国传统文化中有很多积极、宝贵的文化因素，即便是从现代科学的视角来考量也是难能可贵的，比如，我国古代的有机自然观与目前社会倡导的"人与自然和谐相处"的可持续发展理念在很大程度上是契合的。在科学教育中贯通古今、汇通中外的难度是显而易见的，但这不能成为我们遗忘历史、割裂文化、数典忘祖的理由，也不能成为我们盲目照搬、文化残缺、食洋不化的借口。科学教育改革要增加对我国传统科学文化的关注，重视西方科学文化的本土化，加强对我国传统科学文化的革新和利用，防止因西方现代科学涌入带来的民族文化虚无主义的泛滥，从而避免民族性的丧失。

（一）对我国传统科学教育认识的分歧

科学教育到底应该向哪个方向发展？这个问题困扰中国教育家有一

个多世纪了。解决的思路之一就是试图通过中西方科学教育的比较来寻找答案。对中西方科学教育进行分析、比较的科学家、教育家大有人在。然而，由于立场、观念、视角的不同，人们得出了不同的结论。比如，最近《参考消息》上就有一篇报道对中美教育进行了扼要的比较。①

除了黄头发和白皮肤，我那 15 个月大的儿子和他周围的中国孩子还有很多文化上的差异。和在游乐场里见到的其他孩子相比，我儿子更活泼也更果断，这些特点既是基因决定的，也有社会环境因素。中国人在他们的语言、行动和态度上有很多方式控制和压制孩子们的内心愿望和活力。

教育心理学家霍德华·加德纳写了很多关于中国的文章。他认为中西有不同的学习方式，而这种学习方式在学校教育之前早就出现了。西方人在孩子玩的时候往往不加干涉，给孩子空间去发现世界，让他们顺着自己的意思，了解自己的能力到底多大。而中国，孩子们玩的时候，总是有大人守在身后，指挥着他们的行动。

美国的父母强调自立、创造性地解决问题的能力，而中国的父母则用举例子和温和的指导方式手把手地教。在美国教美术，老师往往分发颜料和纸，鼓励孩子用想象力去作画；在中国，墙上挂着范例，老师手把手教孩子怎么作画。

中国的教育方式从很早的阶段就强调掌握一种技术的能力，通过模仿来学习，强调纪律以及服从。相反，西方的文化则强调自由实践、创造力和独到的表达。中国的孩子总的来说要比美国孩子更加守纪律。

在中国幼儿园工作的西方教师对那里的严谨态度以及惩罚调皮孩子的方法感到诧异。虽然这种强调纪律的做法对孩子有负面影响，但它的确教会孩子如何自控以及尊敬权威——而这些正是美国学校缺少的。

美国 6 到 10 岁的孩子一般每天要玩 2 到 3 小时，周末和假日的时间更长一些。但是，中国同样大的孩子能挤出半个小时上公园就算幸

---

① ［美］安娜·格林斯潘. 中美教育方式孰优孰劣. 参考消息，2006-4-28.

运了。

　　文化的差异不仅体现在青少年的生活方式上，还体现在他们的态度上。美国的文化往往鼓励叛逆，认为独特性值得称赞。所以这种文化容忍失败。中国社会基本上是墨守成规的。俗话说："枪打出头鸟。"这样的俗话在文化中比比皆是，往往被用来表达一个大家几乎都认可的观点。

　　在中国的学校，公开给学生排名以及公布考试成绩是一个常见做法，有时甚至教室里的座位也是根据成绩排名来安排的。虽然有很多抱怨这种不顾及隐私的做法很残酷，但这种公开的比较一般被视为积极的鼓励手段。

　　东西方教育的差异源于文化上深刻的差异，变化的速度极为缓慢。不过，全球化的教育环境正逐步形成，提供了越来越多的选择机会。在中国，越来越多的家长把自己的子女送进美式私立学校学习。这些学校学费昂贵，但在一些繁荣的城市生意却很红火，担心孩子无法面对中国教育体系压力的有钱人甚至想方设法把孩子送到美国去读小学。

　　而在美国，提供亚洲教学教育模式的私立学校越来越流行，在家自学的学生也开始使用新加坡和印度教材。

　　……

　　从这篇文章中我们看出，中西方教育观念存在明显差异。对此，似乎我们可以用辩证法的观点一分为二地看问题，然后相互借鉴、取长补短，进而推进各自教育事业的发展。然而，问题没有那么简单，比如，各自长处在哪里？这种长处是教育的作用还是社会文化使然？这种长处是否具有永恒性？这种长处是否具有可移植性？再比如，不同教育的短处是不是绝对的？造成这种教育缺陷的文化基因是什么？这种文化基因的"重组"、"改良"的必要性、可能性与可行性有多大？等等。往往著名的教育家和学者对这样棘手的问题也会持不同的观点，比如近年来两位著名的科学家——杨振宁、丘成桐就亮出了截然相反的两种意见。

　　总体而言，国际著名物理学家杨振宁教授对我国的基础教育持肯定态度。下面文字节选自对杨振年先生的报道。①②

　　9 月 13 日下午 4 点 30 分，杨振宁教授准时出现在 2003 年中国科协会的主会场。……

　　当问到培养学生动手能力和科技创新方面能力，中国的基础教育应当注意什么时，杨振宁教授深有感触地说，这个问题与中国几千年的历史背景有密切关系。中国的教育体制与美国相比差别很大。最大的区别是中国偏重于灌输式教育。中国学生的根基非常扎实，这是优点。中国留学生到国外上学，学习成绩都很好。这说明中国人很聪明。再者，中国整个社会风气使得小孩子很听话，多做习题，所以学到的知识很扎实，这是一个优点。但因为小孩从小就很听话，所以胆子比较小，不敢迈出书本知识以外的范围，与美国学生比起来，创新意识较差，这就是个缺点……

　　中国的教育传统有缺点，但对 80% 年轻人的影响是好的，可以让很多人成才。我的结论是，中国传统的教育体制没有完全改变的必要。对于存在的缺点有修正的方法，就是对上了大学的学生，尤其是那些特别聪明的学生，要允许和鼓励他做跳跃式的发展。在中国，传统教育与跳跃式教育并行发展会好些。

　　同样著名的数学大师丘成桐教授却给中国基础教育泼了冷水③。请看《中国青年报》刊载的文章。

数学大师丘成桐给中国基础教育泼冷水

　　不知从什么时候开始，这些观点被普遍认同：中国学生的数理化成绩要比同龄的美国孩子好，中国学生基础知识要扎实得多，只是创新能力差一些。

　　11 月 5 日，国际数学大师丘成桐对这种观点毫不客气地泼了瓢冷水："这都是多少年来可怕的自我麻醉！我不认为中国学生的基础知识

① 黄蔚. 诺贝尔奖获得者杨振宁教授：尽快缩小与世界一流大学的差距. 中国教育报，2003-9-15.

② 刘世昕. 数学大师丘成桐给中国基础教育泼冷水. 中国青年报，2003-11-8.

③ 刘世昕. 数学大师丘成桐给中国基础教育泼冷水. 中国青年报，2003-11-8.

学得有多好!"

丘被公认为是近 1/4 世纪里最有影响的数学家之一,他在 29 岁时就攻克几何学上的难题"卡比拉猜想",轰动国际数学界,因此在 1982 年获得数学界的"诺贝尔奖"——菲尔兹奖。他是迄今唯一获得该奖的华人。

"美国最好的学生真是好得不得了。"丘成桐说,应该这样比较,不管是美国还是中国,能进他所就职的哈佛大学的学生都应该是这两个国家最好的学生。而两类最优秀的人相比,美国学生的基础知识绝对不会逊色于中国学生,相反是要强很多。

教育界和社会上还有这种说法,认为中国的中小学生要比美国的学生数理化知识学得多,比如,在某个年龄段,中国孩子加、减、乘、除的混合运算已经学得滚瓜烂熟,但美国孩子加减法还做得磕磕绊绊。

"这也是错的,在美国比较好的中小学校里,中国学生念的功课,他们也都是要学的,而且学得很灵活,绝对不是像中国那样填鸭式地教。一些好的学校,十一、十二年级学生的微积分已经做得非常漂亮,但听说国内不是所有的高中生都学微积分。"

丘成桐在很多场合都举过这几个例子,几个来自国内一顶尖大学的学生找到丘先生,求教一个几何方面的问题。丘成桐感到很奇怪,他们问的是一个微分几何方面的古典问题,是学生们在读本科时就应该掌握的数学知识:"还能说中国学生比国外学生学得好吗?"

还有一次,也是北京某著名大学的博士申请到哈佛作研究。"一看他的论文,我吓了一跳,程度低得一塌糊涂!坦白讲,还不如一些大学的硕士生。"丘成桐多次用这些例子提醒,不能再对国内的教育盲目乐观。

学生们在听了丘成桐的学术演讲后,都希望他谈谈怎样才能成为数学大师。丘先生回答:"我研究了 30 多年数学,对自己在数学基础上要求很严,希望能够尽量将自己的基础打好。打好基础才能游刃有余。"

(二)科学教育向何处去

科学教育改革要加强学生科学精神和价值观的培养。科学作为一种文化活动和事业,其中蕴含着丰富的精神气质,这种精神气质可以外显为具有科学素养的人的科学精神和科学观念。就科学精神与科学文化发展而言，一方面，科学精神是科学文化的天生"禀赋"，是科学文化的本性，并且科学文化的发展还要以合理的科学精神和科学的价值观为条件；另一方面，科学文化所蕴含的科学精神对于人的思想观念、价值追求、思维方式的培养具有重要价值。从中西方的科学文化的演进史可见，中国传统科学文化没有走上西方科学发展的道路，或者说中国传统科学文化最终落后于西方的一个重要原因，便是中国文化传统中缺少科学精神资源。竺可桢先生就指出，近代科学在中国不发达的原因有二："一是不晓得利用科学工具，二是缺乏科学精神"[①]。缺乏科学精神的文化系统自然无从培养出具有科学精神的科学家，更无法为古代教育提供可贵的教育资源。而科学精神资源的"缺席"又导致科学文化和科学教育的落后，形成了恶性循环。所以，加强科学精神和科学价值观的教育既是我国科学事业健康发展的需要，也是促进学生全面发展的要求。为了学生科学精神养成，科学教育要重视科学史教育，加强 STS 教育理念的渗透，关注科学教育的人文价值，要促进学生对科学技术内涵、价值、本质、观念的理解、把握和领悟，要培养学生对社会、对科学、对人类负责的责任感和基本素养。

科学教育系统是社会与文化的一个子系统，因此可以认为，科学教育系统是社会与文化系统的一个自相似体系。这就决定了科学教育系统在很多方面要受制于其母系统——社会与文化系统。社会与文化系统制约并决定了科学教育系统的结构、功能和价值取向。就价值取向而言，社会和文化系统规定、限制和指引着科学教育活动的理念、观念和目标，并由此决定着科学教育要培养什么样的人。我国古代社会是一个封闭的、稳定的农业社会，这决定了社会所需要的人才是安于现状、惟命是从、缺乏批判意识和创新精神的保守型"管理"人才。事实上在我国古代的教育中也是以"忠君"、"愚民"为指导理念和培养目标的。官本位的社会观念和"学而优则仕"的教育目的观的结合造成了我国古代学习和研究科学技术的人才的严重匮乏，最终导致科学文化发展的滞缓和

①　竺可桢. 中国实验科学不发达的原因 // 刘钝，王扬宗. 中国科学与科学革命. 沈阳：辽宁教育出版社，2002：46.

衰落。由此可见，一方面，科学教育的问题可以在教育系统内得到解决，比如如何顺应、接受、落实社会与文化系统的要求，使科学教育活动更好地满足社会和文化系统的需要，推动社会进步等；另一方面，一些科学教育问题没有办法在教育系统内得到解决，这需要社会文化系统的支持与变革，比如要使社会的人才观、价值观、意识形态等对科学教育发挥积极的影响，就要求社会与文化系统经常、深入地反思其所恪守的导向的合理性、正确性和可行性，并进行认真、客观、积极地调整。所以，社会与文化系统认真盘点、分析、总结、检讨和纠正其价值取向和发展目标，为科学教育确立正确的价值取向、培养模式和运行机制是大有裨益的。

科学教育改革必须处理好科学教育与技术教育、基础研究与应用研究、思想教育与技能教育的关系。宋、元以前我国的科学技术领先于世界，这是不争的事实。然而认真地分析之后，便可发现这段历史的科学技术是以技术为主，即主要是科学史界所讲的"工匠传统"。"工匠传统"的科学技术更多地强调技术、工艺的实用性、操作性和效率，对自然现象背后的本质、规律等形而上之"道"缺乏兴趣，具有明显的经验主义倾向。与"工匠传统"相对应的是"学者传统"，"学者传统"在我国科学技术史上处于弱势地位，学者传统强调研究者对自然本身的兴趣，重视探究隐藏在物质、现象背后的本质、规律和理论，崇尚理性的研究方法，坚持无功利性的原则和对真理的探索。宋、元之前科学技术迅猛发展，在世界独占鳌头是因为我国古代科学鲜明的"工匠传统"特色，同时，后期我国科学技术发展的停滞和衰落也是其"工匠传统"基因使然，可谓"成也萧何，败也萧何"。以史为鉴，要使科学技术健康、持续、全面地发展，必须从长远着想，合理调控"工匠传统"和"学者传统"的比例。具体而言，要重视基础理论、科学思想、科学思维与技术成果、工艺方法、操作技能在教育目标体系、课程设置和教学活动中的比例关系。只有如此，我国的科学教育改革才可能成功，我国的科学技术事业才能可持续、健康地发展。

就高等科学教育而言，任何教育都无法回避大众教育与精英教育的矛盾，这个问题在我国高等教育中也很突出。由对"李约瑟难题"的思考我们发现，科学技术发展的重要基础和推动力量是民族的文化素养、文化性格。因此，提高公民的文化水平、塑造民族的文化性格是高等理科教育得以良性发展的一个重要基石。另外，精英教育对大众教育也具有拉动作用，精英教育能够为大众教育提供重要的文化资源、人力资源和物质资源。那么，在高等理科教育中如何处理精英教育与大众教育的关系呢？我们认为，首先，需要注意两者是相对的概念，过去被视为精英教育的高等理科教育如今有大众化的趋势，而良好的大众教育又是精英教育的基石。所以，高等理科教育应该为高等教育的大众化作好准备，这包括教育理念、教育制度、教育内容、教育方式等方面的革新。其次，精英教育应该是全面的教育，否则无法避免学生成为"单向度的人"，最终难以成为精英。所以，精英教育不是脱离大众教育而存在的"空中楼阁"，它是大众教育的合理延伸和提高。高等理科教育只有处理好两者的衔接才能更好地发展自己。总之，大众教育与精英教育对高等理科教育而言是相辅相成，不可偏废的，两者只有并驾齐驱，互为支撑，才能走得更远更好。

四、"李约瑟难题"对科学课程建设的启示

　　首先，科学课程的规划、设计、实施、评价要考虑社会文化传统因素。不同社会对学校教育的定位、期望存在差异，这将对科学课程产生明显影响。比如，在我国社会文化中"学而优则仕"、"学习是为了光耀门第"、"考上好大学是学习的唯一目的"等教育观念一直处于重要地位。再比如，就对科学教育的态度而言，很多人坚信"学好数理化，走遍全天下"、"学习理科就是为了孩子将来成为科学家"、"学习不好的学生才去学习职业技术"等等。还比如，从科学课程的学习方式来看，社会上很多人坚持认为"只有多做题才能学好理科"、"学生成绩差的原因就是教师没讲明白"、"严师出高徒"、"对提高学生考试成绩没有直接作用的活动都是次要、没意义的"、"考试成绩好才是关键"。这些观念通过影响政策制定者、教材设计者、课程实施者、教育评价者等来影响科

学课程实践活动，并在一定程度上决定着科学课程活动的内容和走向。毋庸置疑，社会观念作为一种文化存在自然有其合理性，但同时也存在着一定的缺陷。比如，西方国家社会文化中的"应将科学教育视为生活的一部分"、"科学教育的目的不仅仅是为了升学"、"科学教学活动的形式可以多种多样"、"科学教学活动的评价标准也不拘一格，提倡发展性、差异化"、"让学生参加社会实践、科学实验，培养他们的创新精神、实践能力和多元的智能"等观念对我们就具有广泛的启示。同时，作为具有积极性、主动性和超越意识的教育活动只有对此予以正视、重视、审视，并采取积极的措施"取其精华，去其糟粕"，因地制宜地制定合理的课程计划和实施方案才能更加有效地达成科学教育与课程目标。

其次，良好的学校文化是科学课程建设的重要基础。学校文化是科学课程实施的背景和场所，良好的学校文化氛围有助于科学课程的实施。中西方学校文化各有特点，比如：中国重等级，西方讲平等；中国重规制，西方讲个性；中国重秩序，西方讲自由；中国重整齐，西方讲多元；中国重理论，西方重实践。这些特点不能简单地用"好、坏"来判定，只能说各有特色。就科学课程发展而言，我们认为良好的学校文化至少有如下几个特点：一是，具有积极向上的学校风气和正确的价值取向。学校的风气看起来扑朔迷离，捉摸不定，但是又无处不在，无时不在，并发挥着重要的作用。积极的学校风气包括良好的学习风气和工作风气即学风和教风，还包括学校的管理风气。学校价值取向可以包括学校教育管理、教师教学、学生学习的价值定位和努力方向，三者之间存在着密切的内在联系。只有科学、合理的学校价值取向才能激发学生、教师和管理人员的积极性和主动性，才能有效地指引和提升各类教育、学习活动的方向和效率。二是，积极合作的文化氛围。科学课程教师之间越来越需要积极有效的合作，这不仅是教师专业成长的要求。而且是教师教学工作的需要。首先，我们处在知识爆炸的时代，科学技术发展日新月异，科学发现、技术发明层出不穷，显然，教师凭借个人的精力、智力来全面地获取和消化这些信息是不可能的。为了更好地接受这些"新生事物"，教师之间的合作就变得意义深远。其次，教师之间的合作也是课程综合化的要求。科学课程的综合化已经成为基础教育课程改革的一个重要趋势，同时科学课程的综合化也给科学教师提出了新的挑战。应对挑战的一个策略就是教师合作、集体协商，这样教师之间可以互通有无，取长补短，相互启发，共同进步。再次，教师之间的合作有助于教学经验的交流。教学经验就是教师在工作中积累的学科理论知识、教学实践知识和个人成长故事的总和。教学经验的交流不仅能促进教师全面地总结、反思，从而提高个人专业素养，而且有助于教师群体业务能力的提升。最后，教师团体的合作文化将对学生间的合作学习形成潜移默化的影响。教师之间、科组之间合作的文化氛围是学校的重要潜课程之一，教师、科组之间合作的意识、方式、经验将会成为学生效仿和学习的范例。三是，不断进取的意识。就学校而言，要有科学、合理的发展目标和相应的机制、人员、财力保障；就教师而言，能够不断对自己提出新要求，树立新目标，并积极、主动地采取各种措施促进个人专业成长；就学生而言，在科学学习中要目标明确，充满自信，善于计划，勤于反思，能够不断挑战自我，取得更好的成绩。四是，学校、科组、班级要有公平、自由、民主的氛围。这不但是学校教育、教学管理的需要，更是学生科学学习的需要。只有在公平、自由、民主的氛围中才能使得学生的学习态度端正，动机积极，思维活跃，交流充分，从而高效率地学习。

再次，科学课程的顺利实施需要家庭教育与学校教育的密切配合。在家庭教育与学校教育关系的认识上，中西方文化存在一定差异。往往中国人寄予学校既模糊又宽泛的期望，"学校要包打天下，要对孩子的成长负全责"，"家长的任务就是交学费，开家长会"，"教育孩子是学校的事"，"在教育孩子方面，家长是协助教师工作"。似乎西方社会对学校、教师的要求没有这么高，但同时也明确了家长在孩子教育过程中的责任。比如，美国孩子的家长要参与学校科学课程的规划、设计、实施、评价，还要随时了解孩子学习的进度、程度和问题，以便及时调整学习计划和配合学校的教学活动，教师广泛深入地参与学校各种活动。此外，比如美国等一些国家公立中学一年的学习时间才 180 天，其余的时间都是学生的，这也势必要求家庭教育负起更多的职责。就这一点而言，西方的教育文化对我们具有一定的启示：首先，学校的教育功能是有限的，单凭学校没有办法完全实现培养孩子的工作。比如，科学教学中很多经验的获得、动机的激发、兴趣的培养、习惯的养成都是在日常生活中实现的，并且在日常生活中形成的"潜概念"更加牢固，忽视学生的家庭教育和日常生活教育就等于浪费了教育的重要资源。其次，家庭教育与学校教育的联络、沟通、融合有助于教育效率的提高。家长参与学校科学教学的各个环节不仅能够对学校科学教学增加了解，而且能够使学校管理人员、教师充分感受到自己工作的重要性和被关注的成就感，从而提高他们的工作效率和积极性。同时，家长还是科学课程的重要资源，他们在智力和知识等方面可以为科学课程的实施提供重要保障。最后，家庭教育与学校教育的整合有助于学生健全人格的形成。其实，社会教育、学校教育、家庭教育是培养儿童发展的三驾马车，各有其价值，无法互相替代。加强家庭教育在科学课程实施过程中的作用，对于孩子良好学习习惯的养成、实践知识的获得、意志品质的培养、沟通能力的锻炼、社会角色的确立都不无裨益。

最后，对科学课程实施的理解也存在文化差异，这些差异为我们吸纳成功经验、弥补自身不足提供了可能。首先，对于科学课程内容的难度和广度问题，不同学者给出了不同的回答。很多中国学者和家长认为，中国的科学课程知识含量高，内容深，同时认为西方国家学校的科学课程内容浅显，宽泛。由此，一些家长和学者断言中国科学教育有助于学生获得坚实的基础知识，是成功的基础教育。也有人指出，西方科学课程虽然知识浅，但是内容宽，学习方式灵活，更有利于孩子能力的培养。笔者认为，对这个问题的回答容易犯简单化的毛病，有必要澄清。一是，中国的科学课程知识含量既高也不高。这看似矛盾，其实不然。简单而言，"高"主要体现在理论知识、经典知识和低年级阶段。我们的课程中，从幼儿园开始就接触大量的理论知识、学术知识，学生从很小开始就做"理论工作"，所以笔者认为"高"。但也"不高"，因为在高中以后，我们课程的科学知识的深度就开始与西方持平甚至不及西方学校的科学课程。二是，西方学校的科学课程既浅也不浅。说它"浅"，是因为如果从学术水平来考量，它们低龄阶段的科学课程的知识难度确实不如我们的课程高。但它又不浅，原因在于这些知识的学习并不是"灌鸭式"的填充，而是要孩子们独立、自主地在较短时间内获得，所以仍然有一定难度。应该指出的是，高中以后西方的科学课程都具有相当的难度，很多是我们的课程所不能比的。就知识面而言，无疑西方学校的科学课程要胜我们一筹。其次，是创造力培养的问题。有报道说，"中国的教育，从小学到大学，甚至硕士、博士的教育，最大的问题在于不是努力开发大家的创造力，而是处处遏制创造力，不是在培养大家的学习能力，而是在遏制大家的学习能力"①。确实，"我们习惯于任何问题都有标准答案，我们习惯于老师说的都是对的，我们习惯于考试却不善于学习，我们习惯于背书却不善于思考，我们习惯于自己内心想的和应付考试的可以完全不同……但这些习惯的形成，与我们将要面对的时代的要求和历史的挑战所需要的素质是一致的吗？与我们内心的人生目标的实现所要求的能力是相符的吗？"这个问题提得既尖锐又准确，无疑这是我们的科学课程改革所面临的重要问题。如果追问其文化根源，笔者认为最主要的是"急功近利的功利主义"在作怪，国家急于迅速培养出"听话好用"的社会建设者，学校急于培养出"能征善战"的考试高手，家长急于培养出"光宗耀祖"的乖顺儿女。急功近利是扼杀创造力的杀手，对个人如此，对国家、民族亦然。

---

① 魏城. 还给孩子们一个童年. 参考消息，2006－06－13.

结　束　语

　　社会流行的片面、狭隘、僵化的科学观念遮蔽了科学的丰富内涵，扭曲了科学的真正形象，误导了人们对科学的认识，终使科学的文化资源被大量浪费，科学的价值被错误估计。这些渗透到科学教育和科学课程中，导致科学课程中科学观、知识观、目的观、形态观、学习观的迷失与错位，最终成为科学课程难尽人意的一个重要原因。因此，从根本上认识科学，对科学进行文化阐释，揭示科学文化的丰富内涵，挖掘科学文化的课程资源，重估科学文化的课程价值，并据此反思科学课程的理论与实际，从多方面、多视角展望科学课程发展趋势，为新世纪科学课程的规划、建设、实施进言献策，不仅是建构科学合理的科学课程理论的必然要求，也是目前正在轰轰烈烈地进行着的科学课程改革与实践的客观需要。如上所言便是笔者自不量力、胆大妄为地选择"科学课程发展的文化学研究"这样一个大而难（对笔者的驾驭能力而言）的研究课题的主要原因和研究目的。

　　依据笔者的设想，本研究首先进行了有关中学教师与学生的科学课程观的问卷调查，澄清了科学课程中的科学观念以及教师和学生对科学课程的目标、内容、形态、学习方式的理解与期望，为本研究理论找到现实的落脚点。然后，笔者对科学课程及其理论发展进行了历史考察与梳理，力争从历史发展的角度认识科学课程发展的内在逻辑与"因果变量"。由此，我们获得了对科学进行文化阐释的依据和研究的视角，并对科学文化进行了"文化际间"和"本体"两个方面的分析。对科学进行文化分析给了我们很多启示，因为时间与能力的关系，笔者选择如下几点进行了较为深入的探讨：科学观与科学课程发展，科学素养与科学课程目标，科学课程的形态——多元复合与有机生成，建构主义与科学课程学习方式的变革，科学课程建设的跨文化思考。回顾整个研究，观点粗浅，杂乱，所以，在此有必要对本研究主要主张进行简要归纳，以进一步言明本研究的论点与不足。

1. 中学教师、学生的科学课程观问卷调查显示：目前，在中学教师与学生中，实证主义、客观主义科学观占主导地位；大部分教师和学生认为科学就是静态的知识体系、高深的理论或真理，对科学的发展持归纳主义见解；多数学生不很了解科学课程的内容究竟在社会生活中有什么价值，认为科学没有负面效应或对此不置可否，多数教师认为目前的科学课程不能使学生了解科学价值的有限性及其负面效应；半数学生认为目前科学课程的价值在于应付考试，是为了考试的需要，众多教师也是围绕着升学考试这个"指挥棒"转；对于科学教育目标的印象，多数学生与教师认为，科学教育的目的在于培养社会建设者，也有部分师生认为是培养社会合格公民；对于课程在教学中的作用，多数学生和教师认为它规定了教学内容；多数学生和教师认为科学课程主要的学习方式是理解记忆，与此相应，多数教师认为在教学中不能增加学生探索活动的原因在于"考试不考"；绝大多数学生和教师都认为科学课程的内容脱离学生生活，不能联系社会现实，希望将来科学课程的内容能够联系生活实际。

2. 通过对科学课程的历史考察，笔者将科学课程的发展史概括为科学课程的"合法化"、"活动化"、"结构化"、"综合化"等四个阶段。通过对不同时期科学课程及其主导理论的分析，我们发现，不同发展阶段的科学课程中所隐含的科学观、课程观、学生观有很大差别，这导致对科学课程的目标、形态、学习方式的理解各不相同。但从中也可以发现，科学课程及其理论的历史演进具有一定的历史继承性，虽然很多时候是以批判为主的继承。对科学课程的历史考察，使我们明确了影响科学课程发展的重要变量是对科学文化的理解以及由此演绎出的对科学文化的课程资源的认识。由此，我们认为发展、建设科学课程不能不关心对科学的理解，并提出了对科学文化及其课程价值进行深入剖析的任务。

3. 科学文化是人类最重要的文化之一，具有悠久的历史和丰富的内涵，对其进行必要的分析是本研究重点之一，因此，本研究根据需要对科学文化进行了"文化间际"和"本体"两个层面的考察。在"文化间际"的分析中，我们发现科学文化与人文、技术、社会之间具有密切的关系和历史渊源。在处理科学与人文的关系上，我们认为既不能盲目地将其融合，也不能一味地强调两者不可通约，唯一可行的是在人文与科学之间保持必要的张力，相互协调，相互促进，共同促进人类文明的发展；经过对科学与技术两者之间的分析，我们认为两者历史不同，内涵各异，但它们之间关系密切，并有进一步一体化的趋势；在科学与社会的关系上，我们认为科学文化与社会之间的作用可以分为"器物"和"精神"两个层面，在"器物"层面我们探讨了"科学—技术—社会"系统的内在联系和运行机制；在"精神"层面，我们以"科学—民主—社会"的分析为例，主张科学文化是发展人类精神文明发展的重要资源。

在科学文化的"本体"分析中，笔者从科学内部认真地分析了科学知识、科学方法、科学活动、科学观念和科学精神等重要因素，并主要从以往科学课程经常忽视的视角探讨问题，认为在科学课程中科学知识应该对科学知识的相对性、缄默性、综合性、程序性予以关注。要改变将科学方法视为解题技巧的错误理解。要端正对科学方法的态度，"万能论"和"无用论"都是错误的，但科学课程中的问题主要是前者。要重视科学的活动特性，从科学史和探究活动两个方面对其理解，重视科学史和探究活动在科学课程中的重要作用。科学观念和科学精神是科学文化精神价值的体现，也是科学课程的重要资源，更应该是科学课程的核心内容之一。

4. 科学的文化阐释促使我们从人文、技术、社会等视角重新审视科学课程，也要求科学课程工作者重视科学文化的知识、方法、活动、观念、精神等核心成分的教育价值，并据此评估科学课程目标、内容、形态、学习方式的合理性。对科学的文化分析还可以提示我们，科学文化的课程价值主要包括智力、能力、技能，观念、精神，道德规范，审美等四个层面。

5. 以往对科学课程的研究经常套用课程论的框架，从简单的课程目标、内容、评价等方面入手，这容易使科学课程特有的重要成分被忽视，比如科学观。从科学课程的历史考察中，我们可以发现科学观是制约科学课程的一个重要因素。科学观对科学课程的作用体现在两个方面：一是对科学的本质认识将直接影响人们对科学文化课程价值的理解和科学课程的定位，进而影响人们对科学课程目标、内容、形态和学习方式等的确定。二是科学观的培养本身就应该是科学课程的一个重要内容。本研究将科学观分为两个层面：第一层面包括科学本质观、科学发展观、科学价值观、科学获得观；第二层面包括科学知识观、科学方法观、科学活动观等。同时本研究也深入分析了科学观对科学课程发展的制约机制。后现代科学观是目前学术界讨论的一个热点问题，借用后现代的话语和思维方式探讨科学课程问题也会得到很多有益的启示。

6. 基础教育中科学课程的目标应该主要是学生科学素养的培养。科学素养概念建立在三个前提性假设的基础上，即科学课程要面向全体学生，培养全面发展的人和塑造未来社会的合格公民。因此，科学素养具有基础性、丰富性、公平性、开放性、可操作性等特征。据此，本研究认为，确定科学课程目标要处理好长期与短期、社会与个人、资源与利用三个问题，并进一步构建了包括文化资源、素养层面、社会需求和年龄四个维度在内的科学素养模型。

7. 科学课程是对科学文化课程资源取舍、变通、整合的结果。对科学文化课程资源的选择与组织决定了科学课程的形态。对科学课程形态的分析可以从静态和动态两个角度考虑。静态的科学课程形态包括以科学知识为主要资源的课程，以科学方法为主要资源的课程，以科学活动为主要资源的课程，以科学观、科学精神为主要资源的课程和以科学的社会理解为主要资源的课程五种。应该强调的是，静态的课程形态与课程类型不具有一一对应的关系。动态的课程形态包括宏观、中观和微观三个层面，不同层面的课程形态的制约因素、构成要素和运行机制各不相同。此外，从微观、动态的角度看，科学课程与教学活动具有内在的一致性，教学系统的非线性特征进一步支持了我们关于科学课程微观形态的认识。对科学课程形态的分析启示我们，对科学课程的认识要超越对课程简单、静止、僵化的理解，力争从多视角、多层面，用动态与静态分析相结合的方式全面认识科学课程。概括来看，科学课程的理想形态就是"多元复合与有机生成"。

8. 人们对科学课程学习方式的选择不仅受学习心理理论的影响，也受制于对科学文化的理解，是学习观和科学观在学习活动中的集中体现。对于科学观，无论从认识论的视角还是从社会学的视角，人们已经在不同程度上确认了其建构属性的存在。至于学习观，建构主义倾向的学习思想已经有相当长的历史，目前建构主义学习论已经成为学界研究的热点，并且，在国外以建构主义为指导的科学教学实践已经取得了重要成果。因此，提倡建构主义的科学课程学习方式，自有其理论与实践上的合理性与必然性。建构主义学习论在知识观、学生观、活动观、课程观等方面的主张也验证了本研究诸多主张的合理性。据此，笔者进一步强调了"以学生为中心"、"关注学生的个体文化"、"为学生提供自由探究的机会"、"促进学生之间的交往与合作"等四个议题。

9. 科学课程发展的跨文化思考。国内外学者围绕着"李约瑟难题"的启示我们，科学课程的改革要重视对传统文化特质的分析和把握，要处理好本土文化与外来文化、文化继承与文化引进、文化传承与文化创新、文化形态与文化价值的关系。科学课程的跨文化理解有助于我们客观地认识我国科学课程的优点和不足，进而推进科学课程的发展。

概括而言，本研究的初始目的是希望从宏观到中观和微观三个层面对科学课程及其文化基础进行分析，并据此对科学课程的发展前景进行展望。但具体研究的时候发现，这只是一种"狂想"和美好的愿望。回顾整个研究，主要工作只是第一个层面和第二个层面的一部分，因此，本研究的内容可分为两部分：第一部分包括本书的二、三、四章，主要任务是确定科学文化课程价值分析的变量、科学文化的课程资源和科学文化课程价值的具体内容，即科学课程的文化阐释部分；第二部分是从科学观、科学课程目标、科学课程形态、科学课程学习方式、科学课程发展的跨文化理解等几个方面具体分析，并对科学课程的发展提出一些建议，即所谓的建构部分。比较而言，后一部分的研究刚刚开始，所以在本研究中尚显薄弱，这也是笔者后续研究的主要方向和内容。

论文至此行将收笔。然而，终感种种企盼没有实现，纷杂的问题、概念、思路仍萦绕于脑际，令我深感不安与惶恐。静坐良久，反身自省，不得不承认本选题对笔者个人而言实在太大，难以驾驭，有些问题分析得不深不透，甚至偏颇。比如，科学的文化阐释本身即是一个庞大、艰难的课题，将其作为本研究的一部分纯属"大题小作"、"大材小用"，笔者所指的文化阐释也许只能算作一种广义理解。再比如，本研究以科学课程的时代建构为旨归，但研究至此也只是对科学课程发展提出了一些零星、散乱的想法，与目标和期望相去甚远。此外，科学课程的发展需要具体、可操作的建议，而本研究多是抽象、空泛的思辨。最后，由于能力与时间的限制，本研究应予关注的很多问题无力或没有来得及探讨，也是本研究的一个遗憾。不过，好在心中还有问题和探索的勇气，这些问题和不足将成为后续研究的起点。

附 录 一

学生理科课程观调查问卷

亲爱的同学：

您好！

本问卷仅供个人研究参考，与任何考评无关，绝不会给您带来任何麻烦。另外，本问卷中的题目并无标准答案，不同选择只代表个人的不同倾向。请您根据自己的意见独立回答，认真填写，在每个问题后，您所倾向的那个选项上打一个"√"。谢谢您的支持。

您的性别：①男　　　②女

您现在就读的年级：①初三　　　②高二

1. 在理科课程中我们能够体会到科学是：
   A. 真理　　　　　　　B. 客观知识体系
   C. 探索自然的方法　　D. 高深的理论

2. 您认为学校开设理科课程的目的在于：
   A. 培养国家的建设者　B. 培养合格的社会公民
   C. 为升学做准备　　　D. 不得不开设

3. 在学习新知识之前，我们就已经有了很多对自然界的认识，您认为理科课程对此重视吗？
   A. 很重视　　　B. 一般重视　　　C. 不重视　　　D. 很不重视

4. 您学习理科课程的首要目的是：
   A. 为升学　　　　　　　　B. 为拓展知识面
   C. 为解决生活中的实际问题　D. 不明确

5. 现有的理科课程能够满足您的学习需要吗？
   A. 完全能　　B. 还可以　　C. 不能　　　D. 完全不能

6. 您认为现有的理科课程难度如何？
   A. 很难　　　B. 还可以　　C. 不难　　　D. 很容易

7. 很多同学感到理科难学，您认为最主要的原因是：
   A. 内容太晦涩　　　　B. 脱离生活实际
   C. 教学方法有问题　　D. 没有相应的实验

8. 做实验有助于您的理科学习吗？
   A. 很有利　　B. 一般　　　C. 不利　　　D. 妨碍学习

9. 您认为教科书在学习中起什么作用？
  - A. 学习材料
  - B. 提供教学内容
  - C. 指导学习
  - D. 规定考试范围

10. 您在学习理科课程时主要采用的方法是：
  - A. 记忆
  - B. 理解记忆
  - C. 理解记忆并应用
  - D. 在活动中理解并应用

11. 您知道理科知识在今后的生活中有哪些用处吗？
  - A. 很了解
  - B. 一般了解
  - C. 不了解
  - D. 很不了解

12. 您认为科学技术有消极的作用吗？
  - A. 有
  - B. 没有
  - C. 可能有
  - D. 不知道

13. 老师经常鼓励您自己设计、操作实验吗？
  - A. 从不
  - B. 不经常
  - C. 偶尔
  - D. 常常

14. 您是否认为上述问题的设计存在不足，如果有，请指出。（如页面不足可在背面做答）

15. 请您描绘一下您所期望的理科课程和理科教学。

附 录 二

教师理科课程观调查问卷

尊敬的老师：

您好！

本问卷仅供个人研究参考，与任何考评无关，绝不会给您带来任何麻烦。另外，本问卷中的题目并无标准答案，不同选择只代表个人的不同倾向。请您根据自己的意见独立回答、认真填写，在每个问题后，您所倾向的那个选项上打一个"√"。谢谢您的支持。

  您的性别：①男　　②女
  您已经任教：①1—5年　　②5—15年　　③15年以上
  您所任教学校：①高中　　②初中
  您所教课程：①物理　②化学　③生物　④地理　⑤综合理科

1. 科学是什么？
  - A. 客观的知识体系
  - B. 探索自然的活动

    C. 探索自然的方法　　　　　D. 都对

2. 科学知识是什么?

    A. 人类获得的真理　　　　　B. 客观世界的真实反映

    C. 对自然暂时的认识

3. 科学的主要特征是什么?

    A. 总可以证实　　　　　　　B. 具有逻辑一致性

    C. 处在不断的变化中　　　　D. 难说

4. 理科课程的主要目标是:

    A. 培养国家的建设者　　　　B. 培养能参与社会活动的公民

    C. 为升学作准备　　　　　　D. 考试

5. 目前理科课程的主要内容是:

    A. 科学知识　　　　　　　　B. 科学方法

    C. 技术知识　　　　　　　　D. 科学知识与社会的关系

6. 在理科课程教学中解决学生已有错误认识的难度如何?

    A. 容易　　　　B. 比较容易　　　　C. 难　　　　D. 很难

7. 目前理科教学中主要采用的教学方法是:

    A. 死记硬背　　　B. 理解记忆　　　C. 理解后应用　　　D. 探索总结

8. 在教学中增加学生探索活动的主要障碍是:

    A. 教科书的内容不合适　　　B. 效率太低

    C. 考试不考　　　　　　　　D. 设施不健全

    E. 没有时间

9. 科学史在理科课程中比例如何?

    A. 很少　　　　B. 比较少　　　　C. 还可以　　　　D. 太多

10. 探索性活动的优点是:

    A. 有助于记忆　　　　　　　B. 利于理解

    C. 提高兴趣　　　　　　　　D. 便于理解反映科学的本质

11. 目前理科教科书在教学中所能起到的作用是:

    A. 提供了教学的范本　　　　B. 规定了教学内容

    C. 提供了考试的范围　　　　D. 不得不用

12. 科学史在教学中最重要的作用是:

    A. 扩展知识面　　　　　　　B. 了解科学家的故事

    C. 学习科学家的献身精神　　D. 反映科学的本来面貌

13. 您在教学过程中:

    A. 每一个环节都是已经设计好的

B. 目标明确但还要不断修正

C. 目标明确不需调整

D. 没有目标只能在教学中不断摸索

14. 现有的理科课程中能否让学生了解到科学技术存在很多的负面作用？

A. 完全能　　　B. 基本能　　　　C. 不能　　　　D. 没有涉及

15. 您认为以上问题及选项有需要改进的地方吗？如何改进？（如页面不足请在背面做答）

16. 您认为目前理科课程的主要问题是什么？如何改进？

附　录　三

学生问卷详细统计

1.

在课程中您体会的科学是：	真理	知识体系	探索自然的方法	高深的理论	总人数
初中分配（名）	16	27	17	26	86
高中分配（名）	10	69	30	43	152
初中比重（%）	18.60	31.40	19.77	30.23	100
高中比重（%）	6.58	45.39	19.73	28.29	100

2.

科学课程的目的是：	建设者	合格公民	为升学作准备	不得不开设	总人数
初中分配（名）	20	13	47	19	99
高中分配（名）	49	15	77	16	152
初中比重（%）	20.20	13.13	47.47	19.19	100
高中比重（%）	31.61	9.68	49.68	10.32	100

3.

科学课程对学生原有经验：	很重视	一般重视	不重视	很不重视	总人数
初中分配（名）	48	34	4	13	99
高中分配（名）	46	77	21	8	152
初中比重（%）	48.48	34.34	4.04	13.13	100
高中比重（%）	30.26	50.66	13.82	5.26	100

4.

学习科学课程是因为：	升学	拓展知识面	解决生活实际问题	不明确	总人数
初中分配（名）	24	26	34	3	86
高中分配（名）	111	22	16	3	152
初中比重（%）	27.59	29.89	39.08	3.44	100
高中比重（%）	73.03	14.47	10.53	2.63	100

5.

现在科学课程能满足你的学习需要吗？	完全能	还可以	不能	完全不能	总人数
初中分配（名）	19	52	13	5	89
高中分配（名）	37	84	24	7	152
初中比重（%）	21.35	58.43	14.61	5.62	100
高中比重（%）	73.03	14.47	10.53	2.63	100

6.

目前科学课程的难度：	很难	还可以	不难	很容易	总人数
初中分配（名）	18	61	12	11	102
高中分配（名）	52	88	10	2	152
初中比重（%）	17.65	59.80	11.76	10.78	100
高中比重（%）	34.21	57.89	6.58	1.32	100

7.

科学课程 难学的原因：	内容晦涩	脱离实际	教学方法有问题	没有相应的实验	总人数
初中分配（名）	31	17	8	28	84
高中分配（名）	57	58	22	18	155
初中比重（%）	36.90	20.24	9.52	33.33	100
高中比重（%）	36.77	37.42	14.19	11.61	100

8.

实验有助于科学课程的学习吗？	很有利	一般	不利于	妨碍学习	总人数
初中分配（名）	62	25	0	0	87
高中分配（名）	84	56	11	6	157
初中比重（%）	71.26	28.74	0	0	100
高中比重（%）	53.50	35.67	7.00	3.82	100

9.

教科书在学 习中的作用：	学习材料	规定教学内容	指导学习	规定考试范围	总人数
初中分配（名）	13	21	41	13	88
高中分配（名）	20	60	41	32	154
初中比重（%）	14.78	23.87	46.59	14.77	100
高中比重（%）	12.99	39.61	26.62	20.78	100

10.

主要的学习方式：	记忆	理解记忆	理解记忆并应用	在活动中学习	总人数
初中分配（名）	8	14	50	15	86
高中分配（名）	23	58	60	8	152
初中比重（%）	9.20	16.09	57.47	17.24	100
高中比重（%）	15.44	38.93	46.31	5.37	100

11.

您了解科学知识 在生活中的用途吗？	很了解	一般了解	不了解	很不了解	总人数
初中分配（名）	21	56	12	0	89
高中分配（名）	17	76	30	15	138
初中比重（%）	23.60	62.92	13.48	0	100
高中比重（%）	12.32	55.07	21.74	10.87	100

12.

科学技术有消极作用吗？	有	没有	可能有	不知道	总人数
初中分配（名）	8	44	25	12	89
高中分配（名）	35	54	45	17	151
初中比重（%）	8.99	49.43	28.09	13.48	100
高中比重（%）	23.18	35.76	29.80	11.26	100

13.

老师鼓励你们做探索性试验吗？	从不	不经常	偶尔	常常	总人数
初中分配（名）	11	24	39	17	91
高中分配（名）	23	45	67	15	150
初中比重（%）	12.09	26.37	42.86	18.86	100
高中比重（%）	15.33	30.00	44.67	10.00	100

附　录　四

教师问卷详细统计

1.

科学是：	知识体系	探索自然的活动	探索自然的方法	都对	总人数
分配（名）	10	8	4	19	41
比重（%）	24.39	19.51	9.76	46.34	100

2.

科学知识是：	真理	客观世界的真实反映	对自然的暂时的认识	总人数
分配（名）	2	25	15	42
比重（%）	4.76	59.52	35.71	100

3.

科学的特征：	可证实性	逻辑一致性	不断变化	难说	总人数
分配（名）	10	10	19	0	39
比重（%）	25.64	25.64	48.71	0.00	100

4.

科学课程的目的：	培养国家建设者	培养社会公民	升学	考试	总人数
分配（名）	10	7	10	13	40
比重（%）	25.00	17.50	25.00	32.50	100

5.

科学课程的主要内容：	科学知识	科学方法	技术知识	科学知识与社会的关系	总人数
分配（名）	20	3	0	15	38
比重（%）	52.6	7.89	0.00	39.47	100

6.

处理错误前概念：	容易	比较容易	难	很难	总人数
分配（名）	12	25	3	1	41
比重（%）	29.26	60.98	7.32	2.44	100

7.

课程学习方式：	死记硬背	理解记忆	理解后应用	探索总结	总人数
分配（名）	7	27	5	6	45
比重（%）	15.56	60.00	11.11	13.33	100

8.

开设探索活动的主要障碍：	课程内容不合适	效率太低	考试不考	设施不健全	没时间	总人数
分配（名）	6	3	8	7	9	33
比重（%）	18.18	9.09	24.24	21.21	27.27	100

9.

科学课程中科学史的比例：	很少	比较少	还可以	太多	总人数
分配（名）	17	18	6	1	42
比重（%）	40.47	42.86	14.29	2.38	100

10.

探索活动的优点：	有助记忆	利于理解	提高兴趣	反映科学本质	总人数
分配（名）	0	3	13	15	31
比重（%）	0	9.68	41.94	48.39	100

11.

教科书的作用：	教学的范本	规定教学内容	提供考试范围	不得不用	总人数
分配（名）	15	19	2	1	37
比重（%）	40.50	51.35	5.40	2.70	100

12.

科学史的作用：	扩展知识面	了解科学家故事	学习科学家献身精神	反映科学本质	总人数
分配（名）	11	2	12	16	41
比重（%）	26.83	4.88	29.27	39.02	100

13.

教学过程：	完全设计好的	目标明确但需修正	目标明确不需调整	没有目标不断摸索	总人数
分配（名）	5	33	2	0	42
比重（%）	15.15	78.57	4.76	0.00	100

14.

科学课程能否反映科技的负面影响：	完全能	基本能	不能	没有作用	总人数
分配（名）	0	13	15	15	43
比重（%）	0.00	30.23	34.88	34.88	100

参 考 文 献

1. 〔德〕恩格斯. 自然辩证法. 北京：人民出版社，1984.
2. 〔英〕W. C. 丹皮尔. 科学史. 李珩译，北京：商务印书馆，1997.
3. 〔美〕戴维·林德伯格. 西方科学的起源. 王珺等译，北京：中国对外翻译出版公司．2001.
4. 〔美〕蕾切尔·卡逊. 寂静的春天. 吕瑞兰，李长生译，长春：吉林人民出版社，1997.
5. 〔美〕丹尼斯·米都斯等. 增长的极限. 李宝恒译，长春：吉林人民出版社，1997.
6. 〔美〕亨利·梭罗. 瓦尔登湖. 徐迟译，长春：吉林人民出版社，1997.
7. 〔法〕卢梭. 论科学与艺术. 何兆武译，北京：商务印书馆，1997.
8. 〔英〕C. P. 斯诺. 两种文化. 纪树立译，北京：生活·读书·新知三联书店，1994.
9. 〔英〕亚·沃尔夫. 十六、十七世纪科学、技术和哲学史. 周昌忠等译，北京：商务印书馆，1997.
10. 〔德〕恩斯特·卡西尔. 人论. 甘阳等译，上海：上海译文出版社，1985.
11. 〔美〕托马斯·L·汉金斯. 科学与启蒙运动. 任定成，张爱珍译，上海：复旦大学出版社，2000.
12. 〔美〕巴里·巴恩斯. 科学知识与社会学理论. 鲁旭东译，北京：东方出版社，2001.
13. 〔德〕汉斯·波塞尔. 科学：什么是科学. 李文潮译，上海：上海三联书店，2002.
14. 〔德〕赫尔曼·哈肯. 协同学：大自然构造的奥秘. 凌复华译，上海：上海译文出版社，2001.
15. 〔英〕J. D. 贝尔纳. 科学的社会功能. 陈体芳译，北京：商务印书馆，1982.
16. 〔英〕迈克尔·马尔凯. 科学与知识社会学. 林聚任等译，北京：东方出版社，2001.

17. ［德］埃德蒙德·胡塞尔. 欧洲科学危机和超验现象学. 张庆熊译，上海：上海译文出版社，1988.

18. ［法］彭加勒. 科学的价值. 李醒民译，北京：光明日报出版社，1988.

19. ［德］尤尔根·哈贝马斯. 认识与兴趣. 郭官义，李黎译，北京：学林出版社，1999.

20. ［德］尤尔根·哈贝马斯. 作为"意识形态"的技术与科学. 李黎，郭官义译，北京：学林出版社，1999.

21. ［英］B·马林诺斯基. 科学的文化理论. 黄建波等译，北京：中央民族大学出版社，1999.

22. ［英］卡尔·皮尔逊. 科学的规范. 李醒民译，北京：华夏出版社，1999.

23. ［美］大卫·雷·格里芬. 后现代科学. 马季方译，北京：中央编译出版社，1998.

24. ［美］史蒂芬·科尔. 科学的制造. 林建成，王毅译，上海：上海人民出版社，2001.

25. ［美］L. A. 怀特. 文化的科学：人类与文明研究. 沈原译，济南：山东人民出版社，1988.

26. ［美］杜威. 杜威五大讲演. 胡适译，合肥：安徽教育出版社，1999.

27. ［美］R.G. 牛顿. 何为科学真理. 武际可译，上海：上海科学教育出版社，2001.

28. ［法］法布里·帕陶特. 实在论，可判定性和过去. 张清宇译，北京：华夏出版社，2001.

29. ［英］A. N. 怀特海. 观念的冒险. 周邦宪译，贵阳：贵州人民出版社，2000.

30. ［英］W. R. 艾什比. 控制论导论. 张理京译，北京：科学出版社，1965.

31. ［美］N. R. 汉森. 发现的模式. 邢新力译，北京：中国国际广播出版社，1988.

32. 陈振明. 法兰克福学派与科学技术哲学. 北京：中国人民大学出版社，1992.

33. 陈昌曙. 技术哲学引论. 北京：科学出版社，1999.

34. 刘大椿. 科学哲学. 北京：人民出版社，1998.

35. 刘大椿主编. 科学哲学通论. 北京：中国人民大学出版社，1998.

36. 刘大椿. 科学技术哲学导论. 北京：中国人民大学出版社，2000.

37. 刘大椿. 科学活动论. 北京：人民出版社，1985.

38. 刘杰. 科学的形而上学基础及其现象学的超越. 济南：山东大学出版社，1999.

39. 樊洪业，王扬宗. 西学东渐：科学在中国的传播. 长沙：湖南科学技术出版社，2000.

40. 王大珩，于光远主编. 论科学的精神. 北京：中央编译出版社，2001.

41. 周有光. 现代文化的冲击波. 北京：生活·读书·新知三联书店，2000.

42. 肖峰. 论科学与人文的当代融通. 南京：江苏人民出版社，2001.

43. 吴国盛. 科学的历程. 长沙：湖南科学技术出版社，1997.

44. 吴国盛. 科学的世纪. 北京：法律出版社，2000.

45. 许国志主编. 系统科学. 上海：上海科技教育出版社，2000.

46. 舒炜光，邱仁宗主编. 当代西方科学哲学述评. 北京：人民出版社，1987.

47. 董孟华主编. 科学哲学引论. 北京：知识出版社，1989.

48. 高亮华. 人文视野中的技术. 北京：中国社会科学出版社，1996.

49. 赵红洲. 大科学观. 北京：人民出版社，1988.

50. 江涛. 科学的价值合理性. 上海：复旦大学出版社，1998.

51. 李鹏程. 当代文化哲学沉思. 北京：人民出版社，1994.

52. 孟建伟. 论科学的人文价值. 北京：中国社会科学出版社，2000.

53. 欧力同，张伟. 法兰克福学派研究. 重庆：重庆出版社，1990.

54. 郑祥福，洪伟. 科学的精神. 上海：上海三联书店，2001.

55. 郭贵春. 后现代科学哲学. 长沙：湖南教育出版社，1998.

56. 金吾伦主编. 跨学科研究引论. 北京：中央编译出版社，1997.

57. 洪谦. 论逻辑经验主义. 北京：商务印书馆，1999.

58. 王晓林. 证伪之维：重读波普尔. 成都：四川人民出版社，1998.

59. 殷登祥. 科学技术与社会导论. 西安：陕西人民教育出版社，1997.

60. 冯之浚等. 科学与文化. 北京：中国青年出版社，1990.

61. 张君劢等. 科学与人文观（一、二）. 沈阳：辽宁教育出版社，1998.

62. 赵万里. 科学的社会建构. 天津：天津人民出版社，2002.

63. 赵南元. 认知科学与广义进化论. 北京：清华大学出版社，1994.

64. 黎光耀主编. 大家知识随笔（中国卷）. 北京：中国文学出版社，2000.

65. 黎光耀主编. 大家知识随笔（外国卷）. 北京：中国文学出版社，2000.

66. 滕福星. 科技进步论. 长春：吉林科学技术出版社，1995.

67. 周宁. 科学与哲学. 成都：四川大学出版社，2000.

68. ［美］布鲁纳. 教育过程. 上海师范大学外国教育研究室译，上海：上海人民出版社，1973.

69. ［美］布鲁纳. 布鲁纳教育论著选. 邵瑞珍，张渭城译，北京：人民教育出版社，1989.

70. ［美］丹尼斯·劳顿. 课程研究的理论与实践. 张渭城等译，北京：人民教育出版社，1986.

71. ［英］琼·所罗门. 科学——技术——社会. 郭玉英，王琦译，海口：海南出版社，2000.

72. ［英］怀特海. 教育的目的. 徐汝舟译，北京：生活·读书·新知三联书店，2002.

73. 李定仁主编. 教学思想史略. 西宁：青海人民出版社，1995.

74. 胡德海. 教育学原理. 兰州：甘肃教育出版社，1999.

75. 张华. 经验课程论. 上海：上海教育出版社，2000.

76. 孙可平. STS教育论. 上海：上海教育出版社，2001.

77. 杜时忠. 科学教育与人文教育. 武汉：华中师范大学出版社，1998.

78. 杜时忠. 人文教育论. 南京：江苏教育出版社，1999.

79. 查有梁. 系统科学与教育. 北京：人民教育出版社，1993.

80. 徐继存. 教学理论反思与建设. 兰州：甘肃教育出版社，2000.

81. 徐继存. 教学论导论. 兰州：甘肃教育出版社，2001.

82. 查有梁. 教育模式. 北京：教育科学出版社，1997.

83. 查有梁. 教育建模. 南宁：广西教育出版社，1998.

84. 周川. 科学的教育价值. 南京：江苏教育出版社，1998.

85. 石中英. 教育学的文化性格. 太原：山西教育出版社，1999.

86. 汪霞. 课程改革与发展的比较研究. 南京：江苏教育出版社，1999.

87. 单丁. 课程流派研究. 济南：山东教育出版社，1998.

88. 钟启泉. 现代课程论. 上海：上海教育出版社，1989.

89. 钟启泉主编. 课程设计基础. 济南：山东教育出版社，1998.

90. 钟启泉主编. 国外课程改革透视. 西安：陕西人民教育出版社，1993.

91. 高文主编. 现代教学的模式化研究. 济南：山东教育出版社，1998.

92. 李其龙编著. 德国教学论流派. 西安：陕西人民教育出版社，1993.

93. 杜殿坤主编. 原苏联教学论流派研究. 西安：陕西人民教育出版社，1993.

94. 钟启泉，黄志成主编. 美国教学论流派. 西安：陕西人民教育出版社，1993.

95. 张华. 课程与教学论. 上海：上海教育出版社，2000.

96. 郝德永. 课程研制方法论. 北京：教育科学出版社，2000.

97. 孙可平，邓小丽. 理科教育展望. 上海：华东师范大学出版社，2002.

98. 钱一舟主编. 面向21世纪"STS·四个关心"素质教育实践. 北京：科学出版社，1999.

99. 丛立新. 课程论问题. 北京：教育科学出版社，2000.

100. 施良方. 课程理论. 北京：教育科学出版社，1996.

101. 邵瑞珍主编. 教育心理学. 上海：上海教育出版社，1997.

102. 吴庆麟. 认知教学心理学. 上海：上海科学技术出版社，2000.

103. 瞿葆奎主编，施良方，唐晓杰选编. 智育. 北京：人民教育出版社，1993.

104. 江山野主编译. 课程. 北京：教育科学出版社，1991.

105. 吕达. 中国近代课程史论. 北京：人民教育出版社，1994.

106. 郑毓信，梁贯成. 认知科学：建构主义与数学. 上海：上海教育出版社，1998.

107. 熊梅. 当代综合课程的新范式："综合型学习的理论与实践". 北京：教育科学出版社，2001.

108. 陈伯璋. 潜在课程研究. 台北：五南图书出版公司，1985.

109. 顾志跃. 科学教育概论. 北京：科学出版社，1999.

110. 卜玉华. 课程理念探. 上海：复旦大学出版社，2001.

111. 王伟廉. 课程研究领域的探索. 成都：四川教育出版社，1988.

112. 廖哲勋. 课程学. 武汉：华中师范大学出版社，1991.

113. 王德胜，李建会. 科学是什么. 沈阳：辽宁教育出版社，1993.

114. 皮连生. 智育心理学. 北京：人民教育出版社，1996.

115. 陆有铨. 躁动的百年. 济南：山东教育出版社，1997.

116. 余自强. 科学课程论. 北京：教育科学出版社，2002.

117. 郭湛. 主体性哲学. 昆明：云南人民出版社，2002.

118. 陈英和. 认知发展心理. 杭州：浙江教育出版社，1996.

119. 张大均主编. 教学心理学. 重庆：西南师范大学出版社，1997.

120. 张大均主编. 教学心理学研究. 重庆：西南师范大学出版社，1998.

121. 冯忠良. 结构化与定向化教学心理学原理. 北京：北京师范大学出版社，1998.

122. 皮连生主编. 知识分类与目标导向教学. 上海：华东师范大学出版社，1998.

123. 邓昭镜主编. 物理学中的辩证法. 重庆：西南师范大学出版社，2001.

124. 靳玉乐主编. 探究教学论. 重庆：西南师范大学出版社，2001

125. 张庆林主编. 当代认知心理学在教学中的应用. 重庆：西南师范大学出版社，1995.

126. 肖菲，黄修义主编. 研究性学习百例. 南宁：广西师范大学出版社，中央民族大学出版社，2002.

127. 丁邦平. 国际科学教育导论. 太原：山西教育出版社，2002.

128. 任长松. 走向新课程. 广州：广东教育出版社，2002.

129. 江山野. 简明国际教育百科全书·课程. 上海：教育科学出版社，1991.

130. Bybee, R. W. (1997). Achieving Scientific Literacy: From Purposes to Practices. Portsmouth, NH: Heinemann.

131. Glasersfeld, E. von (1995). Radical Constructivism: A Way of Knowing and Learning. London: The Palmer Press.

132. Matthews, M. R. (1994). Science Teaching: The Role of History and Philosophy of Science. New York: Routledge.

133. Stanley & N. W. Brickhouse (1994). Multiculturalism, universalism, and science education. Science Education, 78 (4).

134. Su, Z., Goldstein, S. & Su, J. (1995) Science education goals and curriculum designs in American and Chinese high schools. International Review of Education, 41 (5).

后　记

小时候我就很尊敬老师，但不喜欢学习，成绩时好时坏，而且常常逃学。这让老师们操了很多心，懵懂的我渐渐感受到一脸慈爱、气愤、企盼、失望、焦急、无奈的老师是那么可爱。于是，高考的时候，我毅然报考了东北师范大学，选择教师工作作为终生职业。大学毕业后，当人生再次面临抉择的时候，我义无返顾地选择了课程与教学论作为我的研究生专业。

研究生毕业时，我对教育事业的热爱、对教育科学的痴迷丝毫没有消减，反而与日俱增，这促使我斗胆报考了李定仁先生和李秉德先生的博士生，希望有幸聆听两位先生的教诲，结果如愿以偿。在西北师大学习的三年，我深切感受到教科院浓厚的人文气息和严谨质朴的治学精神，所以，一直为有机会来到这片学术净土深造而感到庆幸和骄傲。

本书是在我的博士论文《科学课程的文化阐释与时代建构》的基础上略作修改、增补而成。我的博士论文从选题、立意、结构到文字、句读都凝结了李定仁先生和李秉德先生的智慧和心血。两位先生严谨求实的治学态度、博大精深的学术涵养、朴实无华的生活品格、诲人不倦的导师风范，令我高山仰止，是我终生学习的楷模，也是我能够顺利完成论文的重要动力和保障。在论文写作期间，师母王树秀教授对我的身体状况和论文进展情况非常关心，多次询问，令我非常感动。

在三年学习、研究和论文写作期间，得到了胡德海先生的指教，胡先生渊博的学识、独到深邃的学术见解和对论文富有启发性的建议给我以广泛的启示；谢利民教授在论文的选题、构思等方面给予了鼓励和建议；徐继存教授在学习和生活等多方面给予了关心、帮助；王嘉毅教授、万明钢教授、李瑾瑜教授对论文的写作也给予了关心和支持。

在论文的写作和三年的学习生活中，与同窗好友赵昌木、孟凡丽、胡斌武结下了深厚的情谊，赵昌木的宽厚、博学，孟凡丽的大气、聪慧，胡斌武的豪爽、机智，至今印象深刻。他们在生活、学习等诸多方面的关心、支持和帮助令我终生难忘。

东北师大物理学院为我的三年学习提供了各种便利和支持。东北师大物理学院孟昭辉教授、刘益春教授、王双维教授、于文华教授为我的学习、研究和工作提供了各种条件。东北师大农村教育研究所袁桂林教授、北师大物理系郭玉英教授、人民教育出版社孙新老师从不同方面为我的论文写作给予了鼓励、建议和帮助。

本书出版得到了吉林省社会科学基金的资助，谨致谢忱。

我的妻子王颖在我论文写作期间承担了全部家务，为我的论文写作提供了良好的时间、空间和物质条件，并对论文提出了很好的建议，感激之情无以言表。

最后，感谢东北师范大学出版基金资助本书出版，感谢东北师大出版社吴东范老师的辛勤工作。

于海波